STARK

ABITUR 2014

Prüfungsaufgaben
mit Lösungen

Sport

Leistungskurs
Gymnasium • Gesamtschule
Nordrhein-Westfalen

2007–2013

STARK

ISBN 978-3-8490-0521-4

6. ergänzte Auflage
www.stark-verlag.de

Inhalt

Jeweils im Herbst erscheinen die neuen Ausgaben der Abiturprüfungsaufgaben mit Lösungen.

Autoren

Übungsaufgaben: Margret Hottejan/Dr. Timo Stiller (Aufgabe 1); Heinfried Lichte (Aufgabe 2); Dr. Timo Stiller (Aufgabe 3); Dr. Michael Pfitzner (Aufgabe 4)
Lösungen zu den Abituraufgaben: Dr. Michael Segets (LK 2007); Georg Kirking (LK 2008; 2009); Dana Deharde (LK 2010); Alexandra Pues (LK 2011); Ingmar Becker (LK 2012, Aufgabe 1; 2013); PD Dr. Nicole Philippi (LK 2012, Aufgabe 2)

Vorwort

Liebe Schülerin, lieber Schüler,

mit diesem Band können Sie sich gezielt auf die **schriftliche Abiturprüfungsarbeit 2014** im Fach **Sport** vorbereiten.

- Ihnen steht eine Sammlung von 4 **Übungsaufgaben** zur Auswahl, die in Hinblick auf Inhalt und Aufgabenstellungen den Vorgaben für das Abitur 2014 entsprechen. Damit Sie sich optimal auf Ihre Prüfung einstellen können, sind unterschiedliche Themen, Materialien und zahlreiche der möglichen Operatoren berücksichtigt.
- Als weiteres Übungsmaterial enthält dieses Buch die offiziellen, vom nordrhein-westfälischen Kultusministerium gestellten **Abitur-Prüfungsaufgaben** der vergangenen Jahre.
- Zu jeder Aufgabe sind von unseren Autoren vorgeschlagene und vollständig ausformulierte **Lösungen** hinzugefügt. Die grau gerauteten Bearbeitungshinweise helfen Ihnen beim richtigen Beantworten der Aufgaben.
- Im Kapitel „**Hinweise und Tipps zur schriftlichen Prüfungsarbeit**" zu Beginn des Buches sind alle wichtigen Fakten zum schriftlichen Abitur 2014 im Fach Sport zusammengefasst.

Sollten nach Erscheinen dieses Bandes noch wichtige Änderungen in der Abitur-Prüfung 2014 vom Schulministerium bekannt gegeben werden, finden Sie aktuelle Informationen dazu im Internet unter:
www.stark-verlag.de/info.asp?zentrale-pruefung-aktuell

Viel Erfolg bei Ihrer Abiturprüfung!

Stichwortverzeichnis

Hinweise und Tipps zur schriftlichen Prüfungsarbeit

Im Leistungskurs Sport besteht die Abiturprüfung aus einer schriftlichen Prüfungsarbeit und einer praktischen Prüfung. Im Folgenden wird nur auf die schriftliche Prüfungsarbeit eingegangen.

1 Ablauf der Prüfung

In der schriftlichen Prüfung Sport 2014 werden Ihnen im Leistungskurs zwei Prüfungsvorschläge unterbreitet, von denen Sie selbst einen zur Bearbeitung auswählen.

Bearbeitungszeit

Für das Auswählen bzw. das Einlesen haben Sie 30 Minuten Zeit. Wie in den anderen Leistungskursen beträgt die sich anschließende Bearbeitungszeit 255 Minuten (viereinviertel Stunden).

Erlaubte Hilfsmittel

Als Hilfsmittel dürfen Sie während der Prüfung ein Wörterbuch zur deutschen Rechtschreibung benutzen.

2 Inhalte

Die Inhalte der Abiturprüfung nehmen auf die Schwerpunkte Bezug, die für das Abitur 2014 festgelegt wurden. Dabei sind die Prüfungsaufgaben so konzipiert, dass sie unterschiedliche Themenbereiche erfassen, was bedeutet, dass in jedem Prüfungsvorschlag mindestens zwei Schwerpunktthemen angerissen werden. Die Schwerpunkte für das Abitur 2014 sind:

Themen	Übungsaufgaben
Trainieren im Sport/Anpassungsprozesse • Kurzfristige Reaktionen des Organismus auf sportspezifische Belastung (u. a. Pulsfrequenz, Atmung, Durchblutung) • (Langfristige) Anpassungserscheinungen des Organismus auf Trainingsbelastung (insbesondere im Bereich Herz-Kreislauf-System, Blut, Muskulatur, Atmung)	Aufgabe 2 Aufgabe 3 Aufgabe 4 2007: Aufgabe 1 2008: Aufgabe 2 2009: Aufgabe 1

• Konditionelle Voraussetzungen von Bewegungshandlungen in spezifischen Belastungssituationen (Konkretisierung je nach Kursprofil) • Verfahren zur Leistungsdiagnostik im Ausdauerbereich (u. a. Laktatstufentest; Conconi-Test) • Gestaltung und Wirkung von Trainingsprozessen – Trainingsprinzipien; Grundlagen der Belastungssteuerung und Anpassungsauslösung – Trainingsmethoden und -formen im Ausdauer- und Krafttraining; angestrebter Leistungszuwachs und durch sie auslösbare biologische Anpassungen	2009: Aufgabe 2 2010: Aufgabe 1 2010: Aufgabe 2 2011: Aufgabe 1 2011: Aufgabe 2 2012: Aufgabe 1 2013: Aufgabe 2
Bewegungen erlernen, verbessern und verstehen • Phasen sportlicher Bewegung nach Meinel • Funktionsanalyse nach Göhner • Biomechanische Prinzipien und ihre Anwendungen beim Lernen und Üben von Bewegungen • Lernstufen nach Meinel/Schnabel • Koordinative Fähigkeiten (nach Meinel/Schnabel, Hirtz) und ihre Bedeutung in sportspezifischen Handlungssituationen (Konkretisierung je nach Kursprofil); KAR-Modell nach Neumeier (Koordinations-Anforderungs-Regler-Modell) • Methoden zur Gestaltung von Lehr- und Lernwegen, z. B. – Teillernmethode, Ganzheitsmethode – Methodische Übungsreihen und Prinzipien, z. B. Prinzip der verminderten Lernhilfen, Prinzip der graduellen Annäherung – Methoden beim Erlernen von Sportspielen (z. B. nach Schaller, Roth)	Aufgabe 1 Aufgabe 3 Aufgabe 4 2010: Aufgabe 1 2010: Aufgabe 2 2011: Aufgabe 2 2013: Aufgabe 1
Sport und Gesundheit • gesundheitlicher Nutzen und Risiken des Sporttreibens vor dem Hintergrund unterschiedlicher Sport- und Gesundheitskonzepte (Risikofaktorenmodell → enger Gesundheitsbegriff und Konzept der WHO/Salutogenese-Modell → erweiterter Gesundheitsbegriff) • Fitness als Grundbedürfnis und Modetrend; Fitness-Training mit unterschiedlicher Zielausrichtung (wie Gesundheit, allgemeine körperliche Leistungsfähigkeit, Schönheitsideal, Ausgleich von Fehlbelastungen, z. B. muskuläre Dysbalancen und Folgeschäden)	Aufgabe 1 Aufgabe 2 2007: Aufgabe 1 2008: Aufgabe 1 2008: Aufgabe 2 2009: Aufgabe 1 2009: Aufgabe 2 2010: Aufgabe 2 2011: Aufgabe 1 2012: Aufgabe 1 2012: Aufgabe 2
Aggression und Fairness im Sport • Erscheinungsformen von Aggression, Aggressivität und Fairness im Sport • Theorien zur Auslösung bzw. Entstehung von Aggression und Aggressivität, z. B.: – Triebtheoretisches Modell nach Freud und Lorenz – Frustrations-Aggressions-Theorie – Lerntheoretischer Ansatz – Sozialisationstheoretischer Ansatz nach Heitmeyer	2011: Aufgabe 2 2012: Aufgabe 2

Motive und Ziele sportlichen Handelns • Motive im Sport (z. B. nach Gabler) • Grundlagen der Leistungsmotivation nach Heckhausen; Motivationstypen (z. B. Erfolgsorientierung), Kausalattribuierung – Übertragung auf sportliche Handlungsmuster	2007: Aufgabe 2 2008: Aufgabe 1 2011: Aufgabe 2 2012: Aufgabe 2 2013: Aufgabe 1

3 Aufgabenarten

Bei den beiden Prüfungsvorschlägen, die Sie im Abitur 2014 bekommen, handelt es sich in der Regel um **materialgebundene Aufgaben**. Das Material kann dabei ein Text, eine Statistik, eine Grafik oder Ähnliches sein. Als zweite mögliche Aufgabenart gibt es aber auch **materialungebundene Aufgaben**.

4 Anforderungsbereiche und Operatoren

Jeder Prüfungsvorschlag enthält Aufgabenstellungen, die alle drei weiter unten genannten und in Ihrem Anforderungsgrad aufeinander aufbauenden Anforderungsbereiche abdecken.

Damit Sie eindeutig erkennen können, was bei den einzelnen Aufgabenstellungen von Ihnen verlangt wird, werden diese mit Operatoren (Schlüsselwörtern) formuliert. Im Allgemeinen lässt sich jeder Operator einem der drei Anforderungsbereiche zuordnen, doch im Einzelfall kann sich das auch verschieben. Behalten Sie daher immer die gesamte Aufgabenstellung im Auge, um der gewünschten Anforderung entsprechen zu können.

Im Folgenden finden Sie eine Aufstellung von möglichen Operatoren, die Ihnen in der Prüfung begegnen können.

Anforderungsbereich I:

Die Aufgaben zu diesem Bereich verlangen die einfache Wiedergabe von Kenntnissen. Im Fach Sport kann die erste Aufgabe über die reine Reproduktion hinausgehen und bereits weitere Anforderungen stellen.

(be)nennen/ angeben	Hier sollen Sie einfach bestimmte Begriffe oder Aspekte aufzählen, und zwar ohne nähere Erläuterungen. Dadurch, dass die Antwortung einen geringen Umfang hat, ist es hier besonders wichtig, dass Ihre Lösung vollständig ist und dass Sie die passende Terminologie verwenden. Da die Lösung bei diesem Operator sehr knapp ausfällt, ist die Aufgabenstellung in der Regel mit einem weiteren Operator verknüpft.	Nennen und beschreiben Sie grundlegende Trainingsprinzipien und Formen der Belastungssteuerung und Anpassungsauslösung. (Übungsaufgabe 3, 1.)

einordnen/ zuordnen	Diese Operatoren können als Erweiterung von „(be)nennen“ und „angeben“ verstanden werden, da hier zwei Listen von Begriffen/Aspekten sinnvoll zusammengebracht werden müssen. Auch hier wird in der Regel in der Aufgabenstellung ein weiterer Operator oder ein weiterführendes Adverb hinzugefügt sein.	Ordnen Sie dem Verhalten von Jörg und Silke (M 1) erläuternd mögliche Motive und Motivationen zu, die in ihrem Handeln erkennbar werden (2008, Aufgabe 1, 1.)
beschreiben/ darstellen	Entweder sollen Sie Wissen und Kenntnisse aus dem Gedächtnis wiedergeben oder aber Ihre Beschreibung/Darstellung auf der Grundlage eines Textes oder einer Abbildung erstellen. In beiden Fällen ist es wichtig, dass Ihre Lösung gut strukturiert ist, d. h., dass Zusammengehörendes beisammen steht und die Abfolge der einzelnen Aspekte logisch ist. Ist ein vorgegebener Text die Grundlage, müssen Sie zudem darauf achten, dass Sie wirklich eigene Formulierungen verwenden und dass Sie auch verstreut liegende Punkte aufgreifen. Achten Sie bei Ihrer Lösung auf Vollständigkeit und gehen Sie keinesfalls schon in eine Analyse oder Bewertung über!	Beschreiben Sie den Aufbau eines Skelettmuskels und die Unterschiede der Muskelfasertypen. (2012, Aufgabe 1, 1.) Stellen Sie anhand der Bildreihe (M 1) die Phasenstruktur des Handball-Sprungwurfs sowie die Funktionen der einzelnen Teilphasen dar. (2013, Aufgabe 1, 1.)
skizzieren	Die von Ihnen geforderte Skizze kann, je nachdem, wie die Aufgabenstellung insgesamt lautet, in Form einer Grafik (Diagramm, Schaubild), einer Tabelle oder eines kurzen Fließtextes erfolgen. Grafiken und Tabellen müssen allerdings gut durchdacht sein, da hierbei die Übersichtlichkeit ein besonderes Kriterium darstellt. Schreiben Sie einen Fließtext, so sollten wirklich nur die wesentlichen Punkte umrissen werden. Lassen Sie also alle überflüssigen Details weg!	
zusammenfassen	In der Regel sollen Sie hier die Aussagen eines Textes zusammenfassen. Achten Sie darauf, dass Sie das Wesentliche erfassen und es gut strukturiert in Ihrer Lösung wiedergeben. Schreiben Sie nüchtern (lassen Sie sich nicht durch den Stil des Ausgangstextes beeinflussen) und achten Sie darauf, dass Ihre Lösung tatsächlich wesentlich kürzer ist als die Grundlage.	

Anforderungsbereich II:

Dieser Bereich umfasst Aufgaben, bei denen Sie aufgefordert werden, Ihre im Unterricht erworbenen Kenntnisse bei der Bearbeitung von Sachverhalten, Materialien, sportspezifischen Problemfeldern oder Beispielen anzuwenden. Achten Sie darauf, logisch und stringent zu argumentieren und Ihre Behauptungen zu belegen.

prüfen	Mit diesem Operator werden Sie im Aufgabenbereich II aufgefordert, eine Textaussage, eine These oder einen Sachverhalt kriterienorientiert zu untersuchen.	Prüfen Sie ausgehend von einer Definition des Begriffs „Aggression", welche der in den Zeitungsberichten [...] beschriebenen Verhaltensweisen der Sportler als aggressiv bezeichnet werden können [...]. (2012, Aufgabe 2, 2.)
analysieren	Eine Analyse ist eine genaue Untersuchung eines Textes, eines Schaubilds oder einer Vorgehensweise unter bestimmten Fragestellungen. Grundlage ist eine systematische Beschreibung unter besonderer Berücksichtigung der Beziehung einzelner Aspekte, doch das Wesentliche ist die sachliche Auswertung. Ziehen Sie dabei nur Schlüsse, die sich wirklich direkt aus dem gegebenen Material ableiten lassen und vermeiden Sie persönliche Stellungnahmen. Achten Sie darauf, dass Sie Beschreibung und Auswertung miteinander verknüpfen.	Analysieren Sie die Veränderung der Ausdauerleistungsfähigkeit anhand der dargestellten Testergebnisse. (2013, Aufgabe 2, 2.)
anwenden/ übertragen	Hier werden Sie aufgefordert, Bekanntes so anzupassen, dass damit ein ähnliches, aber neues Problem gelöst werden kann. Gut ist es, wenn Sie zu Beginn darauf eingehen, worin die Ähnlichkeit und die Unterschiede des Bekannten und des Neuen liegen. Geben Sie eine Erklärung ab, falls Sie in einem Aspekt von dem Bekannten stärker abweichen müssen.	
auswerten	Hier sollen Sie verschiedene Ergebnisse zusammenführen und zu einer begründeten Gesamtaussage kommen.	
erklären/ erläutern	Beide Operatoren, deren Hauptaugenmerk auf der Angabe und dem Herausarbeiten von Gründen liegt, werden häufig synonym verwendet. Beim Erklären wird jedoch stärker als beim Erläutern erwartet, dass eine zusammenfassende Beschreibung integriert ist.	Erläutern Sie die für das Klettern benötigten konditionellen Anforderungen (M 2) und die Veränderungen der Fingerkraft der beiden Schüler (M 3) unter Berücksichtigung von drei relevanten Trainingsprinzipien. (2012, Aufgabe 1, 2.)

heraus-arbeiten	Hier sollen in der Regel bestimmte Aspekte aus einer Vorlage zusammengesucht werden, wobei sie allerdings meistens auch aus indirekten Aussagen abgeleitet werden müssen. Ziel ist es, für den Leser die Aspekte zusammenzutragen und ihm das, was nur indirekt gesagt ist, bewusst zu machen.	
in Beziehung setzen	Grundlage sind zwei oder mehrere Ergebnisse, Aussagen, Sachverhalte oder Problemstellungen, die sich unterscheiden, aber durchaus auch Anknüpfungspunkte haben. Diese sollen herausgearbeitet werden. Begründen Sie dabei, warum in diesen Punkten eine Beziehung hergestellt werden kann.	
vergleichen/ gegenüber-stellen	Bei einem Vergleich ist davon auszugehen, dass es sowohl Übereinstimmungen und Ähnlichkeiten, als auch Unterschiede gibt. Arbeiten Sie diese detailliert und begründet heraus. Bei einer Gegenüberstellung überwiegen in der Regel die konträren Aspekte, aber auch hier sollten Sie auf eventuelle Gemeinsamkeiten eingehen.	

Anforderungsbereich III:

Zu diesem Anforderungsbereich zählen Aufgaben, bei denen Sie zu selbstständigen Begründungen und Wertungen kommen sollen (Transfer).

sich auseinandersetzen mit	Dies ist ein sehr allgemeiner Operator. Sie sollen nach bestimmten Kriterien einen Text, eine Aussage oder einen Sachverhalt untersuchen und zu einem begründeten Urteil kommen.	[...] setzen Sie sich kritisch mit Argumenten für und wider eine Freigabe des Dopings auseinander. (2011, Aufgabe 1, 3.)
begründen	Bei einer Begründung sollen Sie gute Argumente für oder gegen etwas vorbringen oder aber die Ursachen für etwas darlegen. Versuchen Sie mehrere Argumente bzw. Gründe vorzubringen und führen Sie diese aus. Nach Möglichkeit sollten Sie diese auch gewichten.	[...] begründen Sie ergänzend Ratschläge für ein gesundheitsförderliches Sporttreiben aus salutogenetischer Sicht. (2008, Aufgabe 2, 3.)

beurteilen/ Stellung nehmen/ bewerten	Hier sollen Sie in Bezug auf einen Sachverhalt zu einem selbstständigen Urteil kommen. Dieses soll sich auf Fachkenntnisse stützen und in seiner Herleitung gut begründet sein. Der Unterschied zwischen „beurteilen" und „bewerten" ist gering, höchstens dass beim Bewerten noch stärker Ihre persönliche Position gefordert ist.	[…] nehmen Sie zu diesem Übungsangebot Stellung. (2010, Aufgabe 2, 3.)
entwerfen	Planen Sie unter Berücksichtigung bestimmter Vorgaben ein gut strukturiertes Konzept. Achten Sie darauf, dass das, was Sie vorschlagen, genau auf die Ziele abgestimmt und gegebenenfalls praktisch umsetzbar ist.	Entwerfen Sie begründend ein gesundheitsgerechtes Muskelfitnesstraining für Tom (M 2) zum Ausgleich der im Test festgestellten Dysbalancen […]. (2008, Aufgabe 2, 3.)
entwickeln	Hier werden Sie aufgefordert, eine These, ein Modell oder Ähnliches schrittweise auszubauen. Das bedeutet, dass Sie nicht ein Gesamtkonzept vorstellen sollen, sondern den Leser in Etappen und gut nachvollziehbar dorthin führen.	[…] Entwickeln Sie begründet praktische Umsetzungsmöglichkeiten, die von den Krankenkassen umgesetzt werden könnten (2009, Aufgabe 2, 3.)
erörtern	Benennen Sie zunächst das Problem. Arbeiten Sie dann in einer übersichtlichen Gliederung die Vor -und Nachteile heraus und kommen Sie abschließend zu einem begründeten Ergebnis.	Erörtern Sie die Positionen verschiedener Sportwissenschaftler (M 3) zu den Zielen von Kleinen Spielen und Sportspielen. (2011, Aufgabe 2, 3.)
problematisieren	Hier sollen Sie Aussagen oder Thesen infrage stellen und Widersprüche aufdecken. Führen Sie diese in einer begründeten Argumentation aus.	
prüfen/ überprüfen	Grundlage ist in der Regel eine Aussage oder These, die Sie zunächst kurz darstellen sollten. Beurteilen Sie diese dann, indem Sie auf eigenes Wissen oder eigene Beobachtungen zurückgreifen.	[…] überprüfen Sie auf der Grundlage Ihrer Ausführungen zur 1. und 2. Aufgabe das leistungsmotivierende Potential dieses Spiels sowie die Möglichkeit, dieses Potential mit Hilfe von Regeländerungen weiter zu verstärken. (2007, Aufgabe 2, 3.)

5 Bewertung

In der schriftlichen Prüfungsarbeit Sport können maximal 100 Punkte erreicht werden. Diese setzen sich aus 80 Punkten für die **inhaltliche Leistung** und 20 Punkten für die **Darstellungsleistung** zusammen. Zur Darstellungsleistung zählen zum Beispiel die logische und klare Strukturierung der Lösung, die präzise sprachliche Darstellung, die korrekte Anwendung der Fachterminologie und die korrekte Syntax.

Die Umrechnung der Punktzahlen in Noten erfolgt nach dem folgenden Schema:

Erreichte Punktzahl	100–95	94–90	89–85	84–80	79–75	74–70	69–65	64–60	59–55	54–50	49–45	44–39	38–33	32–27	26–20	19–0
Note	1+	1	1–	2+	2	2–	3+	3	3–	4+	4	4–	5+	5	5–	6
Notenpunkte	15	14	13	12	11	10	9	8	7	6	5	4	3	2	1	0

Übungsaufgaben

Aufgabenstellung:

1. Stellen Sie auf Grundlage der vorliegenden Abbildung die Vorgänge beim motorischen Lernen dar.

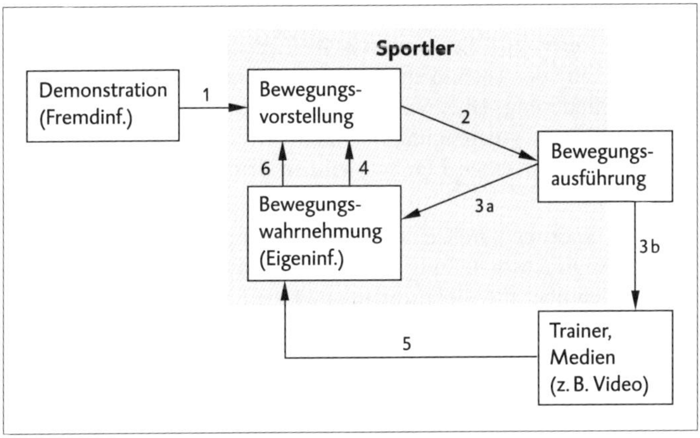

(20 Punkte)

Grosser, Manfred/Neumaier, August: Techniktraining. Theorie und Praxis aller Sportarten. BLV Verlagsgesellschaft, München 1982, Seite 69.

2. Erläutern und reflektieren Sie – ausgehend von einem Beispiel einer von Ihnen im Sportunterricht erlernten Fertigkeit – folgende Aussage:
   „Die Häufigkeit und die Art externer Rückmeldung hängen in ihrer Wirksamkeit ganz entscheidend von der Fähigkeit der Selbsteinschätzung des Sportlers ab, wie differenziert und genau er seine ausgeführten Bewegungen reflektieren und bewerten kann.“
   (Hillebrecht/Schuster 1994) (28 Punkte)

3. Erörtern Sie, inwieweit vielfältiges und bewusstes Lernen und Trainieren von motorischen Fertigkeiten vor dem Hintergrund unterschiedlicher Sport- und Gesundheitskonzepte zu bewerten ist. (32 Punkte)

Lösungsvorschläge

1. Die Abbildung illustriert mithilfe eines vereinfachten **Regelkreismodells** den Prozess des motorischen Lernens. Der menschliche Organismus wird dabei als ein System dargestellt (graues Feld), das die aus der Umwelt stammenden Informationen durch selbstständige Steuerungs- und Regelungsprozesse verarbeitet und dadurch zielgerichtete Bewegungen hervorbringt. Möglich ist dies durch ein Kreissystem von Nervenfasern, welche Informationen von außen, die über Rezeptoren aufgenommen werden, zum Zentralen Nervensystem leiten (Afferenzen) und, in entgegengesetzter Richtung, Informationen wieder zurück zu den ausführenden Muskeln schicken (Efferenzen). Das **motorische Lernen** beinhaltet den Erwerb von Bewegungsabläufen oder Techniken, im engeren Sinn von Bewegungskoordination und deren Veränderung. Dies wird äußerlich sichtbar in einer Bewegungsleistung, die eine bestimmte Ausprägung quantitativer und qualitativer Merkmale hat. Der Vorgang des motorischen Lernens wird in dem vorliegenden Modell in sechs Schritte unterteilt:

   Zunächst wird beim Sportler durch eine **Fremdinformation** in Form einer Demonstration eine Bewegungsvorstellung hervorgerufen **(Schritt 1)**. Solche Fremdinformationen gelangen über die Sinnesorgane und die damit verbundenen Analysatoren zum Zentralen Nervensystems des Lerners, d. h. über den Gesichtssinn (visueller Analysator), Gehörsinn (akustischer Analysator), Tastsinn (taktiler Analysator), Gleichgewichtssinn (statico-dynamischer Analysator) und Muskel- und Bewegungssinn (kinästhetischer Analysator). Diese Informationen rufen beim Lernenden auf Grundlage individuell unterschiedlicher Lernausgangslagen (Lernbereitschaft, Kenntnisse, Fähigkeiten und Fertigkeiten) eine bestimmte **Bewegungsvorstellung** („inneres Bewegungsmodell") hervor. Bewegungsvorstellungen sind sehr komplex, zum einen, weil Bewegungsakte Prozesse sind, und zum anderen, weil kinästhetische, taktile, statico-dynamische, visuelle und unter Umständen auch akustische Komponenten enthalten sind, die in ihrer Gesamtheit die dynamisch-zeitlich-räumliche Relation zwischen den Strukturelementen eines Bewegungsaktes widerspiegeln. Im Lernprozess hat die Bewegungsvorstellung als Orientierungsgröße für die Bewegungshandlung eine Schlüsselstellung (Kontrollpunkt des inneren und des äußeren Regelkreises), da sie in Form des Bewegungsplans den Auftrag an die Vollzugsorgane gibt und den Istwert-Sollwert-Vergleich ermöglicht.

   Die **Bewegungsausführung (Schritt 2)** wird zum einen durch die auf der Basis von Eigen- (Schritt 4) und Fremdinformationen (Schritt 1 und 6) entwickelte Bewegungsvorstellung bestimmt, zum anderen durch die vorhandene Bewegungskompetenz.

   Während und nach der Bewegungsausführung werden die Merkmale der Bewegung als Istwert mit dem angestrebten Sollwert (Bewegungsziel) verglichen und beurteilt **(Schritt 3)**. Diese **Bewegungswahrnehmung** erfolgt durch den ausführenden Sportler selbst (Schritt 3a), wobei diese Eigeninformation durch die Wahrnehmung eines Trainers und/oder die Auswertung von Medien ergänzt werden kann (Schritt 3b). Die innere Rückmeldung erfolgt in einem „inneren Funktionskreis“ ohne Einbeziehung der Umwelt, d. h., die Informationen werden direkt von den bewegungsausführenden Organen über die kinästhetischen und statico-dynamischen Analysatoren zum Zentralen Nervensystem geleitet. Bei der äußeren Rückmeldung, die sich im „äußeren Funktionskreis“ abspielt, werden von der Umwelt (z. B. vom Lehrer oder Trainer) visuelle, akustische oder auch taktile Informationen an den Sportler gesendet **(Schritt 5)**. Die Trennung der beiden Funktionskreise ist formal, da die Informationsaufnahme über die Rückkopplung nicht isoliert, sondern wechselseitig eng verbunden ist („vermaschte Regelung“).

Die Bewegungswahrnehmung hat unabhängig davon, ob sie aus der Eigenwahrnehmung **(Schritt 4)** oder aus der Fremdwahrnehmung **(Schritt 6)** resultiert, Einfluss auf die **Bewegungsvorstellung**. Sie verändert, erweitert und optimiert diese vor einer erneuten Bewegungsausführung.

2. ***Hinweis:*** *Die selbst erlebte sportmotorische Praxis bildet den Ausgangspunkt für die Lösung der Aufgabe. So sollen die eigenen Bewegungserfahrungen vor dem Hintergrund sporttheoretischer Aussagen abgeglichen, eingeordnet und auf Übereinstimmungen, aber auch auf Widersprüche hin überprüft werden. Bezüge zu weiteren aus dem Unterricht bekannten Theorien zum motorischen Lernen sind möglich und sogar erwünscht.*

Nach Hillebrecht/Schuster hat die Selbsteinschätzung des Sportlers Auswirkungen auf die Häufigkeit und die Art des Feedbacks, die etwa ein Trainer gibt. Eine gute Selbsteinschätzung basiert dabei zum einen auf einer guten Bewegungswahrnehmung, zum anderen aber auch auf einer guten Bewegungsvorstellung, denn nur auf ihrer Grundlage kann das Wahrgenommene angemessen beurteilt werden. Die Aussage von Hillebrecht/Schuster wird im Folgenden am Beispiel des Kugelstoßens erläutert und reflektiert.

Das **Kugelstoßen** stellt eine technomotorisch komplexe Bewegungshandlung dar, die den Anfänger aufgrund der zu vollführenden Geschwindigkeit, vor allem aber aufgrund der hohen Anzahl der Freiheitsgrade überfordert. Diese Freiheitsgrade erschweren eine konkrete **Bewegungsvorstellung** bzw. reduzieren die Bewegungsvorstellung auf wenige Invarianten des Stoßens, die aus anderen bekannten Bewegungserfahrungen abgeleitet werden können (bspw. des Wurfs, was sich aber negativ auf das Bewegungslernen auswirkt). Der Grad der Bewegungsreflexion hängt somit zunächst von der Komplexität der Zielbewegung ab. Übersteigt diese die Bewegungsvorstellung des Sportlers, wird die komplexe Gesamtbewegung der Rückenstoß-Kugelstoßtechnik in der Vorstellung auf wenige Merkmale reduziert, bspw. auf die Streckung des Ellbogens während der Ausstoßphase. Fehlt eine konkrete Bewegungsvorstellung – bspw. die der Beinbewegung während der Ausstoßphase – bleibt auch eine Rückmeldung unwirksam. Je differenzierter jedoch die Bewegungsvorstellung ist, desto differenzierter kann die Art der Anweisung sein.

Neben der Bewegungsvorstellung ist jedoch auch eine bewusste **Bewegungswahrnehmung** seitens des Sportlers für eine Rückmeldung notwendig. So ist es zwar wichtig zu wissen, wann der Kniewinkel des hinteren Beines während der Ausstoßphase gestreckt wird, allerdings ist dieses Wissen ohne die Fähigkeit der Selbstwahrnehmung, *wann* und *wie* der Kniewinkel geöffnet wurde, wertlos. Dies entspricht der Äußerung von Hillebrecht/Schuster zur Bedeutung der Fähigkeit der genauen Selbsteinschätzung, also die Fähigkeit, die eigene Bewegung wahrzunehmen und sie mit einer genauen Vorstellung der erwünschten Bewegungshandlung abzugleichen.
Somit hängt die **qualitative Art der Rückmeldung** tatsächlich von der Qualität der Bewegungsvorstellung und -wahrnehmung ab.

In enger Wechselwirkung zur Qualität der Rückmeldung steht die **Quantität der Rückmeldung**. So wie die Anzahl der Freiheitsgrade einer Bewegung die Komplexität erhöht und somit den Sportler überfordern kann, kann die Anzahl der Rückmeldungen zu einer Überforderung führen.

Ein Lehrer muss sich somit genau über die Art und Häufigkeit von Rückmeldungen Gedanken machen. Er muss sich überlegen, wie viele Informationen (z. B. zum Kugelstoßen) er seinem Schüler zu welchem Zeitpunkt zumuten kann, ohne ihn zu überfordern, und welche Bewegungsanweisungen zu welchem Zeitpunkt sinnvoll sind. So kann in der Praxis beobachtet werden, dass die Rückmeldung von mehr als zwei Bewegungsmerkmalen die meisten Schüler überfordert, selbst wenn diese Anweisungen sich auf Merkmale der Grobform beziehen (bspw. Drehung des Oberkörpers oder richtige Kugelhaltung). Auffällig ist, dass Hinweise zu räumlichen Parametern besser umgesetzt werden können als Hinweise zu Geschwindigkeits-Parametern. So fällt es bspw. den meisten Schülern leichter, Hinweise zur Position des Oberkörpers während der folgenden Bewegungen umzusetzen, als die Geschwindigkeit des Unterkörpers im Verhältnis zum Oberkörper zu verändern. Auch eine zeitlich unmittelbare Rückmeldung scheint wichtig.

Zusammenfassend werden die Aussagen Hillebrechts/Schusters durch die Erfahrungen aus dem Sportunterricht voll und ganz bestätigt. Es zeigt sich jedoch auch, dass eine wirksame Rückmeldung zum Bewegungslernen anscheinend von vielen Faktoren abhängt und dass ein zielorientiertes Lernen der Kugelstoßtechnik im Sportunterricht unter diesen Voraussetzungen vielleicht gar nicht realisiert werden kann.

3. In der Sportwissenschaft wird gewöhnlich zwischen elementaren motorischen Fertigkeiten (z. B. Laufen, Springen, Klettern, Werfen) und sportmotorischen Fertigkeiten (z. B. Sprungwurf, Pritschen) unterschieden. **Motorische Fertigkeiten** lassen sich allgemein als spezifische, relativ gefestigte koordinative Leistungsvoraussetzungen definieren, die es ermöglichen, eine Handlung oder Teilhandlung ohne bewusste Steuerung und Regelung, d. h. scheinbar automatisch, auszuführen.

Aus dieser Definition könnte man schließen, dass **Vielfalt** beim Lernen nicht vonnöten ist, da das Erlernen motorischer Fertigkeiten am besten durch eine Verengung bzw. Konzentration auf eine spezifische Handlungssituation erfolgt. Tatsächlich wird diese Art des Lernens bei einer stark **eindimensionalen Sinnperspektive** des Sporttreibens favorisiert, etwa wenn allein auf Leistungssteigerung bzw. Leistungsverbesserung Wert gelegt wird. So setzt bspw. die traditionelle Trainingsmethodik des Leistungstrainings eine zunehmende Spezialisierung sowie Konzentration des Bewegungslernens auf einzelne technomotorische Fertigkeiten voraus, die es mithilfe der Wiederholungsmethode zu verbessern und zu optimieren gilt (Grobform/Feinform/Feinstform). Die Forderung des vielfältigen Erlernens bzw. Trainierens motorischer Fertigkeiten könnte in bestimmten Zusammenhängen möglicherweise sogar kontraproduktive Folgen haben (bspw. das Erlernen des Vorwärtssaltos in Verbindung mit dem Training des Flops). Ebenso kontraproduktiv – wiederum allein im Sinne einer eindimensional ausgerichteten Sinnperspektive sportlichen Handelns – kann unter besonderen Umständen die explizite **Bewusstmachung** von sportmotorischen Fertigkeiten angesehen werden. So argumentieren bspw. viele Leistungssportler, einen Tunnelblick auf ihren Sport zu benötigen, um sich von ihrem Ziel, gewinnen zu wollen bzw. Rekorde zu erzielen, nicht ablenken zu lassen. Die Berücksichtigung bspw. gesundheitlicher Aspekte könnte sich in diesem Fall durchaus negativ auf die Leistungsentwicklung auswirken.

Bedeutsam wird die Forderung des bewussten und vielfältigen Lernens und Trainierens jedoch, wenn der eindimensional leistungsorientierte, auf sich selbst verweisende Sinn des Bewegungslernens erweitert wird und die Bedeutung der zu lernenden Bewegungshandlung unter **mehrdimensionalen Perspektiven** beleuchtet wird, bspw. zusätzlich unter der Sinnperspektive „Gesundheit".
Nach der Weltgesundheitsdefinition der WHO ist **Gesundheit** ein Zustand „vollkommenen körperlichen, geistigen und sozialen Wohlbefindens und nicht allein das Fehlen von Krankheit und Gebrechen". Über die Art und Weise, wie dieser Zustand zu erreichen bzw. zu erhalten ist, existieren mehrere Modelle wie bspw. das Risikofaktorenmodell, das Bindungsmodell, das Bewältigungsmodell oder das Salutogenesemodell. Zusammengefasst zielen diese Modelle auf möglichst umfassende Gesundheitswirkungen, insbesondere durch Stärkung von physischen, psychischen und sozialen Ressourcen, Minderung von körperlichen Risikofaktoren sowie Bewältigung von Beschwerden und Missbefinden.
Im Sinne der Aufgabenstellung kommt dem **Salutogenesemodell** nach Antonovsky eine besondere Bedeutung zu. Für Antonovsky steht nicht die Frage im Mittelpunkt, was Menschen krank werden lässt, sondern was Menschen, trotz oft außerordentlicher Belastungen, gesund bleiben lässt. Dies könnte bedeuten, dass sich bspw. ein Hochleistungssportler trotz einseitigen Leistungssports, der möglicherweise zu muskulären Dysbalancen oder gesundheitsschädlichen Überbelastungen führt, aufgrund des sportlichen und ggf. gesellschaftlichen Erfolgs gesund fühlt. Allerdings ist die Widerstandsressource Erfolg gegenüber den Risikofaktoren des einseitigen Lernens oder Trainierens möglicherweise sehr labil bzw. zeitinstabil,

sodass ein Ausbleiben des Erfolgs zu massiven Störungen des Gesundheitsgefühls auf psychischer und physischer Ebene führen kann. Eine Auseinandersetzung mit dem bewussten Erlernen und Trainieren sportmotorischer Fertigkeiten vor dem Hintergrund des Gesundheitsaspekts umfasst somit immer auch die Bewusstmachung des Nutzens, aber auch der Risiken der Bewegungshandlungen für das subjektive Befinden. Ziel sollte es sein, dem Sportler vielfältige Lern- und Übungsanreize zu schaffen, aus denen eine subjektive Sinnorientierung erschlossen werden kann.
Für ein vielfältiges und beswusstes Lernen und Trainieren spricht aber auch eine im Sinne des **Risikofaktorenmodells** notwendige Breite der Übungen, um muskulären Dysbalancen entgegenzuwirken sowie eine Bewusstmachung des Lernprozesses, um Nutzen und Risiken für das eigene Wohlbefinden einzuschätzen. Hinzu kommt im Sinne des **Bindungsmodells** ein motivationaler Aspekt, dass der Sportler mithilfe abwechslungsreicher Übungen den Spaß am Lernen neuer Übungen und letztlich den Spaß an der Bewegung möglichst lange beibehält.

Zusammenfassend lässt sich daher festhalten: Unter gesundheitsorientierten Aspekten ist ein vielfältiges und bewusstes Lernen sportmotorischer Fertigkeiten als absolut sinnvoll zu bewerten. Neben den gesundheitsorientierten Aspekten wird vielfältiges und variationsreiches Lernen zunehmend aber auch im Leistungstraining berücksichtigt.

Nordrhein-Westfalen: Sport Leistungskurs
Übungsaufgabe 2

Aufgabenstellung:

1. Beschreiben Sie den gesundheitlichen Nutzen eines allgemein-aerob-dynamischen Ausdauertrainings sowie mögliche Risiken eines solchen Trainings. (24 Punkte)

2. Die Diagramme in M 1 und M 2 veranschaulichen die Aufzeichnungen der Herzfrequenzen und der Herzfrequenzverteilungen eines 34-jährigen Läufers bei zwei Ausdauertrainingseinheiten. Analysieren Sie vergleichend die aufgezeigten Ausdauertrainingseinheiten. (30 Punkte)

3. Beurteilen Sie unter Berücksichtigung relevanter Belastungsnormative und Trainingsprinzipien die Eignung der in M 1 und M 2 aufgezeigten Trainingsmethoden im Rahmen eines gesundheitsorientierten Ausdauertrainings. (26 Punkte)

M 1:

Daten zum Läufer:
Alter: 34 Jahre
Größe: 182 cm
Gewicht: 76 kg

HF-Ruhe: 60 S/min.
HF-max.: 186 S/min.

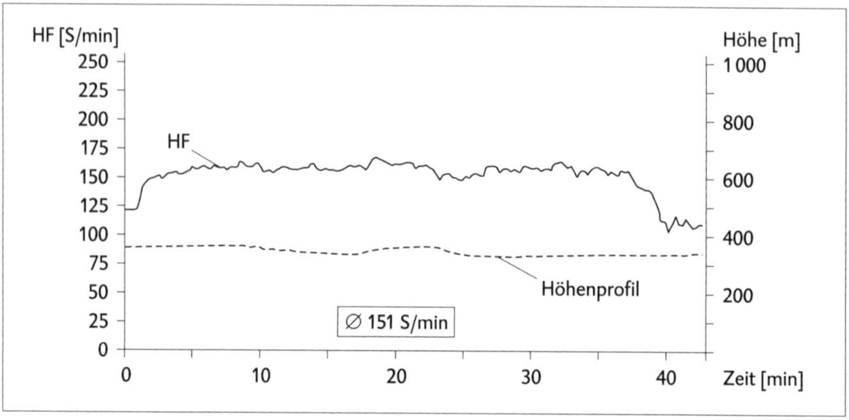

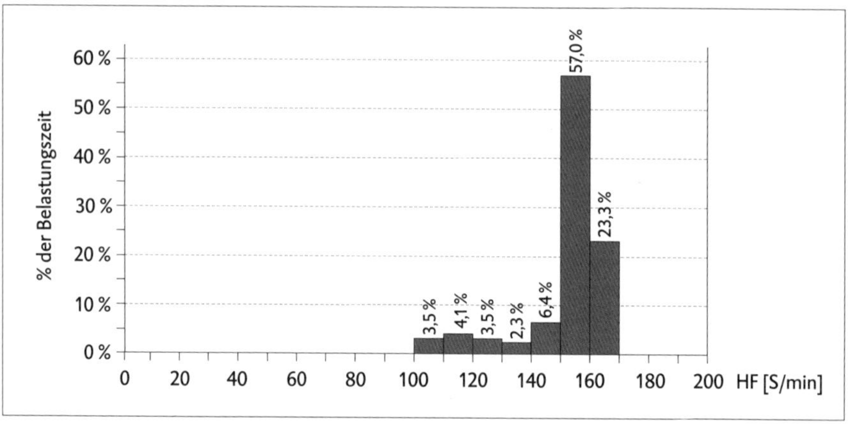

M 2:

Daten zum Läufer:
Alter: 34 Jahre
Größe: 182 cm
Gewicht: 76 kg

HF-Ruhe: 60 S/min.
HF-max.: 186 S/min.

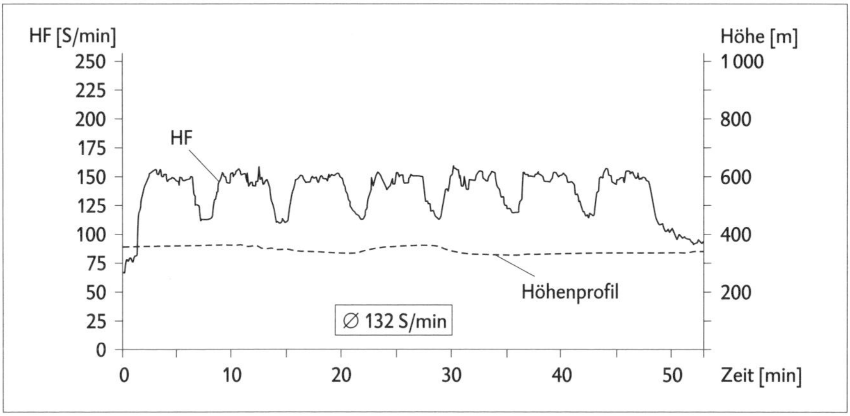

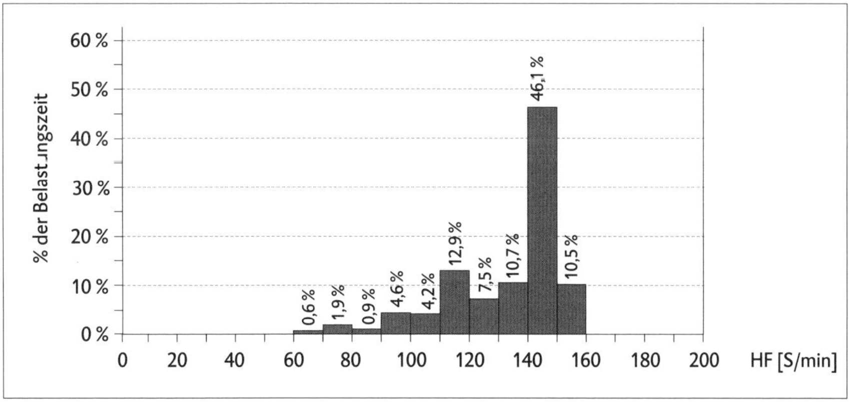

Lösungsvorschläge

1. ***Hinweis:*** *Die Bearbeitung der Aufgabenstellung ist auf der Grundlage Ihrer Kenntnisse zu den anatomischen und physiologischen Grundlagen menschlicher Bewegungen sowie den konditionellen Voraussetzungen von Bewegungshandlungen vorzunehmen. Hierbei gilt es, die physischen und psychischen Effekte eines allgemein-aerob-dynamischen Ausdauertrainings in ihrem komplexen Wirkungsgefüge nachvollziehbar aufzuzeigen. Die Beschreibung soll jedoch nicht nur den umfassenden Nutzen eines Ausdauertrainings hervorheben, sondern auch ein kritisches Problembewusstein im Hinblick auf potentielle Risiken verdeutlichen.*

Ein allgemein-aerob-dynamisches Ausdauertraining ist dadurch gekennzeichnet, dass in dynamischer Form bei aerober Stoffwechsellage mehr als ein Siebtel bis ein Sechstel der Skelettmuskulatur an der Bewegung beteiligt werden. Dies ist z. B. beim Laufen, Radfahren oder Schwimmen unter Berücksichtigung entsprechender Belastungsnormative der Fall.

Der **gesundheitliche Nutzen** eines allgemein-aerob-dynamischen Ausdauertrainings liegt in der nachhaltigen Stärkung physischer und psychischer Gesundheitsressourcen. Im physiologischen Bereich sind insbesondere die positiven Auswirkungen auf das Herz-Kreislaufsystem zu nennen. So kommt es infolge eines langfristigen Ausdauertrainings zu einer Hypertrophie des Herzmuskels und einer Dilatation der Herzhöhlen, wodurch sich die Stärke und das Volumen des ausdauertrainierten Herzens im Vergleich zum Normalherz nahezu verdoppeln können.
Aus diesen morphologischen Anpassungen resultiert eine Senkung des Ruhe- und des Belastungspulses sowie eine Steigerung des maximalen Schlag- und Herzminutenvolumens. Der Herzmuskel selbst wird durch die zunehmende Kapillarisierung bzw. durch Kapillarneubildung besser durchblutet. Dieser Effekt tritt ebenfalls bei der durch das Training innervierten Skelettmuskulatur ein, sodass die Muskeln und Organe günstiger mit Sauerstoff und Nährstoffen versorgt und Abfallprodukte schneller abtransportiert werden können.
Neben der Ökonomisierung der Herzarbeit vergrößert sich auch die Sauerstofftransportkapazität des Blutes, da das Blutvolumen durch eine Zunahme des Plasmavolumens steigt und sich die Zahl der für den Sauerstofftransport verantwortlichen roten Blutkörperchen (Erythrozyten) erhöht. Des Weiteren verringert sich die Viskosität des Blutes, wodurch sich die Fließeigenschaften verbessern und das Thrombose- und Arterioskleroserisiko gesenkt wird. In diesem Zusammenhang ist auch die Verringerung des Blutfettspiegels und die Erhöhung des HDL-Anteils am Gesamtcholesterin zu nennen.
Im pulmonalen Bereich ergibt sich eine Vergrößerung des Atemminutenvolumens und eine Verbesserung der Atemökonomie.
Darüber hinaus hat ein aerobes Ausdauertraining präventive und auch rehabilitative Wirkungen auf Risikofaktoren wie Bluthochdruck, Übergewicht, Diabetes mellitus, erhöhte Harnstoffwerte und Bewegungsmangel. Das Immunsystem wird gestärkt und die Regenerationsfähigkeit verbessert.

Die zunehmende Verbesserung der Ausdauerleistungsfähigkeit führt im psychischen Bereich zu einem verbesserten Wohlbefinden und einer erhöhten Stressresistenz. Des Weiteren entwickelt sich ein positives Körperbewusstsein und eine ausgeprägtere Körperwahrnehmung, woraus eine Steigerung des Selbstbewusstseins resultiert.

Die **gesundheitlichen Risiken** eines allgemein-aerob-dynamischen Ausdauertrainings ergeben sich in erster Linie aus körperlich bedingten Kontraindikationen. Hierzu gehören u. a. organische Schäden an Herz und Lunge, akute und chronische Erkrankungen der Atemwege, fieberhafte Erkrankungen, Entzündungen im Hals-Rachenraum, akute Erkrankungen oder das Vorhandensein von Infektionskrankheiten. Weitere Risiken liegen in den gewählten Sportarten. So kann es etwa beim Laufen zu orthopädischen Beschwerden im Bereich der Knie- und Sprunggelenke kommen, die allerdings durch die Wahl des Laufuntergrunds (z. B. Waldwege) und adäquates Schuhmaterial (Laufschuhe mit entsprechenden Dämpfungseigenschaften) gemindert werden können.
In jedem Fall empfiehlt es sich, vor dem Beginn eines Ausdauertrainings, insbesondere wenn man längere Zeit sportabstinent gewesen ist, eine sportärztliche Kontrolle durchführen zu lassen und die Planung des Trainings in Absprache mit einem Sportlehrer oder qualifizierten Trainer vorzunehmen.

2. ***Hinweis:*** *Im Rahmen der Analyse können Sie anhand der Materialien zunächst eine erste methodische Bestimmung der beiden Trainingseinheiten vornehmen. Das Material verdeutlicht des Weiteren, dass die beiden Einheiten unter gleichen äußeren Bedingungen (Höhenprofil) absolviert wurden. Um die analytische Auseinandersetzung weiter zu differenzieren, müssen Sie die Daten des Läufers mit in Ihre Überlegungen einbeziehen. Die Berechnung von Trainingspulsfrequenzen und die qualitative Bestimmung sind hier an zwei gängigen Beispielen aufgezeigt. Zur genaueren Kennzeichnung der beiden Trainingseinheiten liefern die Informationen in den Diagrammen zur Herzfrequenzverteilung die Grundlage. Auf dieser Basis können Sie anschließend einen resultierenden Vergleich vornehmen.*

Die beiden Ausdauertrainingseinheiten wurden auf derselben, nur geringfügig profilierten Laufstrecke absolviert, sodass keine geländebedingten Einflüsse auf die Belastungsintensität und die zyklische Belastungsstruktur zu verzeichnen sind. Die in **M 1** dargestellte Trainingseinheit wurde mit einer dauerhaften Belastung bei einer durchschnittlichen Herzfrequenz von 151 S/min. durchgeführt. Hierbei lagen etwa 80 % der Gesamtbelastungsdauer in einem Intensitätsbereich von 150 bis 170 S/min, wodurch die Einheit einer **intensiven Dauerbelastung** entspricht. Um die Intensität beurteilen zu können, sollte man sich an trainingswissenschaftlich empfohlenen Pulsfrequenzwerten orientieren, die als einfach zu ermittelnde, aber ausgesprochen valide Steuerungsparameter im Ausdauertraining dienen.
Die Ermittlung der Trainingspulsfrequenz kann anhand der folgenden Formel vorgenommen werden:

Trainingspuls = maximale Herzfrequenz – (0,45 × Herzfrequenz in Ruhe)

In Bezug auf den Läufer ergibt dies:

$186 - (0{,}45 \times 60) = 159$

Für die Belastungsdauer von etwa 40 Minuten sollten sich systematisch Trainierende bei etwa 90 % bis 95 % der Trainingspulsfrequenz belasten. Bei der aufgezeigten Einheit entsprechen die 95 % genau der durchschnittlichen Herzfrequenz von 151 S/min, sodass die vom Läufer gewählte Belastungsintensität in den empfohlenen Bereich fällt.
Nach der Karvonen-Formel, die als alternatives Modell unter Berücksichtigung der maximalen Herzfrequenzreserve (HF-max. – HF-Ruhe) zur Berechnung und Beurteilung der Trainingspulsfrequenzen berücksichtigt werden kann, ergeben sich für den Läufer folgende Ergebnisse:

$$\frac{151\,S/min - 60\,S/min}{186\,S/min - 60\,S/min} \cdot 100\,\% = 72\,\%$$

Die Karvonen-Formel geht von folgenden Prozentzahlen der Herzfrequenz aus:
- 60 % für Regenerationstraining und sehr langes extensives Ausdauertraining
- 70 % für normales Ausdauertraining
- 80 % für intensives Ausdauertraining

Demnach hat der Läufer ein normales bis intensives Ausdauertraining absolviert, wobei 57 % der Belastungszeit genau im angestrebten Intensitätsbereich liegen.

Im Vergleich zu M 1 zeigt **M 2** eine diskontinuierliche, intervallartige Belastung. Zwischen den insgesamt sieben Belastungsintervallen mit einer Dauer von jeweils etwa fünf Minuten werden sechs Belastungspausen zu je etwa zwei Minuten eingelegt. Dieser systematische Wechsel von Belastungs- und Pausenintervallen und die unvollständigen (lohnenden) Pausen, die bis zu zwei Minuten bzw. längstens bis zu einem Pulsfrequenzabfall auf etwa 120 S/min dauern, sind charakteristisch für die **extensive Intervallmethode** mit Mittelzeitintervallen. Die Herzfrequenzen liegen in den Belastungsphasen zwischen 145 und 155 S/min und in den Pausen zwischen 110 und 120 S/min. In den Belastungsphasen werden demnach Intensitäten zwischen 67 % und 75 % erreicht, wobei die Verteilung der Herzfrequenzen nur etwa 10 % oberhalb von 150 S/min aufzeigt. Der Schwerpunkt liegt hier mit 46 % deutlich im Bereich zwischen 140 und 150 S/min und somit zwischen 63 % und 71 % der nach Karvonen vorgegebenen Belastungsintensitäten.

Im Vergleich zu M 1 ist die Einheit in M 2 also von geringerer Gesamtbelastungsintensität. Dies hat wiederum Auswirkungen auf den Pulsfrequenzabfall nach dem Belastungsende, der bei der Intervalleinheit deutlicher ausgeprägt ist. Zu erklären ist dies mit der Konditionierung des Herzkreislaufsystems auf rhythmische Belastungswechsel mit der Notwendigkeit einer schnellen Regeneration.

3. ***Hinweis:*** *Auf der Grundlage der Kennzeichnung der Ausdauertrainingsmethoden in der Teilaufgabe 2 sollen Sie unter der Perspektive der gesundheitlichen Eignung eine Beurteilung vornehmen. Diese muss im Hinblick auf die Zielsetzung des Trainings unter Berücksichtigung entsprechender Belastungsnormative und Trai-*

ningsprinzipien ausgeführt werden. Neben diesen fachlichen Beurteilungsparametern sollten Sie auch Erfahrungen aus Ihrer reflektierten Praxis des Ausdauertrainings mit in Ihre Ausführungen einfließen lassen, wobei Sie die Möglichkeiten der Gestaltung und Variation innerhalb einer Trainingsmethode in Bezug auf einen progressiv-gesundheitsorientiert angelegten Trainingsprozess darlegen sollten.

Die Beurteilung der Eignung einer Trainingsmethode für ein gesundheitsorientiertes Ausdauertraining ist unter Berücksichtigung der physischen Leistungsvoraussetzungen des Trainierenden und der gewählten Sportart vorzunehmen. Da sich bei einem langfristig angelegten Ausdauertraining die bereits beschriebenen Anpassungserscheinungen ergeben, kann es notwendig sein, im Laufe eines Trainingsprozesses einen Wechsel oder eine Variation der Trainingsmethoden in Betracht zu ziehen.

Die in M 1 dargestellte **intensive Dauermethode** setzt beim Trainierenden eine gut ausgebildete physische Grundkonstitution im Bereich der Ausdauerleistungsfähigkeit voraus. Sowohl der Belastungsumfang als auch die Belastungsdichte sind hoch und die Trainingspulsfrequenz liegt in einem Bereich, in dem eine leistungsorientierte Entwicklung der Ausdauerleistungsfähigkeit angestrebt wird. Die höhere Trainingsbelastung führt zu einer längeren Regenerationszeit des Trainierenden, der die folgende Trainingsintervention unter Berücksichtigung des Prinzips der optimalen Relation von Belastung und Erholung planen sollte, um der Gefahr eines Übertrainings entgegenzuwirken.
Um die Dauermethode für ein gesundheitsorientiertes Training anzupassen, sollte sie extensiv ausgerichtet werden. Dies bedeutet, dass bei gleichem Belastungsumfang die Belastungsintensität (beim Laufen z. B. die Laufgeschwindigkeit) herabgesetzt wird. Die Intensität sollte dabei allerdings so gewählt werden, dass ein trainingswirksamer Belastungsreiz von etwa 120 bis 130 S/min. bzw. die Vorgaben nach Karvonen erreicht werden. Zur weiteren Entwicklung des Trainings sollte der Belastungsumfang sukzessive erhöht und die Intensität beibehalten werden.

Die **extensive Intervallmethode** eignet sich besonders für den Einstieg in ein Ausdauertraining und die gesundheitsorientierte Entwicklung. Der Trainierende hat durch den rhythmischen Wechsel von Belastung und Erholung eine große Bandbreite, das Training gemäß seiner individuellen Voraussetzungen zu gestalten. So ist u. a. die Zahl und die Intensität der Belastungsintervalle variabel, wobei die Belastungsintensität in ähnlicher Form wie bei der extensiven Dauermethode gewählt werden sollte. Insbesondere im fortgeschrittenen Trainingsprozess hat der Trainierende die Möglichkeit, durch Verlängerung der Belastungsintervalle und gleichzeitige Verkürzung der Pausenintervalle einen methodischen Wechsel hin zur extensiven Dauermethode anzustreben.
Auch im Hinblick auf die mit einem Ausdauertraining möglicherweise einhergehende psychische Belastung des Trainierenden hat die extensive Intervallmethode deutliche Vorzüge gegenüber den Dauermethoden. Der Trainierende hat während des Trainings regelmäßige Erholungsphasen und erreicht über jedes absolvierte Belastungsintervall immer wieder kleine Teilziele, die sich auch motivational positiv auswirken.

Nordrhein-Westfalen: Sport Leistungskurs
Übungsaufgabe 3

Aufgabenstellung:

1. Nennen und beschreiben Sie grundlegende Trainingsprinzipien im Hinblick auf Belastungssteuerung und Anpassungsauslösung. (24 Punkte)

2. Das Material M 1 zeigt eine Lehrbildreihe des Kurzstreckenlaufs. Beschreiben Sie die dargestellte Lehrbildreihe mithilfe der Meinel'schen Phasenstruktur sportlicher Bewegungen. Erläutern Sie anhand ausgewählter Bewegungsmerkmale, warum diese in der dargestellten Form ausgeführt werden sollten, um eine bestmögliche Geschwindigkeit zu erreichen. (27 Punkte)

3. Das Material M 2 zeigt unterschiedliche Startpositionen, die den empfohlenen Startpositionen offensichtlich widersprechen und trotzdem von einigen Trainern zur Verbesserung des Beschleunigungsabschnittes eingesetzt werden.
   Legen Sie kurz mögliche Auswirkungen dar, die auf Grundlage dieser Startpositionen für den Bewegungsablauf zu erwarten sind.
   Erörtern Sie, inwieweit derartige Übungen bisherigen Methoden zur Gestaltung von Lernwegen widersprechen und kommen Sie zu einer kriteriengeleiteten Beurteilung, ob derartige Übungen trotzdem im Trainingsprozess berücksichtigt werden sollten. (29 Punkte)

M 1:

1

2

3

4

5

6

Fotos: Horst Lichte. Aus: Schöllhorn, W.: Schnelligkeitstraining. Reinbek: Rowohlt 1995, S. 66 f.

M 2:

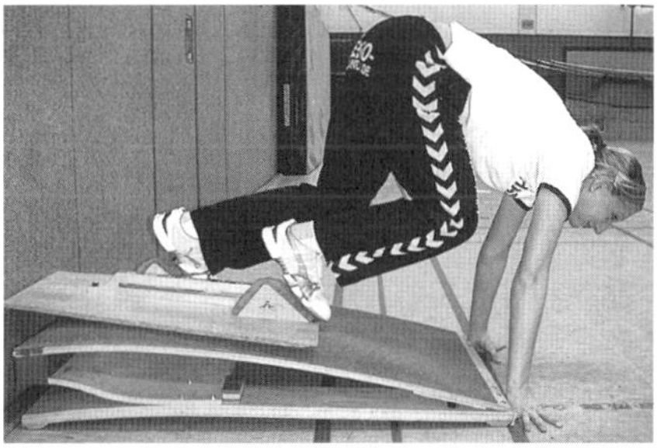
1

2

3

Lösungsvorschläge

1. **Trainingsprinzipien** gelten als übergeordnete Anweisungen zum Handeln im sportlichen Training. Sie stellen eine allgemeine Orientierungsgrundlage dar, die als das Ergebnis wissenschaftlicher Erkenntnisse in Verbindung mit trainingspraktischen Erfahrungen verstanden wird. Trainingsprinzipien sind demnach eher Sollaussagen und keine Gesetzesaussagen zur Gestaltung des Trainings und können somit nicht als „richtig" oder „falsch", sondern allein als „mehr oder weniger effektiv" bezeichnet werden. Dies führt dazu, dass es letztlich zwar kein allgemein anerkanntes System von Trainingsprinzipien gibt, die Formulierung von Trainingsprinzipien aber trotzdem Hilfen zur Planbarkeit und Kategorisierung von Trainingsinhalten und Trainingsmethoden gibt.
   Folgende Trainingsprinzipien können unterschieden werden: Das **Prinzip der progressiven Belastung** geht davon aus, dass für eine optimale Entwicklung der sportlichen Leistung eine planmäßige und systematische Steigerung der Belastungsanforderungen notwendig ist. In diesem Zusammenhang kommt den Belastungskomponenten Reizumfang und Reizintensität eine besondere Bedeutung zu, die im Laufe des Trainingsprozesses leistungs- und sportartenspezifisch gesteigert sowie in ihrer Wechselwirkung berücksichtigt werden müssen.
   Das **Prinzip des trainingswirksamen Reizes** bezieht sich auf eine kritische Reizschwelle, die überschritten werden muss, damit eine Anpassung bzw. Leistungssteigerung erfolgen kann. Die Reizschwelle ist variabel und vom individuellen Leistungszustand abhängig. Die Stärke der Belastungsreize kann sich zum Beispiel an der Reizstufenregel nach Roux orientieren, der einen Zusammenhang zwischen der Belastungsintensität und der biologischen Anpassung erkannt hat.
   Eine Berücksichtigung des **Prinzips der wechselnden Belastung** ermöglicht es, mehrere Leistungsfaktoren parallel zu trainieren. Dieses Prinzip ist insbesondere in Sportarten mit komplexen Leistungsanforderungen wichtig, wenn mithilfe sinnvoller Belastungswechsel vielfältige konditionelle, aber auch taktische Fähigkeiten und Fertigkeiten ausgebildet werden sollen.
   Unter den **Prinzipien zur Festigung der Anpassung** lassen sich die **Gesetze der Homöostase und Superkompensation** fassen. Die Homöostase geht von einem Gleichgewicht der Körperfunktionen und des inneren Milieus aus (Ausgangssituation). Durch überschwellige Belastungsreize kommt es zu einem Ungleichgewicht (Heterostase), das in der Erholungszeit durch einen Wiederaufbau und/oder Mehraufbau (Adaptation) ausgeglichen wird und zu einem neuen Gleichgewicht auf höherem Niveau (Superkompensation) führt.
   Mithilfe des **Prinzips der optimalen Relation von Belastung und Erholung** wird festgelegt, dass die gewünschte Superkompensation jedoch allein in einem bestimmten Zeitfenster möglich ist. Wird der neue Belastungsreiz zu früh gesetzt, wirkt sich dies negativ auf die Adaptation aus. Erfolgt der nächste Belastungsreiz zu spät, fällt das erhöhte Leistungsniveau auf den anfänglichen Leistungszustand zurück – eine Superkompensation bleibt also aus, der gesetzte Trainingsreiz war umsonst. Diese Erkenntnis führt zum **Prinzip der kontinuierlichen Belastung**, welches fordert, längere Trainingsunterbrechungen zu vermeiden.

Das **Prinzip der periodisierten Belastung** basiert auf der Annahme einer phasenförmigen Leistungsentwicklung. D. h., dass sowohl bei den Trainingszielen als auch bei den Trainingsinhalten Schwerpunkte in Form von Periodisierungen (Vorbereitungs-, Wettkampf- und Übergangsperiode) gesetzt werden.
Soll die gesamte sportliche Leistungsentwicklung über mehrere Jahre hinweg systematisch verfolgt werden, spielen die **Prinzipien des langfristigen Leistungs- bzw. Trainingsaufbaus** sowie **der optimalen Relation von allgemeiner und spezieller Ausbildung** eine entscheidende Rolle. Insbesondere im Bereich der Nachwuchsarbeit kommt diesen Prinzipien auch aus sportpädagogischer und sportethischer Sicht eine entscheidende Bedeutung zu.

2. Nach Meinel lassen sich sportliche Bewegungen in verschiedene Bewegungsabschnitte einteilen, die jeweils für das Gelingen der Bewegung unterschiedliche Funktionen einnehmen. Man unterscheidet in diesem Zusammenhang azyklische und zyklische Bewegungen. Bei **azyklischen Bewegungen** wird das Bewegungsziel durch eine einmalige Aktion erreicht (zum Beispiel Springen, Werfen), wobei die Reihenfolge der Teilbewegungen nicht umkehrbar ist. Azyklische Bewegungen lassen sich in drei Phasen unterteilen: die Vorbereitungs-, Haupt- und Endphase. Wiederholen sich gleichartige Teilbewegungen (z. B. beim Laufen oder Rudern), spricht man von **zyklischen Bewegungen**, die in zwei Phasen, die Haupt- und die Zwischenphase, eingeteilt werden. Bei der Zwischenphase kommt es zu einer Verschmelzung zwischen Vorbereitungs- und Endphase.

   Die Lehrbildreihe des **Kurzstreckenlaufs** (M 1) lässt sich demnach den **zyklischen Bewegungen** zuordnen. Der Bewegungsablauf wiederholt sich im Laufe des Sprints mehrfach, wobei die Endphase des vorhergehenden Zyklus mit der Vorbereitungsphase des folgenden zusammenfällt. Bild 1 (Bremsphase) kann der Zwischenphase zugeordnet werden, mit Bild 2 (Beschleunigungsphase) beginnt bereits die Hauptphase, die in Bild 3 bis 5 (Flugphase) andauert und mit Bild 6 (Bremsphase) endet und gleichzeitig wieder in die erneute Zwischenphase des nächsten Schrittes überleitet.
   Die **Hauptphase** bildet das Kernstück einer sportlichen Bewegung. Ihre Bedeutung liegt in der unmittelbaren Bewältigung der entsprechenden Bewegungsaufgabe. Im vorliegenden Fall besteht das Kernstück darin, eine Strecke zu überwinden – unter Minimierung der Zeit. Dabei lassen sich sowohl unter biomechanischen als auch anatomisch-physiologischen Aspekten mehrere Bewegungsmerkmale analysieren, die dem Ziel einer möglichst schnellen Bewegungsausführung dienen. Hierzu müssen die Bewegungsphasen eines Beines (im Folgenden des linken Beines) ihrer Funktion nach in eine vordere Stützphase (Bild 1), eine hintere Stützphase (Bild 2), eine hintere Schwungphase (Bilder 3–5) und eine vordere Schwungphase (Bild 6) differenziert werden. Phasenbeginn und -ende richten sich dabei nach der Position des linken Beins in Bezug zur KSP-Projektionslinie.
   So dient die vordere Stützphase (Bild 1) dem Abfangen des Körpergewichts nach dem Flug, was durch eine Verstärkung der Muskelvorspannung erreicht wird. Die hintere Stützphase (Bild 2) dient der Beschleunigung des Körpers durch optimale

Bein- und Fußstreckung. Die Funktion der hinteren Schwungphase (Bilder 3–5) liegt in der Entspannung und Dehnung der Beinstreckmuskulatur. Gleichzeitig wird durch das Anfersen des Unterschenkels das Massenträgheitsmoment des Beines verringert. In der vorderen Schwungphase (Bild 6) wird zusätzliche Bewegungsenergie durch die Vorwärtsbewegung des Beines erzeugt, die durch Abstoppen des Oberschenkels in der Endposition auf den Körper übertragen wird.
Zusammenfassend kann die **Funktion der Hauptphase** (vordere Schwungphase/hintere Stützphase und Flug) in der Erzeugung der Energie für die Vorwärtsbewegung sowie in der Festlegung der Schrittlänge durch die Ausprägung der Flugphase gesehen werden. Die **Funktion der Zwischenphase** (hintere Schwungphase/vordere Stützphase) liegt in der Bremsphase durch Abfangen des Körpers sowie in der Entspannung der vorher aktiven Muskulatur.

3. ***Hinweis:*** *Aufgrund der offenen Fragestellung bieten sich vielfältige Lösungsansätze bzw. Anknüpfungsmöglichkeiten zu sporttheoretischen Inhaltsbereichen an. Folgende Bezüge sind über den dargestellten Erwartungshorizont denkbar: Im Kontext der erwähnten Zieltechniken bzw. Technikleitbilder lassen sich Beziehungen zur Bedeutung methodischer Übungsreihen oder zum Prinzip der verminderten Lernhilfen, dem Prinzip der graduellen Annäherung oder aber auch der Teillernmethode im Vergleich zur Ganzheitsmethode herausarbeiten. Die verlangte Erörterung möglicher Auswirkungen auf den Bewegungsablauf ist umso besser zu bewerten, je umfassender und komplexer die getroffenen Ausführungen mit sporttheoretischen Wissensinhalten (bspw. den biomechanischen Prinzipien) in Verbindung gesetzt werden. So ergeben sich Überlegungen zur ersten Startposition bspw. auf Grundlage des Prinzips der maximalen Anfangskraft. Die zweite und dritte Startposition ließe sich unter Berücksichtigung des Prinzips der Gegenwirkung sowie des Prinzips des optimalen Beschleunigungsweges analysieren. In der abschließenden Bewertung der Sinnhaftigkeit derartiger Übungen dürften auch Bezüge zu Theorien des motorischen Lernens erwartet werden (bspw. Open-Loop, Closed-Loop, Schema-Theorie, aber auch systemdynamische Lerntheorien).*

Betrachtet man die klassischen Leichtathletik-Lehrbücher, ist eine starke Ausrichtung auf Ziel- oder Technikleitbilder zu erkennen. Es werden detailliert **Zieltechniken** beschrieben und methodische Übungsreihen vorgestellt, mit deren Hilfe die entsprechenden Bewegungstechniken erlernt werden sollen. Durch monotones Üben (Übungswiederholungen) sollen entsprechende Bewegungsprogramme eingeschliffen und gefestigt werden – Abweichungen von den Programmen werden als Bewegungsfehler aufgefasst, die über entsprechende Rückmeldungen und weiteres Üben korrigiert werden können.

Die abgebildeten Startpositionen (M 2) scheinen diesem Ansatz offensichtlich zu widersprechen. Die **erste Startposition** (Bild 1) wird zwar aus dem Startblock ausgeführt, allerdings befindet sich dieser auf einem Sprungbrett. Die Startposition ist somit nach hinten oben erhöht, das Becken im Verhältnis zur Schulterachse stark angehoben, wodurch die Bewegungsrichtung des Körperschwerpunkts

zunächst nach vorne unten verläuft und dem eigentlichen Technikleitbild widerspricht. Hinzu kommt, dass durch den federnden bzw. nachgebenden Untergrund des Startblocks ein impulsiver Abdruck verhindert wird.
Bei der Betrachtung der **zweiten Startposition** (Bild 2) fällt auf, dass der Abstand zwischen den Startblöcken offensichtlich „falsch" eingestellt ist. Das hintere Bein ist im Vergleich zu den klassischen Lehrbildreihen viel zu weit nach hinten ausgestellt, was zu einer Streckung bzw. Vergrößerung des Kniegelenkwinkels des hinteren Beins führt und einen „explosiven" Start erschweren dürfte.
Die **dritte Startposition** (Bild 3) zeichnet sich durch eine ungewöhnlich breite und somit im Sinne der klassischen Lehrmaterialien „falsche" Spurbreite des Startblocks und demzufolge der Fuß- und Beinstellung aus. Eine derartige Startstellung dürfte somit gravierende Auswirkungen auf das Bewegungsmuster der Arm-Bein-Koordination sowie die Schrittgestaltung haben.
Erklärungsansätze, warum derartige Übungen trotz der offensichtlich „fehlerhaften" Ausführungen für das Bewegungslernen und den Lernerfolg sinnvoll sein können, lassen sich zum Beispiel mit Bezug auf die **aktuellen Erkenntnisse systemdynamischer Ansätze zum Bewegungslernen** begründen.
Die Systemdynamiker in der Bewegungsforschung beschäftigen sich mit der Stabilität und Variabilität von Bewegungen bei Bewegungsänderungen. Der Kerngedanke fußt dabei auf der Annahme, Bewegungen würden nicht über eine übergeordnete Zentrale (Gehirn) gesteuert. Vielmehr geht man davon aus, alle an der Bewegung beteiligten Steuerungssysteme (Nervensysteme und Muskulatur) würden sich gegenseitig beeinflussen bzw. selbst organisieren und dadurch geordnete Bewegungen ermöglichen.
Betrachtet man nun die dargestellten Startpositionen vor dem Hintergrund systemdynamischer Überlegungen, könnte zum Beispiel der Sinn der zweiten Startposition (Bild 2) darin liegen, dass der Körper zur Bewegungsausführung das hintere Bein (aufgrund des längeren Weges) automatisch schneller nach vorne führen muss und somit selbstorganisierend eine Bewegung ausführt, die im Sinne der „Zieltechnik" häufig von außen korrigiert wird.
Das gleiche Prinzip der Selbstorganisation könnte für die dritte Startposition (Bild 3) gelten. Die in der klassischen Lehrmethodik häufig vernommene Bewegungsanweisung, nach dem Start die Beine geradlinig in die Bewegungsrichtung nach vorne zu führen sowie die Arme gegengleich mitzuschwingen, dürfte durch die gestellte Bewegungsvariation quasi von selbst erfolgen.
Der Start von einem Sprungbrett (Bild 1) dürfte ebenfalls zu einer Selbstorganisation der beteiligten Muskeln und des Nervensystems führen, und zwar in der Hinsicht, dass ein möglichst impulsiver Abdruck allein durch die Fixierung der beteiligten Gelenke (insbesondere des Kniegelenks) erreicht wird.
Derartige auf Selbsterfahrung zielende Bewegungsausführungen und Erkenntnisse könnten somit tatsächlich einen Lern- und Leistungszuwachs bewirken – obwohl sie vordergründig der klassischen Lehrmethodik widersprechen. Hinzu käme der hohe Aufforderungscharakter solcher Übungen, der sich – im Vergleich zum wiederholenden Üben bekannter Bewegungsaufgaben – positiv auf die Trainingsmotivation auswirken könnte.

Nordrhein-Westfalen: Sport Leistungskurs
Übungsaufgabe 4

Aufgabenstellung:

1. Analysieren Sie, welche grundlegenden Entscheidungen für die Vermittlung schwieriger geschlossener Fertigkeiten in den Materialien 1–3 getroffen werden, damit die Lernenden nicht überfordert werden. (28 Punkte)

2. a) Beschreiben Sie detailliert die Bewegungen beim Hürdensprint und stellen Sie einen Bezug zwischen Ihren vermittlungsbezogenen Ausführungen zu Aufgabe 1 und dem Hürdensprint her. (12 Punkte)
   b) Analysieren Sie, welche konditionellen Anforderungen beim Erlernen des Hürdensprints gestellt werden, welche Wechselwirkungen sich zwischen ihnen und dem Fertigkeitserwerb ergeben und wie dies methodisch berücksichtigt werden kann. (16 Punkte)

3. Entwickeln Sie in Auseinandersetzung mit den aus M 1 bis M 3 hervorgehenden Strategien Methoden zur Vermittlung von Sportspielfertigkeiten wie dem Korbleger beim Basketball oder dem Sprungwurf beim Handball. (24 Punkte)

M 1:

Brustschwimmen

Brustschwimmen ist eine derjenigen anspruchsvollen Bewegungstechniken, die sich kaum auf Anhieb in ihrer Gesamtheit erlernen lassen. Der Übungsleiter tut gut daran, zuerst Teilbewegungen zu vermitteln, die er jedoch so bald wie möglich zusammenfügen (koordinieren) lässt.
Da die Beine durch das Wassertreten schon grundsätzlich Erfahrungen für den Abdruck vom Wasser gesammelt haben, kann mit der Armbewegung angefangen werden. So stellt sich der Lehrweg in folgenden fünf Schritten dar, von denen jeder dann beginnt, wenn der vorangegangene sicher ausgeführt wird.

1. Armbewegung
2. Beinbewegung
3. Gesamtbewegung ohne Atmung
4. Atmung
5. Gesamtbewegung mit Atmung

aus: Wilke, Kurt (Hg.): Schwimmsport Praxis. Rowohlt, Reinbek bei Hamburg 1992, S. 53

M 2:

Hochsprung

Reihung der Ausbildungsaufgaben

1. Schulung des flopspezifischen Anlaufs und Absprungs mit der Absicht, den Absprung aus bogenförmigem Anlauf, leicht diagonalem Schwungbeineinsatz und der Drehung um die Längsachse zu erlernen.
2. Schulung der Flugphase (Anlaufphase, Lattenüberquerung) und der Landung unter dem vorrangigen Aspekt der guten Ausbildung einer Brückenhaltung über der Latte.
3. Zusammenführung der Teilphasen in der Gesamtbewegung mit dem Ziel ihrer optimalen Verbindung und der Entwicklung einer wettkampfstabilen Technik.

aus: Bauersfeld, Karl-Heinz, Schröter, Gerd, Grundlagen der Leichtathletik. Sportverlag, Berlin 1992, S. 241.

M 3:

Freie Überschlagbewegungen

Bei allen Bewegungshilfen, die das Erlernen des Saltos ermöglichen, ist darauf zu achten, dass ein technikgerechter Absprung mit Armschwung ausgeführt werden kann.

Übungsformen

1. Schritt […]: Aus dem Anlauf /Absprung Rolle vw. auf den Mattenberg mit kurzem Aufstützen der Hände (klein bleiben!)

2. Schritt […]: Dynamischer Absprung mit betontem Armschwung vor-hoch und Aufrollen ohne Stütz der Hände (klein bleiben!)

3. Schritt […]: wie 2., jedoch mit Landung auf dem Gesäß / in der Hockstellung (klein bleiben!)

4. Schritt […]: Nach und nach Abbauen der Höhe des Mattenbergs und zunehmend freie Salto-Bewegung mit Ausprägung der Landephase. Dabei wird Hilfeleistung erforderlich.

aus: Bruckmann, M. (1983). Gerätturnen Mädchen. Düsseldorf. S. 72.

Lösungsvorschläge

1. ***Hinweis:*** *Für die Bearbeitung dieser Aufgabe benötigen Sie Kenntnisse zu Vermittlungsstrategien schwieriger geschlossener Fertigkeiten. Grenzen Sie die geschlossenen von den offenen Fertigkeiten ab, die die Sportspiele charakterisieren. Die Vermittlungsstrategien sind auf die in den Materialien zu findenden Beispiele zu beziehen. Eine weitergehende Darlegung einzelner Phasen des Bewegungsablaufes, z. B. des Fosbury-Flop, ist hier nicht gefordert. Kenntnisse auf der Ebene eines Bewegungsablaufes sind zu Aufgabe zwei darzulegen.*

Die drei Materialien geben Hinweise darauf, wie Brustschwimmen, Hochsprung und der Salto vorwärts vermittelt werden können. Es handelt sich zwar um unterschiedliche Sportarten, aber sie können alle der Gruppe der geschlossenen Fertigkeiten zugeordnet werden.

Typisch für **geschlossene Fertigkeiten** ist, dass sie immer in nahezu identischen Rahmenbedingungen ablaufen. Das bedeutet, dass der Wettkampfplatz normiert ist (vgl. Schwimmbecken, Hochsprunganlage) und der Sportler die Fertigkeit ohne direkten Einfluss durch andere Sportler abrufen kann. Einflussgrößen wie Zuschauer, Wetter oder psychologische Aspekte aufgrund der Wettkampfsituation ändern nichts an der grundsätzlichen Struktur der Fertigkeit, die in vergleichsweise starren Umgebungsbedingungen erworben, trainiert und auch im Wettkampf gezeigt wird.
Bei **offenen Fertigkeiten** ist hingegen das Kriterium der wiederkehrend identischen Umgebungsbedingungen nicht gegeben. Offene Fertigkeiten findet man etwa in Sportspielen. So wird z. B. beim Basketball der Korbleger in unterschiedlichen Spielsituationen durchgeführt: Bei dem einen „Fastbreak" kann der Korbleger ohne Gegnerdruck ausgeführt werden, wenn das Zuspiel des mitlaufenden Mitspielers angemessen erfolgt ist, beim nächsten „Fastbreak" kann aber das Zuspiel einen erhöhten Handlungsdruck erzeugen, da der abschließende Spieler keine Zeit mehr hat, den Ball zu prellen, sondern direkt zum Korbleger übergehen muss. In allen sportiven Bereichen, in denen sich die Situation durch eine derartige Variabilität kennzeichnet, wird von offenen Fertigkeiten gesprochen.

Für die **Vermittlung geschlossener Fertigkeiten** ist es zunächst notwendig, die Komplexität der Bewegung zu berücksichtigen. Es wird einer Sportlerin bzw. einem Sportler nicht gelingen, sofort die komplette Bewegung beim Brustschwimmen durchzuführen, einen Fosbury-Flop zu springen oder einen Salto vorwärts zu turnen. Um die Sportler an die Bewegungen heranzuführen, wählen die Autoren in den Materialien unterschiedliche Vereinfachungsstrategien.
Wilke favorisiert für das Erlernen des **Brustschwimmens** eine Aufteilung der eigentlich parallel ablaufenden Arm- und Beinbewegungen und führt diese anschließend wieder zusammen (M 1, Z. 6). Etwas missverständlich erfolgt beim dritten der fünf von Wilke genannten Schritte der Hinweis „ohne Atmung", der auf die bewusste Integration der Atmung in den Ablauf des Brustschwimmens mit einer Aufwärts- und Abwärtsbewegung von Schultergürtel und Kopf bezogen ist. Die bewusste Bearbeitung dieses Teilelements wird dann angeschlossen, wenn die

Arm- und Beinbewegung koordiniert werden kann. Selbstverständlich atmen die Sportler auch dabei, tun dies allerdings ohne eine explizite Aufmerksamkeit auf eine für den Bewegungsablauf förderliche Atmung. In Anlehnung an Ausführungen von Roth stellt die von Wilke gewählte Strategie eine **Reduktion der Programmbreite** dar.
Bauersfelds und Schröters Vorgehen für das Erlernen des **Fosbury-Flops** kann nicht der von Wilke gewählten Strategie folgen, da parallel ablaufende Bewegungsteile beim Hochsprung schwerlich voneinander zu trennen sind. Unterbliebe die aktive Armführung, würde ein wesentliches Element des Hoch-Springens fehlen, sodass Vertikalsprünge ohne Armführung vermeintlich nachteilige Folgen für den Erwerb des Fosbury-Flops haben. In M 2 wird daher ein Weg der **Reduktion der Programmlänge** gewählt. Die vom Beginn des Anlaufs an bis zur Landung auf der Matte nacheinander zu vollziehenden Bewegungen werden erleichtert, da zunächst der Anlauf (1.), dann der Anlauf mit anschließender Flugphase (2.) und schließlich alles zusammen (3.) bearbeitet wird.
Bruckmann schlägt in M 3 für das Erlernen des **Saltos vorwärts** den Weg über einen erhöhten Mattenberg vor. Diese Entscheidung folgt der Idee einer **Invariantenunterstützung**. Durch den Mattenberg erfolgt eine visuelle Hilfe, in welcher Höhe der freie Überschlag geturnt werden sollte. Das Aufrollen auf den Berg (1. Schritt) wird anschließend mehr und mehr zu einer freien Rolle (2. und 3. Schritt). Der im 4. Schritt abzubauende Mattenberg kann nur dann kleiner werden, wenn die als Rolle vorwärts begonnene Bewegung weiterhin auf der ungefähren Höhe oberhalb des ehemaligen Mattenberges erfolgt. Für den Salto wäre es auch denkbar, die Parameteranforderung Sprunghöhe durch unterschiedliche Absprunghilfen zu variieren. So würde z. B. das Reuterbrett oder das Minitrampolin dem Turnenden helfen, eine größere Sprunghöhe zu erreichen.
Für den jeweils weiteren Ablauf zum Erlernen geschlossener Fertigkeiten weisen die Materialien aus, dass die Bewegungsteile (M 1 und M 2) nach und nach zusammengeführt werden müssen und damit die Komplexität der Bewegung wieder hergestellt wird. Beim Salto vorwärts muss die Komplexität zwangsläufig von Anfang an gewahrt bleiben, auch wenn eine Rolle vorwärts vergleichsweise weniger anspruchsvoll ist als der freie Überschlag. Die Orientierung, die das Aufsetzen der Hände ermöglicht (1. Schritt), wird zunehmend schwieriger, wenn die Überschlagbewegung frei geturnt wird.
Können die Fertigkeiten in ihrer Komplexität umgesetzt werden, folgen die Phasen der **Automatisierung** und **Stabilisierung**. Dabei soll zunächst das Erlernte den Sportlern leichter fallen. Die auf die Durchführung z. B. des Saltos vorwärts gerichtete Aufmerksamkeit soll zunehmend geringer werden, indem die Abläufe automatischer geschehen. Die Stabilisierungsphase verfolgt das Ziel, z. B. den Fosbury-Flop gegen störende Einflüsse wie veränderte Wetterbedingungen, Geräusche auf der Sportanlage usw. stabiler zu machen.

2. ***Hinweis:*** *Die hier für den Hürdensprint gestellte Aufgabe der Beschreibung einer Bewegung ist im Kontext der Themenstellung für jede beliebige geschlossene Fertigkeit denkbar, sodass eine Wahloption für die Themenstellung möglich wäre.*

a) Auch beim Hürdensprint handelt es sich um eine sportliche Ausübung, die der Gruppe der **geschlossenen Fertigkeiten** zugeordnet werden kann. Im Wettkampf laufen die Männer 110 m, die Frauen 100 m mit je 10 Hürden. Es gibt auch noch eine längere Wettkampfstrecke über 400 m. Jede Läuferin bzw. jeder Läufer hat eine eigene Laufbahn.
Aus einer tiefen Startposition heraus laufen die Hürdensprinter in der Regel mit acht Schritten in einem Beschleunigungslauf zur ersten Hürde. Bei diesem Teil handelt est sich wie bei den Abschnitten zwischen den Hürden, die zumeist mit drei Schritten absolviert werden, um **zyklische Bewegungen**.
Diese werden durch ein **azyklisches Überwinden** der Hürden unterbrochen, bei dem es das Ziel ist, den horizontalen Verlauf des Körperschwerpunktes mit möglichst geringen Abweichungen nach oben und unten zu bewerkstelligen. Ein Abweichen nach oben hat zur Folge, dass der Läufer nach der Hürde automatisch einer höheren Belastung beim ersten Schritt standhalten muss, um nicht zu stark von der horizontalen Verlaufslinie nach unten abzuweichen. Es ist für den Ablauf bedeutsam, flüssige Übergänge vom Lauf in den Hürdenschritt und bei der Wiederaufnahme des Zwischenhürdensprints zu schaffen. Für den Hürdenschritt erfolgt ein aktiver Abdruck vom Nachziehbein, das Schwungbein schnellt nach vorn oben und wird nahezu gestreckt über die Hürde geführt. Während das Schwungbein nach der Hürde aktiv zum Boden geführt wird, überquert das Nachziehbein nach außen abgewinkelt die Hürde. Um das Gleichgewicht über der Hürde aufrechterhalten zu können, muss der zum Schwungbein entgegengesetzte Arm mehr oder minder ausgeprägt nach vorne geführt werden. Der Bodenkontakt nach der Hürde erfolgt auf dem Ballen. Der Anteil des durch den Hürdenschritt überwundenen Raumes verteilt sich ungefähr auf 2/3 vor der Hürde und 1/3 nach der Hürde.
Beim Zwischenhürdenlauf gewährleistet eine ungerade Anzahl von Schritten, dass bei der jeweilig nachfolgenden Hürde das jeweils gleiche Bein als Schwungbein zuerst über die Hürde geführt werden kann.

Die zu Aufgabe eins geforderten **Vereinfachungsschritte** sind auch für das Hürdensprinten bedeutsam. Als Fertigkeit wird dabei nicht der gesamte Lauf, sondern die Hürdenüberquerung (azyklisch) aus dem Sprint und die Wiederaufnahme des Sprints (Zwischenhürdenlauf) verstanden. Es gibt dazu konkurrierende Herangehensweisen:
Beim Zugang über eine **Reduktion der Programmbreite** wird eine getrennte Schulung von Schwungbein und Nachziehbein vorgenommen, die dann ähnlich wie beim Beispiel des Brustschwimmens in M 1 später zusammen durchgeführt wird.
Eine Vereinfachung nach der Idee der **Veränderung der Parameteranforderungen** sieht vor, dass von Beginn an Läufe mit einer hohen Geschwindigkeit über Hindernisse durchgeführt werden. Über die zunächst noch niedrigen, dann

aber zunehmend höheren Hindernisse und sukzessive zu vergrößernden Hindernisabstände wird dem Primat „Rhythmus“ vor „Hürdenüberquerung“ gefolgt.
Während auch bei der ersten der beiden dargestellten Vereinfachungsstrategien Parameteranforderungen (Hürdenhöhe und -abstände) variiert werden, wird die Idee einer Reduktion der Programmbreite bei der zweiten Startegie als nicht dienlich eingeschätzt. Invariantenunterstützungen, die dem Läufer z. B. durch akustische Signale des Trainers dabei helfen sollen, für den Abdruck vom Nachziehbein einen passenden Abstand zu den Hürden zu erreichen, werden in beiden Vermittlungsansätzen als hilfreich erachtet. Eine Reduktion der Programmlänge schiene auf den ersten Blick dann gegeben, wenn im Training die Anzahl der Hürden reduziert würde. Da aber die zu erlernende Fertigkeit – wie zuvor dargestellt – nur ein Ausschnitt aus einem Gesamtlauf darstellt, ist eine Reduktion der Programmlänge nicht möglich, zumal für den Hürdenschritt und den Übergang in den Zwischenhürdenlauf ein gewisses Tempo notwendig ist.

b) Zu den konditionellen Eigenschaften gehören die **Ausdauerleistungsfähigkeit**, deren Grad sich über die Ermüdungswiderstandsfähigkeit während und die Regenerationsfähigkeit nach einer Beanspruchung zeigt, die **Schnelligkeit**, wobei für schnelle Bewegungen die Muskelfaserstruktur und die Energiebereitstellung, aber auch die koordinativen Anforderungen eine wichtige Bedeutung haben, die **Kraft**, bei der die Art der Muskulatur, ihr Trainingszustand und die bei Beanspruchung ablaufenden Stoffwechselprozesse zentral sind, und die **Beweglichkeit**, deren Grad durch den Spielraum der Gelenke bzw. des Gelenksystems bestimmt ist.
Die Anforderungen beim Hürdensprint sind vielfältig und betreffen alle konditionellen Teilbereiche. Während die Schnelligkeit auch bei anderen Sprintformen bedeutsam ist und ebenso die Ausdauer in Form von Schnelligkeitsausdauer bei „Flachsprintern“ auftritt, stellt die Hürdenüberquerung spezifische Anforderungen im Bereich der Kraft und Beweglichkeit. Die aus vollem Sprint heraus entstehenden Kräfte auf das nach der Hürde „Boden fassende“ Schwungbein sind spezifisch für den Hürdensprint. Ebenso stellt die aus hoher Geschwindigkeit heraus erfolgende Überquerung der Hürde eine komplexe koordinative Anforderung dar, für die eine gute Beweglichkeit notwendig ist. Insbesondere Sprinter mit einem „normalen“ Körperwachstum haben nur durch Vorneigen des Oberkörpers und starkes Abwinkeln des Nachziehbeines über der Hürde (vgl. Aufgabe 2a) die Möglichkeit, mit möglichst geringer Abweichung von der horizontalen Verlaufskurve des Körperschwerpunktes agieren zu können. Hier muss ergänzend die Muskulatur im Bereich von Hüfte, Rücken und Oberschenkel in der Lage sein, die starke Annäherung zwischen Oberschenkel und Oberkörper zu tolerieren.

Methodisch gesehen scheint der in Aufgabe 2a genannte Weg über eine Veränderung der Parameteranforderungen die Hürdensprinter besser auf die konditionell komplexen Anforderungen vorzubereiten. Ein isoliertes Beweglichkeitstraining für das Nachziehbein kann zwar den Trainierenden helfen, doch stellen die simultan zu vollziehenden Bewegungen von Schwung- und Nachziehbein so hohe Anforderungen an die Koordination der Gesamtbewegung, dass diese keinesfalls durch eine zu starke Trennung „leiden“ darf. Noch bedeutender ist die Kraftanforderung beim Bodenkontakt nach der Hürde, wo aus vollem Tempo der Fuß stabil auf dem Ballen „gehalten“ werden muss. Bei einer isolierten Schulung drohen die Wettkampfanforderungen zu wenig trainiert zu werden.

3. Wie bei Aufgabe 1 erwähnt, liegt der entscheidende Unterschied zwischen offenen und geschlossenen Fertigkeiten in den Rahmenbedingungen der Fertigkeitsausführung. Das hat bei der Vermittlung offener Fertigkeiten zur Folge, dass der wechselnde Situationszusammenhang, z. B. bei den Sportspielen, berücksichtigt werden muss. So mag es zum Erlangen einer Bewegungsvorstellung durchaus hilfreich sein, eine Sportspielfertigkeit ohne Gegnereinfluss und mit einer normierten Schrittzahl, z. B. beim Korbleger, kennenzulernen. Möglichst früh jedoch muss die Aufmerksamkeit verstärkt auf die Lösung einer Korbwurfsituation unter Gegnereinfluss gerichtet werden.
Während bei den geschlossenen Fertigkeiten Vereinfachungsstrategien die eigentliche Fertigkeit betreffen, sollte bei den offenen Fertigkeiten mit den **Situationsanforderungen** variiert werden. So können Spielanfänger sicher kein komplexes Basketballwettspiel ausführen und dabei sofort auch Körbe erzielen. Eine Reduktion der Spielerzahl, zu Beginn auch mit durchaus deutlichen Überzahlsituationen der Angreifer, kann hilfreich sein, um in Korbwurfsituationen zu gelangen. Die Idee der Reduktion der Parameteranforderungen erscheint übertragbar, wenn beim Anfängerbasketball nicht der Basketballkorb, sondern das gesamte Brett bzw. abgeklebte Brettbereiche als Ziel fungieren. Ebenso sind regulative Aspekte ein Zugang zu Korbwurfmöglichkeiten, wenn etwa die Schrittregeln weniger restriktiv ausgelegt werden, zu lange Aufenthaltszeiten in der Zone unter dem Korb ungeahndet bleiben usw.
Verallgemeinernd kann somit die Forderung aufgestellt werden, dass bei offenen Fertigkeiten nicht über zu lange Zeit die Fertigkeit aus Spielsituationen herausgelöst und an einem Technikleitbild orientiert geübt werden sollte. Veränderungen in der Struktur der Anwendungssituationen sind der passendere „Regler für Vereinfachungen“. Der Basketballspieler wirft immer unter Gegnereinfluss, ebenso schmettert der Volleyballer mit einem gegnerischen Block nach einem Anspiel, das dann doch nicht „auf den Punkt genau“ erfolgt, der Torschuss beim Fußball muss häufig genug aus dem Fallen oder Liegen erfolgen, sodass die Spieler für diese situativen Anforderungen Lösungen haben müssen.

Abiturprüfungs- aufgaben

Nordrhein-Westfalen: Sport Leistungskurs 2007
Aufgabe 1

Aufgabenstellung:

1. Beschreiben Sie vergleichend die Messergebnisse (M 1, M 2) der drei Sportler sowie biologische Anpassungsprozesse an Ausdauerbelastung, die zur Veränderung der hier erfassten Messgrößen führen können. (22 Punkte)

2. Beurteilen Sie auf der Grundlage Ihrer Ausführungen zur 1. Aufgabe die jeweilige Ausdauerleistungsfähigkeit der drei Sportler und begründen Sie vor diesem Hintergrund Trainingsempfehlungen unter Berücksichtigung allgemeiner Trainingsgrundsätze und jeweils geeigneter Methoden.
   Ziel ist die Vorbereitung auf einen 5000-m-Lauf, der in drei Monaten unter Wettkampfbedingungen zu absolvieren ist. (36 Punkte)

3. Erläutern Sie sowohl unter der Perspektive eines engen sowie auch unter der eines erweiterten Gesundheitsbegriffs die gesundheitliche Bedeutung regelmäßiger sportlicher Aktivitäten am Beispiel zweier Sportarten aus Ihrem Kursprofil. Wählen Sie dazu eine Sportart mit erhöhter sowie eine mit geringerer Ausdauerbelastung aus. (22 Punkte)

M 1:

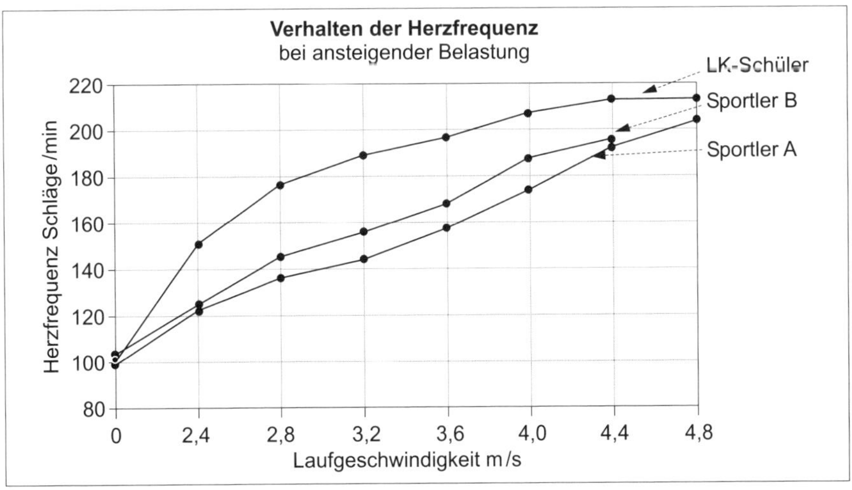

Ergebnisse eines Laktatstufentests an der sportmedizinischen Abteilung der Universität Bielefeld.

M 2:

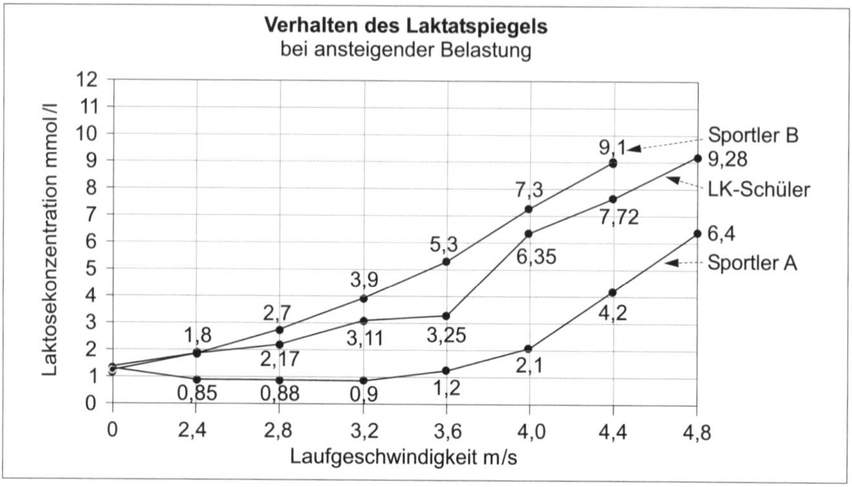

Ergebnisse eines Laktatstufentests an der sportmedizinischen Abteilung der Universität Bielefeld.

Lösungsvorschläge

1. ***Hinweis:*** *Bei der Beschreibung der Messergebnisse sollten die Ausgangswerte, Steigungen, Endwerte sowie die aerobe und anaerobe Schwelle der drei Sportler aufgeführt werden. Die biologischen Anpassungsprozesse unter Verwendung von Fachbegriffen sollten möglichst umfassend beschrieben werden. Eine Strukturierungsmöglichkeit bieten die physiologisch abgrenzbaren Bereiche, in denen Anpassungserscheinungen auftreten können (Herz, peripherer Kreislauf, Muskelzellen, Blut und Nervensystem).*

Die vorliegenden Messergebnisse wurden von der sportmedizinischen Abteilung der Universität Bielefeld erhoben und zeigen das Verhalten der Herzfrequenz (M 1) und das Verhalten des Laktatspiegels (M 2) bei ansteigender Belastung von drei Sportlern. Die Herzfrequenz und der Laktatspiegel sind Indikatoren für das Sauerstoffaufnahmevermögen. Das maximale Sauerstoffaufnahmevermögen (VO_2max) ist das entscheidende Kriterium zur Bestimmung der Ausdauerfähigkeiten. Nach der Beschreibung der Messergebnisse werden biologische Anpassungsprozesse dargestellt, die Folgen von Ausdauerbelastungen sein können.

Beim **Sportler A** liegt die **Herzfrequenz** beim Start bei etwas unter 100 Schlägen/min und steigt mit erhöhter Laufgeschwindigkeit nahezu konstant an, wobei sie bei der Endgeschwindigkeit von 4,8 m/s ca. 205 Schläge/min beträgt. Der Sportler A hat im Vergleich zu den beiden anderen Testpersonen bei jeder Laufgeschwindigkeit eine geringere Herzfrequenz. Auch seine **Laktatkonzentration** liegt bei jedem Lauftempo unter der der anderen Sportler. Sportler A geht beim Start eine sogenannte „Sauerstoffschuld“ ein, die am Absinken der Laktatkonzentration zu Beginn des Laufes deutlich wird. Bis zu einem Lauftempo von 3,6 m/s bleibt die Laktatkonzentration konstant um ca. 1 mmol/l. Bei der Erhöhung der Geschwindigkeit von 3,6 m/s auf 4,0 m/s tritt ein erster deutlicher Anstieg auf 2,1 mmol/l auf. Hier wird die **aerobe Schwelle**, die durchschnittlich bei 2 mmol/l taxiert ist, überschritten. Danach steigt die Laktatkonzentration steil an und erreicht am Ende des Versuchs bei 4,8 m/s einen Wert von 6,4 mmol/l. Die **anaerobe Schwelle** von durchschnittlich 4 mmol/l Blut wird von Sportler A kurz vor dem Erreichen der Laufgeschwindigkeit von 4,4 m/s überschritten. Bei der anaeroben Schwelle sind die Laktatbildung und der Laktatabbau im Gleichgewicht (Laktat-steady-state). Wird die Laufgeschwindigkeit erhöht, nimmt die anaerobe Energiebereitstellung zu und die Laktatkonzentration steigt exponentiell steil an.

Beim **Sportler B** liegt die Ausgangsherzfrequenz beim Start bei etwas über 100 Schläge/min. Am Anfang der Belastung steigt seine Herzfrequenz etwas stärker an als die von Sportler A. Nahezu kontinuierlich erhöht sich die Herzfrequenz, sodass er bei einer Laufgeschwindigkeit von 4,4 m/s eine Herzfrequenz von knapp unter 200 Schlägen/min erreicht. Ein höheres Tempo wird von ihm nicht gelaufen. Im Hinblick auf die Herzfrequenz liegt Sportler B mit seinen Messwerten zwischen denen des Sportlers A und denen des LK-Schülers. Die Laktatkonzentration des Sportlers B steigt ausgehend von einem Wert von ca. 1,1 mmol/l Blut progressiv an. Bei der Geschwindigkeitserhöhung von 4,0 m/s auf das maximale Lauf-

tempo von 4,4 m/s erreicht die Konzentration des Laktats im Blut einen Wert von 9,1 mmol/l und der Sportler B bricht den Lauf ab. Die durchschnittliche aerobe Schwelle von 2 mmol/l wird bei einem Lauftempo von circa 2,5 m/s überschritten. Die durchschnittliche anaerobe Schwelle von 4 mmol/l Blut wird von Sportler B bereits bei einer Laufgeschwindigkeit von etwa 3,3 m/s überschritten. Im Vergleich mit den beiden anderen Sportlern weist Sportler B beständig die **höchste Laktatkonzentration** auf.
Die Herzfrequenz des **LK-Schülers** steigt zu Beginn der Belastung steil an und zwar von ca. 100 Schlägen/min beim Start auf circa 178 Schläge/min bei einer Geschwindigkeit von 2,8 m/s. Danach flacht die Steigerungsrate der Herzfrequenz ab, so dass bei einer Laufgeschwindigkeit von 4,4 m/s eine Frequenz von ca. 215 Schlägen/min erreicht wird. Bei einer weiteren Geschwindigkeitssteigerung auf 4,8 m/s bleibt die Herzfrequenz konstant. Der LK-Schüler weist im Vergleich mit den anderen Sportlern deutlich die **höchste Herzfrequenz** auf, wobei sich die Abstände mit zunehmender Belastung verringern. Die Laktatkonzentration steigt bei dem LK-Schüler nach dem Start von ca. 1 mmol/l bis zu 2,17 mmol/l bei einer Geschwindigkeit von 2,8 m/s kontinuierlich an. Die aerobe Schwelle wird hier überschritten. Bei einer weiteren Temposteigerung auf 3,2 m/s steigt die Laktatkonzentration stärker auf 3,11 mmol/l an, um dann bis zu der Geschwindigkeit von 3,6 m/s fast konstant zu bleiben. Ein sprunghafter Anstieg der Laktatkonzentration ist bei der weiteren Beschleunigung festzustellen. Die anaerobe Schwelle wird in dem Bereich um 3,7 m/s überschritten. Der Laktatwert steigt bei der Endgeschwindigkeit des Versuchs von 4,8 m/s bis zu der Konzentration von 9,28 mmol/l an.

Die Herzfrequenz und die Laktatkonzentration im Blut verändern sich je nach Trainingszustand, da regelmäßige Ausdauerbelastungen zu biologischen Anpassungserscheinungen führen, die im Folgenden dargestellt werden.
Bei längeren sportlichen Belastungen benötigen die Muskeln mehr Sauerstoff zur Energieproduktion. Dieser Bedarf muss über das Blut gedeckt werden, das das Herz durch den Körper pumpt. Um den erhöhten Bedarf zu decken, muss das **Herzminutenvolumen** (HMV) gesteigert werden. Das HMV ist das Produkt des Schlagvolumens, d. h. der Menge an Blut, die bei der Systole aus der linken Herzkammer in die Blutbahn befördert wird, und der Herzfrequenz, d. h. der Anzahl der Herzschläge pro Minute. Bei einem großen Schlagvolumen kann der Sauerstoffbedarf also mit einer geringeren Herzfrequenz gedeckt werden. Bei einem geringen Schlagvolumen muss das Herz öfter schlagen, um die gleiche Menge Blut zu transportieren.
Bei der **anaerob-laktaziden Energiebereitstellung** wird kein Sauerstoff verwendet. Die anaerobe Schwelle gibt Auskunft über den nutzbaren Anteil der maximalen Sauerstoffaufnahme insbesondere bei Ausdauerbelastungen. Je später also die anaerobe Schwelle überschritten wird, umso intensiver kann der bereitgestellte Sauerstoff zur Energiegewinnung genutzt werden. Bei einem trainierten Sportler kann die Energie bei steigenden Belastungen länger aerob bereitgestellt werden, sodass die anaerobe Energiebereitstellung, die mit einer erhöhten Laktatproduk-

tion einhergeht, erst später einsetzt. Bei trainierten Sportlern zeigt sich daher im Vergleich zu weniger trainierten, dass die anaerobe Schwelle erst bei höheren Belastungen überschritten wird.

Biologische Anpassungsprozesse an Ausdauerbelastungen, die zur Veränderung der Herzfrequenz und des Laktatspiegels führen können, liegen in der Ausbildung des Herzens, der Anpassung im peripheren Blutkreislauf, Veränderungen in der Muskelzelle und im Blut. Auch das Nervensystem passt sich bei regelmäßigen Ausdauerbelastungen an.
Im Bereich des **Herzens** kommt es durch regelmäßige Ausdauerbelastungen zu der Ausbildung eines so genannten Sportherzens. Die Muskelfasern des Herzens verlängern und verdicken sich (Hypertrophie) und die Herzhöhlen erweitern sich (Dilatation). Die Koronardurchblutung selbst verbessert sich. Das Herz vergrößert sich und damit auch das Schlagvolumen. Dadurch kann das jeweils erforderliche HMV mit geringerer Schlagfrequenz erreicht werden. Nicht nur die Frequenz während der Belastung kann gesenkt werden, sondern auch der Ruhepuls. Die Herzarbeit wird effizienter. Unter Belastung wird das Herz leistungsfähiger, da ein größeres maximales HMV (VO_2max) erreicht werden kann.
Im **peripheren Blutkreislauf** führen Ausdauerbelastungen insbesondere zur Verbesserung der Kapillarisierung im Bereich der Skelettmuskulatur. Neben der Vergrößerung des Kapillarquerschnitts öffnen sich auch Ruhekapillare sowie Kapillare und Kollaterale bilden sich neu. Es kommt zu einem größeren Gefäßgesamtquerschnitt. Die verstärkte Kapillarisierung verringert die Fließgeschwindigkeit des Blutes und erhöht seine Kontaktzeit mit den Muskelzellen. Damit verbunden ist eine größere arteriovenöse Sauerstoffdifferenz, die den Gasaustausch intensiviert. Die Muskelzellen werden mit Sauerstoff und anderen Nährstoffen besser versorgt und auch Abfallprodukte aus den Stoffwechselprozessen werden schneller abtransportiert. Darüber hinaus verbessert sich die Blutverteilung in der Muskulatur dadurch, dass sich beispielsweise die Kapillare in den nicht arbeitenden Muskeln eng stellen.
In der **Muskelzelle** selbst kommt es ebenfalls zu Anpassungsprozessen. So steigen die Menge und die Größe der zur Energiegewinnung notwendigen Mitochondrien. Zudem verbessert sich die Sauerstoffbindung im Muskel durch die Vermehrung von Myoglobin und auch die Glykogenvorräte vergrößern sich. Die bei der Energiegewinnung beteiligten Enzyme arbeiten produktiver und vermehren sich.
Eine Anpassungserscheinung im **Blut** durch Ausdauerbelastungen liegt in der Vermehrung der Erythrozyten und damit des Hämoglobins. Die Sauerstoffbindungsfähigkeit und die Sauerstofftransportfähigkeit des Blutes verbessern sich dadurch und die aerobe Stoffwechselleistung wird gesteigert. Darüber hinaus vergrößern sich das Plasma- und damit das Blutvolumen, wodurch die Fließeigenschaften des Blutes günstiger werden.
Im Bereich des **Nervensystems** steigert sich die Aktivität des Parasympathikus und die Konzentration von Adrenalin und Noradrenalin, die die Gefäße eng stellen, wird gesenkt.

2. ***Hinweis:*** *Konkrete Rückbezüge auf die Datengrundlage sollten bei den Trainingsempfehlungen für die Sportler hergestellt werden. Die über die Laktatmessung bestimmten Schwellenkonzepte sind in ihrer Bedeutung als diagnostisches Mittel zumindest für den Breiten- und Amateursport nicht unumstritten. Die individuellen aeroben und anaeroben Schwellen liegen zumeist nicht bei den durchschnittlichen 2 mmol/l bzw. 4 mmol/l. Bei zunehmender Ausdauerfähigkeit sinkt im Normalfall die aerobe Schwelle auf unter 2 mmol/l und die anaerobe Schwelle auf unter 4 mmol/l. Dies ist bei der vorliegenden Darstellung der Messwerte des gut trainierten Sportlers A nur zu erahnen. Die Schwellen könnten hier bei ca. 1,7/1,8 mmol/l bzw. ca. 3,0–3,5 mmol/l liegen. Aufgrund des konstanten Laktatanstiegs ist bei Sportler B die individuelle aerobe oder anaerobe Schwelle kaum zu erkennen. Sie liegt eventuell höher als 2 mmol/l bzw. 4 mmol/l. Bei dem LK-Schüler ist am ehesten von der Beibehaltung der durchschnittlichen Laktatgrenzen auszugehen. Ausgeblendet wird, dass die Herzfrequenz auch von genetisch bedingten Faktoren abhängen kann, die keine Rückschlüsse auf die Leistungsfähigkeit oder den Trainingszustand zulassen. Die Darstellung der Trainingsmethoden kann evtl. auch in tabellarischer Form erfolgen. Durch entsprechende Verweise auf die erstellte Tabelle kann der Fließtext gegebenenfalls abgekürzt werden.*

Im Folgenden wird zunächst die Ausdauerleistungsfähigkeit der drei Testpersonen analysiert. Die Herzfrequenz und die Laktatkonzentration im Blut lassen Rückschlüsse auf den Trainingszustand sowie auf die zugrunde liegenden biologischen Anpassungsprozesse zu. Anschließend werden Trainingsempfehlungen für die Sportler gegeben, damit sie ihr Trainingsziel erreichen, in drei Monaten an einem Wettlauf über 5000 m teilzunehmen.

Die Herzfrequenz- und Laktatwerte des **Sportlers A** weisen darauf hin, dass er über die **höchste aerobe Ausdauerleistungsfähigkeit** der drei Testpersonen verfügt. Die Herzfrequenz liegt bei allen Belastungsstufen unterhalb der der anderen. Seine Laktatwerte liegen bis zu einer Geschwindigkeit von fast 4,0 m/s unterhalb der aeroben Schwelle. Belastungen bis zu dieser Schwelle werden vollständig über die aerobe Energiebereitstellung abgedeckt und lassen daher lange Ausdauerbelastungen zu. Die anaerobe Schwelle wird von Sportler A deutlich später als von den anderen überschritten (bei ca. 4,3 m/s). Diese Werte deuten darauf hin, dass durchgehend relativ ausgeprägte Anpassungserscheinungen sowohl im Bereich des Herzens und des peripheren Blutkreislaufes als auch im Blut und den Muskelzellen vorliegen. Das Sauerstoffaufnahmevermögen, der Sauerstofftransport und auch die Verwertung des Sauerstoffs in den Muskelzellen sind bei dem Sportler A im Vergleich zu dem Sportler B und dem LK-Schüler besser ausgeprägt. Insbesondere der verhältnismäßig niedrige Laktatwert bei einer Geschwindigkeit von 4,8 m/s lässt erwarten, dass der Sportler A dieses Tempo noch einen längeren Zeitraum hätte halten können. Eventuell wäre es ihm sogar möglich gewesen, das Tempo noch kurzzeitig zu steigern. Für eine eindeutige Bestimmung der anaeroben Leistungsfähigkeit vor allem beim Sportler A sind die vorliegenden Messergebnisse nicht aussagekräftig genug.

Die Herzfrequenz des **Sportlers B** liegt deutlich näher an der von Sportler A als an der des LK-Schülers. Da das für die Belastung notwendige Herzminutenvolumen durch eine relativ geringe Schlagfrequenz gedeckt werden kann, wird das Schlagvolumen des Herzens bei Sportler B verhältnismäßig groß sein. D. h. das Herz von Sportler B und sein Schlagvolumen werden aufgrund von Hypertrophie oder Dilatation relativ groß sein. Sportler B weist jedoch den höchsten Laktatanstieg der drei Testpersonen auf. Er erreicht am frühesten die anaerobe Schwelle, nämlich kurz nach der Geschwindigkeitssteigerung auf 3,2 m/s. Dies lässt darauf schließen, dass der Sauerstofftransport im Blut, aber insbesondere auch die Sauerstoffausnutzung im Muskel nicht effizient erfolgen. Ursachen hierfür können in der Anzahl des Hämoglobins und der Erythrozyten sowie in der wenig ausgeprägten Kapillarisierung der Muskulatur liegen. Weiterhin ist es möglich, dass der Sportler B eine hohe Anzahl von FT-Muskelfasern-Typ II aufweist. Diese weißen oder schnellen Fasern sind schlechter durchblutet, arbeiten in erster Linie anaerob und zeichnen sich durch eine hohe Laktatproduktion aus. Sie sind für schnelle und schnellkräftige Bewegungen besonders geeignet, haben aber eine geringe aerobe Leistungsfähigkeit. Insbesondere im Vergleich mit Sportler A ist die **aerobe Ausdauerleistungsfähigkeit** bei Sportler B **deutlich geringer ausgeprägt**. Er bricht bei einer Laktatkonzentration von 9,1 mmol/l den Lauf ab. Dies deutet darauf hin, dass die Laktattoleranz und damit auch die **anaerobe Leistungsfähigkeit nicht in besonderem Maße entwickelt** sind.
Der **LK-Schüler** steigert das Herzminutenvolumen insbesondere über die Schlagfrequenz. Dies lässt die Vermutung zu, dass das Schlagvolumen des Herzens und damit auch die Herzgröße nicht so ausgeprägt sind wie bei den beiden anderen Sportlern. Andererseits deutet die Laktatkurve auf eine effiziente Sauerstoffausnutzung hin. So ist zu vermuten, dass der LK-Schüler günstigere Voraussetzungen im peripheren Kreislauf aufweist als der Sportler B. Dazu gehört insbesondere die bessere Kapillarisierung in der Muskulatur. Auch die biochemischen Voraussetzungen in den Muskelzellen können bei dem LK-Schüler besser entwickelt sein als bei Sportler B. Insgesamt kann der LK-Schüler höhere Belastungen noch aerob abdecken, worauf das spätere Erreichen der anaeroben Schwelle hinweist. Da der LK-Schüler trotz deutlichen Anstiegs der Laktatkonzentration auf 9,28 mmol/l den Lauf bis zu der Geschwindigkeit von 4,8 m/s fortführen kann, liegt vermutlich auch eine größere anaerobe Leistungsfähigkeit gegenüber Sportler B vor. Insbesondere im Hinblick auf **die aerobe Ausdauerleistungsfähigkeit** liegt der LK-Schüler **vor dem Sportler B, aber deutlich hinter dem Sportler A.** Im Bereich der **anaeroben Ausdauerleistungsfähigkeit** liegt der LK-Schüler ebenfalls **vor dem Sportler B.**

Bevor für die einzelnen Sportler Trainingsempfehlungen gegeben werden, sollen zunächst allgemeine Trainingsgrundsätze und mögliche Methoden aufgeführt werden, die zur Vorbereitung eines 5000-m-Laufs geeignet sind.
Die für die erfolgreiche Absolvierung eines 5000-m-Lauf in erster Linie notwendige Ausdauerfähigkeit ist die Langzeitausdauer, da die Belastungsdauer 10 Minuten übersteigt. Das primäre **Trainingsziel** muss also in der Verbesserung der

aeroben Ausdauerfähigkeit liegen, da eine möglichst hohe und konstante Geschwindigkeit ohne Übersäuerung des Muskels durch Laktat besonders gute Zeiten verspricht. Als untergeordnetes Trainingsziel kann auch die anaerobe Ausdauerfähigkeit berücksichtigt werden, da der 5000-m-Lauf als Wettkampf ausgetragen werden soll, und so Zwischenspurts oder ein Endspurt insbesondere auch die taktischen Möglichkeiten während des Laufs erweitern.
Ein beim **Training** zu berücksichtigendes **Prinzip** ist das Reizschwellengesetz, d. h. es müssen überschwellige, mittlere und starke Reize gesetzt werden, damit physiologische und anatomische Veränderungen ausgelöst werden können. Dabei muss der Reiz dem Trainingszustand des Sportlers angepasst werden, was durch die Veränderung von Umfang, Intensität, Dauer und Dichte der Belastung erfolgen kann. Da sich der Trainingszustand verbessert, muss auch die Belastung progressiv gesteigert werden. Die Belastungssteigerung muss dabei aber nicht linear erfolgen, sondern kann wellenförmig verlaufen. Die Belastungen im Training führen zur Ermüdung. Nach dieser Ermüdung setzt die Erholung ein, die zur Superkompensation führt. Das Leistungsvermögen und die Belastbarkeit des Organismus liegen nach diesem Prozess über dem Ausgangsniveau. Die Einhaltung von Erholungsphasen ist also für die Leistungsprogression notwendig. Die angemessene Berücksichtigung von Belastungs- und Erholungsphasen ist daher für einen Trainingsfortschritt von entscheidender Bedeutung. Die zeitlich richtigen Abstände der Belastungsreize ist erforderlich, um den Effekt der Superkompensation auch längerfristig nutzen zu können. Ein kontinuierliches Training wird daher unverzichtbar, d. h. mehrere Trainingseinheiten pro Woche (Reizhäufigkeit) in Abhängigkeit vom Leistungsstand und Belastungsintensität sind zu empfehlen. Ein weiteres Prinzip ist die Variation der Trainingsbelastungen, beispielsweise durch den Wechsel von Inhalten und Methoden. Die Berücksichtigung anderer Sportarten kann daher insbesondere unter motivationalen Aspekten sinnvoll sein.
Als **Trainingsmethoden** lassen sich die Dauermethoden, die Intervallmethoden sowie die Wiederholungsmethoden unterscheiden. Im Ausdauertraining sind speziell auch die Wettkampf- und die Tempowechselmethode weit verbreitet. Die Dauermethode zeichnet sich durch eine geringe bis mittlere Belastungsintensität aus, wobei der Belastungsumfang hoch ist. Die Pausen sind sehr kurz. Die Belastungsdauer ist lang oder viele kurze Reize werden hintereinander geschaltet. Die aerobe Kapazität wird verbessert und die Dauermethode findet Einsatz bei dem Training der allgemeinen aeroben Grundlagenausdauer. Hier kann nochmals zwischen der extensiven und intensiven Dauermethode unterschieden werden. Bei der extensiven Dauermethode wird mit 60 % bis 70 % der maximalen Herzfrequenz trainiert, bei der intensiven mit 70 % bis 80 %. Somit wird die genaue Bestimmung der maximalen Herzfrequenz als Trainingsvoraussetzung besonders wichtig. Eine Variante der Dauermethode ist die Tempowechselmethode, bei der mit 80 % bis 90 % der maximalen Herzfrequenz trainiert wird. Hierbei wird das Lauftempo in festgelegten Zeitabständen und Streckenlängen variiert, wodurch die aerobe und die anaerobe Ausdauer verbessert werden kann. Insbesondere die Schnelligkeitsausdauer kann über diese Methode gefördert werden. Bei der extensiven Intervallmethode ist die Belastungsintensität mittel bis leicht, der Belastungsumfang

jedoch mittel bis hoch und die Belastungsdauer mittel bis lang. Es werden lohnende, mittellange bis kurze Pausen eingesetzt. Die extensive Intervallmethode dient hauptsächlich zur Förderung der aeroben Kapazität und zur Verbesserung der allgemeinen aeroben Grundlagenausdauer sowie der Kraftausdauer. Die Belastungsintensität bei der intensiven Intervallmethode liegt im submaximalen Bereich. Der Belastungsumfang ist niedrig, die Belastungsdauer kurz. Die Pausen müssen bei dieser Methode lohnend und lang sein. Die intensive Intervallmethode zielt hauptsächlich auf die Steigerung der anaeroben Kapazität im Bereich der Maximalkraft und der Schnelligkeitsausdauer, aber auch der Kraftausdauer. Bei der Wiederholungsmethode wird mit maximaler Belastungsintensität gearbeitet, wobei der Belastungsumfang sehr niedrig ist. Es müssen bei dieser Methode sehr lange, echte bzw. vollständige Pausen eingehalten werden. Die Belastungsdauer ist sehr kurz. Mit der Wiederholungsmethode wird insbesondere die anaerobe Kapazität verbessert. Sie dient zum Training der Maximalkraft, der Schnelligkeit, der Schnellkraft aber auch der wettkampfspezifischen Ausdauer. Die Wettkampfmethode wird insbesondere im Leistungssport eingesetzt. Hier wird mit einer dem Zielwettkampf ähnlichen Intensität und einem ähnlichen Umfang trainiert.

Zur Schulung der **allgemeinen aeroben Grundlagenausdauer** eignet sich daher für alle drei Sportler insbesondere die Dauermethode in ihrer extensiven Form, bei denen mit geringer Intensität aber großem Umfang trainiert wird. Hier werden in erster Linie die Herz-Kreislauf-Funktionen verbessert und es kommt zu den oben beschriebenen Anpassungsprozessen beim Herz, beim Blut und bei dem peripheren Kreislauf. Um darüber hinaus auch Anpassungserscheinungen im Muskelstoffwechsel zu erzielen, muss die Intensität im weiteren Trainingsprozess erhöht werden. Sobald eine grundlegende aerobe Ausdauerleistungsfähigkeit entwickelt worden ist, können zunehmend Trainingseinheiten zur Verbesserung der anaeroben Kapazitäten ergänzend durchgeführt werden. Hierfür eignet sich insbesondere die intensive Intervallmethode.

Die aerobe Grundlagenausdauer ist bei **Sportler A** bereits gut entwickelt und die Messwerte weisen darauf hin, dass deutliche Anpassungserscheinungen in den oben aufgeführten Bereichen vorliegen. Dies ermöglicht den Einsatz des gesamten Spektrums der Trainingsmethoden. Der Schwerpunkt sollte dennoch am Anfang auf der Dauermethode sowie der extensiven Intervallmethode liegen. Bei der kontinuierlichen Dauermethode wird mit gleich bleibender Geschwindigkeit gelaufen. Die Belastungsintensität liegt hier zwischen 60 % und 80 % der maximalen Herzfrequenz. Über diese Methode verbessert sich die Langzeitausdauer durch die weitere Erhöhung der aeroben Stoffwechselkapazität. Zusätzlich kann die Tempowechselmethode durchgeführt werden. Zur weiteren Steigerung der anaeroben Ausdauerfähigkeit sollten auch die extensive und die intensive Intervallmethode im weiteren Trainingsverlauf eingesetzt werden. Zur gezielten Wettkampfvorbereitung auf den 5000-m-Lauf kann gelegentlich auch mit der Wiederholungsmethode beim Sportler A gearbeitet werden, wobei auf eine ausreichende Erholungsphase im Anschluss an die hohe Belastung geachtet werden muss, um ein Übertraining zu vermeiden.

Aufgrund des verhältnismäßig schlechten Leistungsniveaus des **Sportlers B** sollte das Training der aeroben Grundlagenausdauer über die extensive Dauermethode erfolgen. Um den Defiziten im Muskelstoffwechsel zu begegnen, sollte im weiteren Trainingsverlauf auf die intensive Dauermethode zurückgegriffen werden. Darauf aufbauend kann ebenfalls zur weiteren Verbesserung der aeroben Energiebereitstellung die extensive Intervallmethode und gegebenenfalls die Tempowechselmethode eingesetzt werden. Diese Methoden ermöglichen auch die Verbesserung der anaeroben Kapazität, die bei Sportler B wenig ausgeprägt ist. Als Ergänzung kann das Fahrtspiel gelegentlich eingesetzt werden, das eine weitere Variante der Dauermethode darstellt. Das Bewegungstempo reicht hier vom schnellen Gehen bis zum Sprint. Die Variation des Bewegungstempos in Verbindung mit abwechslungsreichen Geländeprofilen fördert die Trainingsmotivation. Die Belastungsintensität wird hier weitgehend individuell durch den Sportler gesteuert. Dieses „Ausdauermischtraining“ verbessert sowohl die aerobe als auch die anaerobe Ausdauer. Es kann auch durch den Einsatz der extensiven Intervallmethode ergänzt werden.
Die relativ hohen Herzfrequenzwerte des **LK-Schülers** lassen eine Verbesserung der Herz-Kreislauf-Funktionen im Bereich der aeroben Grundlagenausdauer sinnvoll erscheinen. Diese kann insbesondere über die extensive Dauermethode erfolgen. Da das Herz vermutlich ein geringes Schlagvolumen aufweist, ist der Einsatz der Tempowechselmethode anzuraten. Über die Tempowechselmethode kann die Herzausbildung verstärkt werden. Die Vergrößerung des Schlagvolumens kann auch über die extensive und intensive Intervallmethode erzielt werden. Insgesamt ist die anaerobe Kapazität des LK-Schülers besser ausgeprägt als bei Sportler B, wodurch deren weiteres Training intensiver erfolgen kann. Eine geeignete Möglichkeit hierfür ist das Fahrtspiel. Dennoch sollte insbesondere aufgrund der hohen Herzfrequenzwerte des LK-Schülers auch bei ihm das Training der anaeroben Ausdauer eine eher untergeordnete Rolle spielen.

3. ***Hinweis:*** *Eine Schwierigkeit ergibt sich daraus, Sportarten gegenüber zu stellen, die zwei verschiedene Ausdauerbelastungen abdecken. Eine Möglichkeit besteht darin, die Einteilung nach der Belastungsdauer beziehungsweise Wettkampflänge (Schnelligkeitsausdauer, Kurzzeitausdauer, Mittelzeitausdauer, Langzeitausdauer I-IV) für die Auswahl der Sportarten zu Grunde zu legen.*

Zunächst werden zwei verschiedene Gesundheitsbegriffe vorgestellt. Anschließend wird an den Sportarten des 200-m-Freistilschwimmens und des Fußballspiels deren gesundheitliche Bedeutung bei regelmäßiger Ausübung dargestellt.

Gesundheit wird in einem **engen Verständnis** als die Abwesenheit von Krankheit definiert. Diese negative Definition bezieht sich überwiegend auf einen körperlichen Zustand, der durch das Fehlen von Beschwerden oder Beeinträchtigungen der Leistungsfähigkeit gekennzeichnet ist. Ein Körper, der keine biologischen Funktionsstörungen aufweist und über eine intakte Immunabwehr verfügt, kann nach dieser Definition als gesund bezeichnet werden.

In einem **erweiterten Gesundheitsverständnis** wird Gesundheit nicht als Zustand sondern als Prozess aufgefasst. So betont der New-Public-Health-Ansatz der Weltgesundheitsorganisation (WHO) das umfassende Wohlbefinden als wesentlichen Aspekt der Gesundheit. Dieser ganzheitliche Gesundheitsbegriff bezieht das Wohlbefinden nicht nur auf körperliche, sondern auch auf psychische und soziale Aspekte. Das sogenannte Salutogenesemodell nach Antonovsky zielt auf das ständig zu erhaltende Gleichgewicht mit den Umweltanforderungen durch die Stärkung von physischen, psychischen und sozialen Ressourcen. Hinzu treten das Risikofaktorenmodell und das Bewältigungsmodell. Nach denen sollen körperliche Risikofaktoren (z. B. Übergewicht und Bluthochdruck) reduziert und Beschwerden oder Missbefinden bewältigt werden. Gerade Sport kann, wenn er regelmäßig und langfristig betrieben wird, sowohl die physischen als auch die psychischen und sozialen Faktoren von Gesundheit fördern.

Die beiden ausgewählten Sportarten, das 200-m-Freistilschwimmen und das Fußballspiel, werden nun auf gesundheitsrelevante Aspekte im Hinblick auf den engen und den erweiterten Gesundheitsbegriff erläutert.
Die Belastungszeit beim **200-m-Freistilschwimmen** liegt über 2 Minuten und unter 10 Minuten und fällt daher in den Bereich der Mittelzeitausdauer. Ab einem Belastungszeitraum von ca. 3 Minuten überwiegt die aerobe Energiebereitstellung. Aber auch die Kraftausdauer und Schnelligkeitsausdauer, bei denen anaerobe Stoffwechselprozesse eine wichtige Rolle spielen, werden hier gefordert. Bei der Anwendung eines **engen Gesundheitsbegriffs** sind insbesondere biologische Anpassungserscheinungen zu betrachten. Durch die aeroben Ausdauerbelastungen werden die Hypertrophie und die Dilatation des Herzmuskels gefördert. Als deren Folge vergrößert sich das Schlagvolumen des Herzens. Die Herzfrequenz und der Blutdruck sinken im Ruhezustand, wodurch das Herz geschont wird. Bluthochdruck ist ein gesundheitlicher Risikofaktor. Wenn dieser vermieden werden kann, verringert sich das Infarktrisiko. Zudem kommt es zu einer verstärkten Kapillarisierung des Herzmuskels. Diese koronare Reserve verringert ebenfalls das Herzinfarktrisiko. Beim Schwimmen wird die gesamte Körpermuskulatur beansprucht. Die Kräftigung der Muskulatur entlastet den Stützapparat, wodurch beispielsweise Rückenschmerzen begegnet werden kann. Dabei entspricht die Freistilbewegung den natürlichen Bewegungsmöglichkeiten der Knie- und Schultergelenke, deren Belastung hier im Vergleich zu anderen Ausdauersportarten gering ist. **Gesundheitliche Risiken** sind demnach im Freistilschwimmen aus orthopädischer Sicht nicht zu erwarten. Durch das regelmäßige Ausatmen gegen den Wasserwiderstand kommt es zu Anpassungsprozessen bei den Atmungsorganen. Zudem wird die Fähigkeit zur Wärmeregulation des Körpers gefördert, sodass sich unter anderem die Widerstandsfähigkeit gegen Infekte erhöht. Im Hinblick auf einen **erweiterten Gesundheitsbegriff** lassen sich auch psychische Faktoren beim 200-m-Freistilschwimmen aufführen, die eine gesundheitsfördernde Wirkung haben können. Durch Erfolgserlebnisse und Verbesserung der Zeiten wird die Leistungsbereitschaft und Motivation zum weiteren Sporttreiben gefördert. Die Selbstbestätigung durch das erfolgreiche Absolvieren dieser Disziplin, steigert

das Selbstwertgefühl und kann zu einem positiven Selbstbewusstsein führen. Dieses kann sich auch in einer sportübergreifenden Zufriedenheit und einer positiven Grundhaltung äußern.

Das **Fußballspiel** ist in seiner Grundanlage durch seine Dauer und die Laufdistanz zwischen ca. 5 und 6 Kilometern pro Spiel der Langzeitausdauer zuzuordnen. Dabei ist anzumerken, dass sich sowohl die Laufdistanz als auch die Anzahl der mit hoher Intensität zurückgelegten Wege je nach Spielklasse und Spielposition stark unterscheiden. Viele Laufwege des Spiels stellen eine aerobe Ausdauerbelastung dar. Allerdings sind die Belastungen in unregelmäßigen Intervallen auch im anaeroben Bereich anzusiedeln, da die Sprintschnelligkeit und Schnelligkeitsausdauer für ein erfolgreiches Spiel wesentliche Bedeutung besitzen. Demnach kommt es im Fußball vor allem in der ersten Halbzeit zu recht hohen Laktatbelastungen (5–10 mmol/l), die jedoch im Laufe des Spiels wieder deutlich gesenkt werden. In Bezug auf die körperlichen Auswirkungen des Fußballspiels lassen sich für einen **engen Gesundheitsbegriff** ebenfalls die physiologischen Anpassungserscheinungen des Herzens, seiner Größe und seiner Kapillarisierung anführen. Durch die Senkung des Ruhepulses und die koronare Reserve sinkt das Infarktrisiko. Das Infarktrisiko kann weiterhin dadurch verringert werden, dass der Gefahr von Bluthochdruck entgegengewirkt wird. Anders als bei Schwimmen ist jedoch nicht die gesamte Körpermuskulatur in dem Maße beansprucht. Fußball stellt jedoch sehr hohe koordinative Ansprüche. Durch die Verbesserung der Koordination kann evtl. eine Unfallprophylaxe erzielt werden. Demgegenüber birgt das Spiel aber auch **gesundheitliche Risiken**. Dadurch, dass im Wettkampf ein direkter Körperkontakt mit den Mitspielern erfolgen kann, besteht eine relativ hohe **Verletzungsgefahr** im Spiel. Diese wird durch die häufigen schnellen Richtungswechsel und die damit einhergehenden Drehungen sowie Sprünge noch verstärkt. Im Hinblick auf einen **erweiterten Gesundheitsbegriff** kann das Fußballspiel auch im psychischen und sozialen Bereich Relevanz besitzen. Wie oben bereits dargestellt, kann das Erleben eigener Stärken und der eigenen Leistung im Sport das Selbstwertgefühl steigern und so einen Beitrag zur allgemeinen Zufriedenheit leisten. Anders als beim 200-m-Freistilschwimmen ist Fußball eine Mannschaftssportart. Die Anerkennung und Unterstützung durch andere fördert das soziale Wohlbefinden. Soziale Kontakt und Bindungen können hier geknüpft werden, die häufig über das Spiel hinaus weiter bestehen und als psychosoziale Gesundheitsressourcen wirksam werden können.

Insgesamt sind unter gesundheitlichem Aspekt insbesondere aerobe Ausdauerbelastungen bedeutsam. Beide Sportarten können hier gesundheitswirksame Reize setzen. Beide Sportarten sind sowohl in einem engen als auch in einem erweiterten Gesundheitsbegriff geeignet, die Gesundheit und das Wohlbefinden des Sportlers bei regelmäßiger Ausübung zu fördern.

Nordrhein-Westfalen: Sport Leistungskurs 2007
Aufgabe 2

Aufgabenstellung:

1. Beschreiben Sie die Theorie der Leistungsmotivation nach Heckhausen. (24 Punkte)

2. Analysieren Sie das Verhalten des Schülers Kevin in dem beigefügten Text (M 1) vor dem Hintergrund dieser Theorie. Nehmen Sie dabei auch Bezug auf die Überschrift „Ich kann, weil ich will, was ich nicht muss". (26 Punkte)

3. Erläutern Sie strukturiert Regeltypen an je einem Beispiel aus dem Spiel „Ballvertreiben" (M 2) und überprüfen Sie auf der Grundlage Ihrer Ausführungen zur 1. und 2. Aufgabe das leistungsmotivierende Potential dieses Spiels sowie die Möglichkeit, dieses Potential mit Hilfe von Regeländerungen weiter zu verstärken. (30 Punkte)

M 1: „Ich kann, weil ich will, was ich nicht muss"

Der 11-jährige Kevin zeigte in der Vorbereitung auf einen Gerätturnwettkampf erstaunlichen Einsatz und Erfolg. Er hatte die Chance erhalten, sich selbst Ziele zu setzen und sie über einen längeren Zeitraum relativ selbstbestimmt zu verfolgen. Er folgte dem Motto: „Ich kann, weil ich will, was ich nicht muss!".

Eine unerwartete Leistung

In der Unterrichtsstunde der Klasse 6 hatten sich verschiedene Gruppen gebildet, einige turnten am Reck, einige am Boden, andere übten am Stufenbarren und mehrere bereiteten sich auf den Sprung über den Kasten vor; hier stand schließlich auch der Lehrer, der Hilfe geben konnte, wenn man es wünschte. Alle hatten die gleiche Aufgabe: Sie sollten sich zu zweit auf einen Gerätturnwettkampf vorbereiten, das heißt, sie sollten drei Übungen an verschiedenen Geräten eigenständig zusammenstellen und üben. In den vorangegangenen Stunden waren Kunststücke an den Geräten eingeführt worden. Es galt nun, gemeinsam Gelerntes zu üben, eventuell Nichtgekonntes noch zu erreichen, Bewegungen zu kombinieren und sie mit Bewegungsfluss und Körperspannung vorzutragen.

Kevin hatte sich für Stufenbarren, Boden und Sprung über einen quer gestellten Kasten entschieden. Ihn ärgerte allerdings, dass der den Handstand noch nicht beherrschte. Im Laufe der Vorbereitung wurde es schließlich für ihn zum herausragenden Ziel, den Handstand an der Wand ohne Hilfe zu schaffen. Der Schwerpunkt seiner Aktivitäten verlagerte sich mehr und mehr dahin, alle Gelegenheiten zum Üben des Handstandes zu nutzen. Irgendwann war es dann so weit, Kevin kam voller Stolz zum Lehrer und bat darum, ihm den Handstand vorführen zu dürfen, was auch gut gelang.

Auf Anregung der Lehrkraft war Kevin darüber hinaus sogar bereit, seine persönlichen Eindrücke schriftlich niederzulegen:

Warum ich den Handstand an der Wand lernen wollte und warum ich ihn schaffte!
Ich konnte nie besonders gut turnen und irgendwann hatte ich keine Lust mehr, immer hinter den anderen herzuhinken. Immer wieder versuchte ich den Handstand an der Wand, weil ich das immer schon können wollte. Als meine Freunde erfuhren, dass ich den Handstand an der Wand lernen wollte, halfen sie mir sehr – vor allem damit, dass sie mich ermutigten, weiterzumachen.

Einmal habe ich den Handstand mit einer Hilfe geturnt, doch plötzlich nahm Mohammed seinen Arm weg und ich blieb stehen. Ein paar Sekunden lang bemerkte ich gar nicht, dass ich frei stand. Kurz danach verursachte eine kleine Berührung, dass ich mich anlehnen wollte, dabei aber umkippte.

Ich habe noch nie vorher ein so großes Erfolgserlebnis im Sport gehabt und mich daher sehr gefreut.

>Mein nächstes Ziel ist es nun, den freien Handstand sicher zu stehen. Das habe ich noch nicht richtig geschafft. Ich hatte bisher einfach zu wenig Gelegenheit, ihn zu üben.<

Landesinstitut für Schule (Hrsg.), Leisten und Leistung im Sportunterricht der Sek. I, S. 30 f., Verlag Meyer und Meyer, Aachen 2004. Letzter Satz (Z. 39 ff.) frei ergänzt.

M 2: „Ballvertreiben“

Spielerzahl: 10 bis 20
Spielfeld: Etwa 10 m × 20 m
Spielgeräte: 1 Basketball und mehrere Handbälle

Hinter der Grundlinie (Abwurflinie) jeder Spielfeldseite steht eine Mannschaft. Jeder Spieler hat einen Handball in der Hand. Auf der Mittellinie liegt ein Basketball, der durch gezielte Würfe über die gegnerische Torlinie getrieben werden soll, die etwa 2 m vor der Abwurflinie markiert ist. Die Abwurflinie darf nicht überschritten werden. Jede Mannschaft schickt in ihre Spielfeldhälfte einen Ballholer, der seine Spieler so schnell er kann mit Bällen versorgt. Den Würfen des Gegners auf den Ball darf er dabei aber nicht im Wege stehen. Alle über die Seiten- und Grundlinien fliegenden Bälle werden von den Spielern selbst sofort zurückgeholt. Welcher Mannschaft gelingt es, den Ball über die Torlinie des Gegners zu treiben? Dafür erhält sie einen Punkt, und das Spiel beginnt von vorn.

nach: Erika und Hugo Döbler, Kleine Spiele, Verlag Volk und Wissen, Cornelsen Berlin 1972.

Lösungsvorschläge

1. ***Hinweis:** Es bietet sich an, Definitionen zu den zentralen Begriffen Leistung, Motiv und Motivation vorzunehmen. Die Abhängigkeit der Leistungsmotivation von dem Motiv, der situativen Erfolgsattraktivität und der Erfolgswahrscheinlichkeit sollte dargestellt werden. Die beiden Motivationstypen und die Unterschiede in der Kausalattribuierung sollten gegenübergestellt werden.*

Mit der Theorie nach Heckhausen lässt sich erklären, warum verschiedene Menschen in einer Leistungssituation unterschiedlich handeln. Um die Theorie der Leistungsmotivation nach Heckhausen zu beschreiben, ist es zunächst notwendig, die Begriffe Leistung und Motivation zu klären. Um Faktoren aufzuzeigen, die die Leistungsmotivation beeinflussen, werden daran anschließend Kriterien für Leistungssituationen dargestellt. Schließlich werden zwei verschiedene Motivationstypen nach Heckhausen vorgestellt und es wird gezeigt, wie sich diese Motivationstypen durch ihre spezifischen Erklärungsmuster und in ihrer Wahrnehmung von Erfolg oder Misserfolg unterscheiden. Da die Wahrnehmung und Erklärung von Erfolg oder Misserfolg die Leistungsmotivation beeinflusst, kann so eine Erklärung für deren unterschiedliche Ausprägung in Handlungssituationen gegeben werden.

Leistung kann unter verschiedenen Perspektiven betrachtet werden. So wird die Leistung in der Physik anders definiert als bei menschlichen Handlungen. Allgemein wird eine Handlung oder ein Handlungsprodukt als Leistung interpretiert. Leistung ist daher ein Interpretationskonstrukt. Im Sport beispielsweise beziehen sich die Leistungen auf Leistungsnormen, die durch Kriterien oder Regeln festgelegt sind. Die sportlichen Leistungen sind oftmals durch Weiten, Höhen, Zeiten, Tore oder Punkte quantifizierbar. Die an feststehenden allgemeinen Normen oder Gütestandards orientierte Leistung ist objektiv oder absolut messbar. Der absoluten oder objektiven Leistung steht die relative oder subjektive Leistung gegenüber, bei deren Ermittlung individuelle Kriterien des Sportlers einbezogen werden.
Motivation ist die Gesamtheit der Beweggründe, die jemanden zu etwas veranlassen. Zu unterscheiden ist die Motivation als Anregungszustand in einer aktuellen Situation, die von den spezifischen Gegebenheiten abhängig ist, von einem **Motiv**, das überdauernde und situationsübergreifende Dispositionen und Wertungen widerspiegelt. Ein Motiv ist ein Beweggrund für eine Handlung, wobei Handlungen durchaus aufgrund von mehreren oder verschiedenen Motiven erfolgen können, die in ihrem konkreten Zusammenspiel die Motivation in einer Handlungssituation beeinflussen.

Das Leistungsmotiv als überdauernde Disposition wird als Ergebnis von Erfahrungen und Lernprozessen gesehen. Damit nun bei einer bestimmten Aufgabe eine aktuelle Leistungsmotivation aufgebaut werden kann, müssen Bedingungen erfüllt sein. Bei Handlungen kann nach Heckhausen erst dann von Leistung und **Leistungssituationen** gesprochen werden, wenn fünf Kriterien gegeben sind. Erstens muss die Handlung durch einen deutlichen Anfang und ein deutliches Ende abgeschlossen sein, sodass sie insgesamt ein bewertbares Ergebnis hat. Zweitens muss

dieses Ergebnis ein Gelingen, d. h. einen Erfolg, oder ein Misslingen, d. h. einen Misserfolg, ermöglichen. Drittens stellt die Handlung eine zu bewältigende Anforderung dar, deren Ergebnis auf einen Maßstab oder ein Gütekriterium bezogen ist, sodass sie beurteilbar wird. Diese Gütekriterien müssen viertens von dem Handelnden auch als Maßstab seines Erfolges anerkannt sein. Schließlich muss fünftens der Handelnde das Ergebnis sich selbst zuschreiben. Zufällige Ergebnisse können nicht als Leistung betrachtet werden.
Die **Stärke der Leistungsmotivation** wird insbesondere von der Ausprägung des Leistungsmotivs, von der Erfolgsattraktivität und der Erfolgswahrscheinlichkeit beeinflusst. Die Motivation in einer Leistungssituation ist davon abhängig, welchen Stellenwert das Leistungsmotiv generell bei dem Handelnden einnimmt. Neben diesem situationsunabhängigen, in der Disposition der Person begründeten Faktor haben auch situationsabhängige Faktoren Einfluss auf die Motivation. Zu ihnen gehört die Erfolgsattraktivität der Aufgabe. Je höher die Bedeutung ist, die der Handelnde der Anforderung beimisst, d. h. je wichtiger ihm die Handlung und deren Ergebnis sind, desto motivierter ist er. Aufgaben, die als zu leicht angesehen werden oder deren Bearbeitung wenig attraktiv erscheint, vermindern die Leistungsmotivation. Aufgaben, die als zu schwer eingeschätzt werden, vermindern ebenfalls die Motivation, da die Erfolgswahrscheinlichkeit als gering eingestuft wird. Dies bedeutet, dass die subjektive Einschätzung des Schwierigkeitsgrades Einfluss auf die Leistungsmotivation hat. Darüber hinaus erhöht es die Leistungsmotivation, wenn für den Handelnden erkennbar ist, dass das Resultat von ihm abhängt und er dafür die Verantwortung übernimmt. Gerade bei Anforderungen, die in Gruppen oder Teams erfüllt werden müssen, ist die Leistung nicht deutlich individuell zurechenbar. In diesen Situationen fällt es leichter, die Verantwortung für das Ergebnis nicht zu übernehmen.

Heckhausens „erweitertes Selbstbewertungsmodell" erklärt die Struktur des Leistungsmotivs und der Leistungsmotivation. Die Motivationsforschung hat idealtypisch zwei **Motivationstypen** festgestellt, die sich hinsichtlich der Erwartungshaltung in Leistungssituationen unterscheiden. Der erste Typ ist durch „Hoffnung auf Erfolg" gekennzeichnet. Die Motivation zur Lösung einer Aufgabe zieht er daraus, dass er den Erfolg anstrebt, um die damit verbundenen positiven Effekte zu erzielen. Der zweite Typ ist durch „Furcht vor Misserfolg" gekennzeichnet. Die Motivation zur Lösung einer Aufgabe zieht er daraus, den Misserfolg und damit negative Konsequenzen des Versagens zu vermeiden.
Die beiden Motivationstypen unterscheiden sich nach Weiner insbesondere in der **Kausalattribuierung**, indem sie den Erfolg oder den Misserfolg anders erklären und auf andere Ursachen zurückführen. Es lassen sich unterschiedliche Faktoren für die Erklärung von Erfolg oder Misserfolg aufweisen. Zum einen kann die Ursache für den Erfolg oder Misserfolg in der eigenen Person gesucht werden. Sie ist somit selbstverantwortet (internal). Zum anderen kann die Ursache in äußeren Umständen gesehen werden. Sie ist somit fremdverantwortet (external). Die Ursachenfaktoren können zudem noch dahingehend unterschieden werden, ob sie konstant (stabil und überdauernd) oder variabel (situativ) sind.

Die Erklärungsmuster für Erfolg oder Misserfolg sind bei den beiden Motivationstypen verschieden. Der Typ, der erfolgszuversichtlich ist, schreibt sich bei einem Erfolg diesen selbst zu (internal). Seine eigene Leistung, Anstrengung und Tüchtigkeit sind für den Erfolg verantwortlich. Misserfolge führt der „Hoffnung-auf-Erfolg"-Typ eher auf externe Faktoren zurück, die meist zudem variabel sind. So wird der Misserfolg im „Pech" oder in Gründen gesucht, die er nicht selbst zu verantworten hat, wie z. B. einer fehlerhaften Aufgabenstellung, dem Wetter oder dem Sportmaterial. Die Bilanz der Selbstbewertung bleibt im positiven Bereich. Der Typ, der misserfolgsfürchtend ist, schreibt den Erfolg eher externalen Faktoren zu. Die erfolgreiche Lösung einer Aufgabe wird z. B. durch eine zu leichte Aufgabenstellung oder durch „Glück" erklärt. Bei Misserfolgen sieht der „Furcht-vor-Misserfolg"-Typ die Ursachen bei sich selbst. Es findet hier eine internale Kausalattribuierung statt, die meist mit konstanten Faktoren erklärt wird. Der Misserfolg ist bei diesem Erklärungsmuster Folge von mangelnden eigenen Begabungen oder Fähigkeiten. Die Bilanz von Erfolg und Misserfolg bleibt hier im Prozess der Selbstbewertung im negativen Bereich.
Obwohl die Sozialisation und Lernprozesse für die Entwicklung des Leistungsmotivs von Bedeutung sind, bleiben die beiden Motivationstypen weitgehend konstant, nachdem sie einmal ausgeprägt wurden. Durch das oben dargestellte Selbstbewertungssystem verstärken sich die Typen durch die jeweilige Kausalattribuierung selbst. So ändern auf der einen Seite auch wiederholte Erfolge nicht unmittelbar die Furcht vor Misserfolg bei diesem Typ. Auf der anderen Seite ändern auch mehrere Misserfolge nicht die positive Erwartungshaltung bei dem Typ, der sich durch Hoffnung auf Erfolg auszeichnet. Die individuelle Ausprägung des Leistungsmotivs erfährt durch die Kausalattribuierung eine Verstärkung und stabilisiert sich selbst.
Die vor der Handlung bereits vorgenommene Selbstbewertung durch den Handelnden beeinflusst seine **Leistungsmotivation**. Da der erfolgszuversichtliche Typ Erfolge eher den eigenen Fähigkeiten zuschreibt, verlässt er sich auch eher auf die eigene Einschätzung. Er interpretiert Erfolge als Selbstbekräftigung, wodurch es ihm leichter fällt, in Leistungssituationen eine intrinsische (primäre) Motivation aufzubauen und sich selbst erreichbare Ziele zu setzen. Bei der Wahrnehmung von Erfolgen ist hingegen der misserfolgsfürchtende Typ auf eine Wahrnehmung und Bekräftigung von außen angewiesen. Er ist in der Wahrnehmung von Erfolgen daher im stärkeren Maße von materiellen oder sozialen Konsequenzen abhängig. Im Schulsport können solche materiellen Konsequenzen eine gute Note, soziale Konsequenzen die Anerkennung durch Mitschüler oder Lehrer sein. Dieser Motivationstyp begibt sich eher aufgrund einer extrinsischen (sekundären) Motivation in eine Leistungssituation.
Heckhausen ist es mit seiner Theorie der Leistungsmotivation gelungen, die unterschiedliche Motivation in Leistungssituationen mithilfe von individuellen Handlungsmustern und Ursachenzuschreibungen zu erklären. Dabei ist insbesondere die Selbsteinschätzung für die Ausprägung der Leistungsmotivation bedeutsam.

2. ***Hinweis:*** *Die Interpretation des Schülerverhaltens und der Schüleräußerungen vor dem Hintergrund der Theorie von Heckhausen sollte mit Hinweisen auf Textstellen erfolgen. Eine Schwierigkeit der Aufgabe liegt darin, dass zwar die Hoffnung auf Erfolg bei dem Schüler überwiegt, aber auch Elemente der Misserfolgsmeidung aufzuweisen sind.*

Das Verhalten des Schülers Kevin wird im Folgenden unter Berücksichtigung der Theorie der Leistungsmotivation nach Heckhausen analysiert. Grundlage dieser Analyse ist der Text „Ich kann, weil ich will, was ich nicht muss", der dem vom Landesinstitut für Schule im Jahr 2004 herausgegebenen Buch „Leisten und Leistung im Sportunterricht der Sekundarstufe I" entnommen ist. Der erste Teil des Textes (bis Z. 23) beschreibt die Bedingungen des Sportunterrichts und das Verhalten Kevins aus der Perspektive eines Beobachters. Der zweite Teil des Textes ist eine schriftliche Äußerung Kevins, in der er seine Eindrücken und Überlegungen zu dieser Unterrichtssituation darlegt (Z. 26–40).
Die beschriebene Situation ist im Sinne Heckhausens leistungsthematisch relevant, da die Kriterien für eine **Leistungssituation** erfüllt sind. Die Aufgabe, sich im Sportunterricht auf einen Gerätewettkampf vorzubereiten, hat mit dem Beginn des Übens und der abschließenden Präsentation einen deutlichen Anfang und ein deutliches Ende (Z. 13–15). Das Handlungsergebnis lässt sowohl ein Gelingen als auch ein Misslingen zu. Die Bewertung der Aufgabe ist an Beurteilungsmaßstäben, klar definierten Standards und Gütekriterien orientiert, die in der Kombination, im Bewegungsfluss und der Körperspannung liegen (Z. 14/15). Dass diese Gütekriterien von Kevin anerkannt werden, zeigt sich darin, dass es „ihn ärgerte" (Z. 17), insbesondere den Handstand noch nicht zu können und dass er dessen Erlernen zu seinem eigenen Ziel macht (Z. 18/19). In dem Üben für die Erreichung seiner Zielsetzung und dem Stolz auf sein Können (Z. 21) zeigt sich zudem, dass Kevin das Ergebnis seiner Handlungen sich selbst zuschreibt.
Die **Leistungsmotivation** in diesem Unterricht ist bei Kevin hoch. Sie wird zum einen durch die Aufgabenstellung angeregt, da sie Kevin ermöglicht, sich selbst Ziele zu setzen (Z. 2). Insbesondere das Ziel, den Handstand zu können, ist ihm wichtig. Dies zeigt sich daran, dass er ihn „immer schon können wollte" (Z. 29) und an den Gefühlen des Ärgers bzw. des Stolzes (Z. 17, 21). Zum anderen hat auch die subjektive Einschätzung des Schwierigkeitsgrades Einfluss auf die Motivation. Hier wählt Kevin selbst einen realistischen Schwierigkeitsgrad (Z. 16–20) und passt das Anspruchsniveau seinen Fortschritten im Können an (Z. 38). Außerdem kommt hinzu, dass für Kevin erkennbar ist, dass das Resultat seiner Handlungen von ihm abhängt, sodass er die Gelegenheit zum Üben nutzt (Z. 20/21).
Kevins Leistungsmotivation ist insgesamt von der Hoffnung auf Erfolg geprägt. Er zählt damit zu dem **erfolgsorientierten Motivationstyp** nach Heckhausen.
Die Motivation zur erfolgreichen Lösung der Aufgabe zieht Kevin daraus, dass er etwas erreichen möchte, was er „immer schon können wollte" (Z. 29). Hier wird zugleich seine **intrinsische Motivation** deutlich. Diese primäre Motivation zeigt sich auch darin, dass er sich direkt weiterführende Ziele setzt (Z. 38). Kevin ist nicht von einer extrinsischen oder sekundären Motivation abhängig. So übt er bei-

spielsweise nicht unter der Aufsicht des Lehrers (Z. 8/9). Es finden sich aber auch **Anzeichen für eine extrinsische Motivation** bei Kevin. Ein Element ist hier die Demonstration vor dem Lehrer (Z. 22), von dem er sich Anerkennung und Lob erhofft. Ein weiteres Indiz für die extrinsische Motivation findet sich auch dort, wo er sich mit seinen Mitschülern vergleicht und hinter diesen nicht zurückstehen möchte (Z. 27/28). Die Vermeidung von Misserfolg hat also ebenfalls Einfluss auf Kevins Motivation.
Dass Kevin dennoch eher intrinsisch motiviert und dem erfolgserhoffenden Motivationstyp zuzuordnen ist, zeigt seine **Kausalattribuierung**. Sie ist external, weil er die Ursache seines fehlenden Könnens beim freien Handstand auf die mangelnde Übungsmöglichkeit (Z. 39/40) zurückführt. Diese Ursache ist veränderbar und somit variabel. Kevin hofft, das „noch nicht" (Z. 39) Gekonnte zu erlernen, wenn die Möglichkeiten gegeben sind. In der Ermutigung durch seine Mitschüler (Z. 29–31) wird seine in erster Linie intrinsische Motivation von außen unterstützt.

In der **Überschrift** „Ich kann, weil ich will, was ich nicht muss" kommt die **Bedeutung des Wollens** für die Leistung und den Lernerfolg im Sport zum Ausdruck. Das Wollen ist in der Äußerung direkt mit dem Können verknüpft. Hier wird deutlich, dass eine hohe Motivation vorliegt, die von Erfolgszuversicht geprägt ist. Die Stärke der Motivation liegt gemäß der Überschrift darin begründet, dass die Leistung nicht von außen erzwungen, sondern selbst gewählt ist. Das Wollen einer Leistung ist ein Akt der Freiwilligkeit und führt in diesem Fall zu einer **intrinsischen Motivation**. Die Wahlfreiheit der Aufgabe und Zielübungen in dem vorliegenden Beispiel von Kevin fördert die Leistungsbereitschaft und Leistungsmotivation bei dem Schüler dadurch, dass er die Leistungssituation mitbestimmen kann und so auch die dazugehörigen **Gütemaßstäbe und Kriterien** nicht nur als verbindlich akzeptiert, sondern zumindest zum Teil auch selbst wählen kann.

3. ***Hinweis:*** *Das Regelschema von Digel ist weitgehend akzeptiert. Es können dennoch andere Systematisierungen genannt oder dargestellt werden. Bekannte Autoren und deren Fachtermini können ergänzend aufgeführt werden. Die Darstellung möglicher Regeländerungen sollte nicht zu kleinschrittig und detailliert erfolgen. Es ist wichtig, dass die Regeländerungen in ihren möglichen Auswirkungen auf die Leistungsmotivation der beiden Motivationstypen bezogen werden.*

In Sport und Spiel können Regeln unterschiedlichen Regeltypen zugeordnet werden. Es gibt verschiedene Systematiken, mit denen Regeln erfasst werden können. So unterscheidet beispielsweise Searle konstitutive, regulative und strategische Regeln. Die folgenden Ausführungen sind an dem Regelschema von Digel orientiert, das sich in konstitutive, strategische und moralische Regeln gliedert. Diese Regeltypen werden in Bezug auf das Spiel „Ballvertreiben" nach Döbler näher erläutert. Anschließend werden die Regeln dieses Spiels und mögliche Regeländerungen im Hinblick auf ihren Einfluss auf die Leistungsmotivation diskutiert.

Die **konstitutiven Regeln** stecken den notwendigen Rahmen ab, damit ein Spiel überhaupt ablaufen kann. Sie lassen sich unterteilen in Personalregeln, Raumregeln, Zeitregeln, Inventarregeln und Handlungsregeln. Durch eine **Personalregel** wird die Anzahl der Spieler festgelegt. In dem Spiel „Ballvertreiben" kann die Spieleranzahl zwischen 10 und 20 Spielern variieren. Eine weitere Personalregel bezieht sich auf die besondere Position des „Ballholers". Die **Raumregeln** betreffen die Maße und Markierungen des Spielfelds. Beim „Ballvertreiben" ist das Spielfeld etwa 10 m x 20 m groß. Es wird durch die Mittellinie geteilt und auf beiden Seiten befindet sich etwa zwei Meter vor der Grund- bzw. Abwurflinie eine Torlinie. Die **Zeitregeln** setzen die Spieldauer und gegebenenfalls Unterbrechungen fest. In dem vorliegenden Spiel ist das Spielende nicht durch eine Zeitangabe vorgegeben. Das Spiel ist beendet, wenn der Basketball eine Torlinie überquert. Die **Inventarregeln** bestimmen die Art und Anzahl der einzusetzenden Spielgeräte. „Ballvertreiben" wird mit einem Basketball und mehreren Handbällen gespielt. Die **Handlungsregeln** legen den Umgang mit den Spielgeräten und den Mit- bzw. Gegenspielern fest. Erlaubte und verbotene Aktionen der Spieler werden mit ihnen geregelt. Eine Handlungsregel beim „Ballvertreiben" ist, dass der Handball nur von hinterhalb der Grundlinie aus geworfen werden darf. Nur der „Ballholer" darf die eigene Spielfeldseite betreten. Er darf aber die Würfe der gegnerischen Mannschaft nicht behindern.

Strategische Regeln sind nicht im Regelwerk festgeschrieben. Sie werden in einer Mannschaft vereinbart und dienen dazu, innerhalb der konstitutiven Regeln das Spiel erfolgreich zu spielen. Das Festlegen der Taktik, des Zusammenspiels und die Rollenverteilung in einer Mannschaft gehören dazu. Beim Ballvertreiben wäre eine strategische Regel beispielsweise, einen Spieler, der nicht zielgenau werfen kann, aber dafür schnell und gewandt ist, als „Ballholer" einzusetzen. Eine weitere strategische Regel wäre, dass nicht alle auf einmal werfen, da der Ball beim ersten Treffer wegrollt. Wahrscheinlich wäre es auch von Vorteil, wenn ein oder zwei Bälle zurückgehalten werden, um einen auf die eigene Torlinie zurollenden Ball aufzuhalten. Darüber hinaus könnte es für den Punkterfolg wichtiger sein, zielgenau statt hart zu werfen.

Moralische Regeln gehen über die Einhaltung der festgeschriebenen Regeln hinaus. Sie sollten bei jedem Wettkampf und Spiel beachtet werden, da sie für eine erfolgreiche Teilnahme eines jeden Spielers unverzichtbar sind. Der zentrale Begriff für die Moral im Sport ist die Fairness. Lenk unterscheidet die formelle und die informelle Fairness. Die Einhaltung der konstitutiven Regeln, insbesondere der Handlungsregeln, und die Beachtung der Schiedsrichterurteile gehören zur formellen Fairness. Die Orientierung an der Chancengleichheit und die Achtung der Mitspieler gehören nach Lenk zur informellen Fairness. Eine moralische Regel beim „Ballvertreiben" im Hinblick auf die Gegner ist beispielsweise, als „Ballholer" nicht absichtlich gegnerische Bälle aufzuhalten. Eine weitere moralische Forderung ist, als Werfer die Grundlinie nicht zu übertreten, um sich einen Vorteil zu verschaffen. Innerhalb einer Mannschaft wäre es fair, allen Spielern eine Teilnahme am Spiel zu ermöglichen und auch Spieler werfen zu lassen, die nicht so zielgenau oder hart werfen können.

Das Spiel „Ballvertreiben“ wird nun im Hinblick auf die in den Antworten zu den Aufgaben 1 und 2 dargestellten Theorie der Leistungsmotivation nach Heckhausen untersucht. Im Sinne der Leistungsmotivation lassen sich sowohl anregende als auch weniger anregende Elemente aufzeigen.
Eine **Anregung der Leistungsmotivation** erfolgt dadurch, dass die Spielhandlungen einen deutlichen Anfang und ein deutliches Ende haben, wobei der Erfolg klar definiert ist, indem der Basketball die gegnerische Torlinie überquert. Das bewertbare Ergebnis der Handlung bezieht sich auf den Punktgewinn oder auch auf das Treffen des Balles, an dem ein Erfolg oder auch ein Misserfolg festgemacht werden kann. Die Gütekriterien beziehen sich auf das Ballvertreiben, das von der Treffgenauigkeit und der Wucht des Wurfes abhängig ist. Der Erfolg des eigenen Handelns ist von dem einzelnen Spieler direkt wahrnehmbar, indem er sieht, ob sein Wurf getroffen hat oder nicht. Das Handeln wird daher als eigenverantwortlich deutlich, was die Motivation erhöht. Ebenso eine die Motivation anregende Bedingung des Spiels ist, dass der Schwierigkeitsgrad der Würfe selbst gewählt werden kann. So kann der Spieler entscheiden, ob er hart wirft, was auf Kosten der Trefferwahrscheinlichkeit geht, oder ob er lieber gezielter wirft und den Ball damit nicht so weit vertreibt. Durch den Einsatz mehrerer Handbälle erhöht sich die Wurffrequenz, sodass mehrere Erfolge in kurzem zeitlichen Abstand möglich werden. Auch dies kann zu den Bedingungen des Spiels gezählt werden, die die Motivation anregen.
Die Bewegungsaufgabe selbst regt die Leistungsmotivation eher nicht an. In dem Spiel werden lediglich Zielwürfe aus dem Stand gefordert. Diese enge Vorgabe wird vermutlich von vielen Spielern nicht als besondere spielerische Leistung angesehen. Auch wenn die Gütekriterien akzeptiert werden, ist doch der Stellenwert eines Erfolges wahrscheinlich in den Augen der Spieler nicht sehr hoch.
Je nach **Motivationstyp** wird der Aspekt, dass ein erfolgreicher Wurf durch die Vielzahl der Handbälle insbesondere für andere Spieler wenig sichtbar ist, anders bewertet. Für erfolgszuversichtliche Spieler nimmt die Motivation eher ab, weil Erfolge weitgehend unbemerkt bleiben. Da hingegen auch erfolglose Würfe kaum von den Mitspielern wahrgenommen werden, fördern die Spielbedingungen die Motivation von Spielern, die sich an der Vermeidung von Misserfolg orientieren. Insgesamt bietet das Spiel vermutlich für erfolgsorientierte Spieler weniger motivierende Anreize als für Spieler, die dem misserfolgsfürchtenden Typ zuzuordnen sind.

Durch **Regeländerungen** kann das leistungsmotiverende Potential des Spiels verändert werden. Mögliche Regeländerungen können im Bereich der Inventarregeln vorgenommen werden. Durch eine höhere Anzahl der Basketbälle erhöht sich die Wählbarkeit der Schwierigkeitsgrade, was prinzipiell zu einer größeren Motivation führt. Durch diese Regeländerung reduziert sich die Sichtbarkeit des Erfolges weiter. Dies bedeutet, wie oben ausgeführt, eine Verringerung des Anreizes für Erfolgsmotiverte. Für Spieler, die misserfolgsvermeidend orientiert sind, steigt eher die Motivation zum Spielen des modifizierten „Ballvertreibens“. Umgekehrt wirkt sich eine Regelveränderung aus, die die Wurfbälle reduziert, da hier der Er-

folg auch für andere deutlicher sichtbar wird. Mit der Verringerung der Wurfballanzahl geht auch die Frequenz der Wurfversuche zurück. Für auf Erfolg hoffende Spieler könnte die Motivation eher abnehmen, da die Erfolgsdichte geringer wird. Für Spieler, die einen Misserfolg vermeiden wollen, bedeutet die geringere Anzahl der Wurfversuche hingegen, dass sie sich nicht so oft sich dieser Leistungssituation aussetzen müssen.
Eine weitere Möglichkeit das Spiel zu verändern liegt darin, beispielsweise Abwehrspieler einzuführen. Diese könnten den zu vertreibenden Ball schützen. In diesem Fall würden Personalregeln und zugleich Handlungsregeln geändert. Um die Spielbarkeit des Spiels zu gewährleisten, müssten wahrscheinlich auch andere konstitutive Regeln wie Raum- und Inventarregeln geändert werden. So wäre die Einführung einer Zone denkbar, in der die Verteidiger agieren dürfen. Aus Sicherheitsgründen müsste zudem die Anzahl der Wurfbälle auf einen oder zwei verringert werden, was die oben ausgeführten motivationalen Bedingungen des Spiels je nach Motivationstyp verändert. Mit der Einführung von Verteidigern, erweitern sich auch die möglichen strategischen Regeln. Das Spiel wird komplexer und strategische Regeln zum Passspiel innerhalb einer Mannschaft könnten aufgestellt werden. Mit der höheren Komplexität der Spielanforderungen gehen vermutlich auch eine höhere subjektive Akzeptanz des Spiels und die größere Wertschätzung des Erfolges einher, wodurch sich die Motivation erhöhen kann. Auch wenn statt Handbällen Fußbälle eingesetzt werden und im Bereich der Handlungsregeln nicht das Werfen, sondern das Schießen mit dem Fuß gefordert wird, kann dies evtl. eine höhere Akzeptanz der Leistungssituation und eine subjektiv höhere Wertigkeit der Gütemaßstäbe bei den Spielern zur Folge haben.
Weiter von dem Spiel „Ballvertreiben“ nach Döbler entfernt, aber näher an dem großen Sportspiel Handball angelehnt, wären Varianten, bei denen sich die Mannschaften nicht gegenüber stehen. So könnten die Mannschaften ein Handballspiel oder eine Vorform spielen, bei dem der zu vertreibende Ball auf der Torlinie liegt. Ein Tor wird erzielt, wenn der Ball getroffen wird und ins Tor rollt. Die Komplexität des Spiels ist hier sehr hoch, wodurch die Wertschätzung eines Erfolges ebenfalls groß ist. Ein hoher Schwierigkeitsgrad kann für erfolgszuversichtliche Spieler ein direkter Motivationsanreiz sein. Für Misserfolgsmeidungsmotivierte kann ein hoher Schwierigkeitsgrad indirekt ebenfalls leistungsmotivierend wirken, da in diesen Situationen ein Misserfolg relativiert werden kann. Es ist möglich, über die Anzahl der zu treffenden Bälle und gegebenenfalls über ihre Position den Schwierigkeitsgrad dieser Spielform zu variieren.
Wie dargestellt haben die Regeländerungen je nach Motivationstyp unterschiedliche Auswirkungen auf die Leistungsmotivation. Insbesondere der Wille, das Spiel zu spielen, wird bei den Beteiligten unterschiedlich ausgeprägt sein. Dieses **Wollen** ist unter anderem von der **individuellen Ausprägung des Leistungsmotivs**, der subjektiven Akzeptanz der Leistungssituation und den damit verbundenen Gütekriterien, d. h. der Erfolgsattraktivität, sowie der subjektiven Einschätzung der Erfolgswahrscheinlichkeit abhängig.

Nordrhein-Westfalen: Sport Leistungskurs 2008
Aufgabe 1

Aufgabenstellung:

1. Ordnen Sie dem Verhalten von Jörg und Silke (M 1) erläuternd mögliche Motive und Motivationen zu, die in ihrem Handeln erkennbar werden. (22 Punkte)

2. Erläutern Sie das Gesundheitsverständnis von Jörg und Silke, das in ihrem jeweiligen Verhalten sichtbar wird, auf der Grundlage verschiedener Ihnen bekannter Gesundheitsmodelle. (26 Punkte)

3. Erläutern Sie ausgehend vom vorliegenden Text (M 2) dominierende Motive im Hochleistungssport und erörtern Sie unter Berücksichtigung der Position Digels und seiner Aussage, „… dem Sport scheint sein eigener Sinn abhanden zu kommen", die gelegentlich zu hörende Forderung nach einer generellen Freigabe des Dopings. Beziehen Sie dabei auch Ihre Ergebnisse zu Aufgabe 1 ein. (32 Punkte)

M 1:

Silke und Jörg, beide Anfang 20, befinden sich in einem dreiwöchigen Urlaub am Meer in Italien.

Jörg trainiert seit längerer Zeit seine Ausdauer über Strecken zwischen 5 000 m und 10 000 m. Zwei bis drei Mal in der Woche nimmt er sich die Zeit dafür, manchmal auch mit Überwindung, vor allem, wenn es regnerisch, kalt oder zu heiß ist. Er ist jedoch konsequent, da er seine Ausdauerleistungsfähigkeit auch in Hinsicht auf das Wettkampfziel verbessern will, im bald anstehenden Marathon klar unter 4 Stunden zu laufen. Außerdem geht er auch davon aus, dass das Laufen für ihn gesundheitsförderlich ist.

Auch im Urlaub setzt er sein Training durch Läufe im Hinterland fort, läuft, wie zu Hause, allein, da Silke keine Lust auf diese Urlaubsgestaltung hat. Stattdessen geht sie längere Strecken am Strand entlang und hat sich bereits Gruppen angeschlossen, die regelmäßig am Strand Volleyball spielen. Je nach Lust und Laune spielt sie mit. Sie hat viel Spaß am Spiel und freut sich über gelungene Aktionen und natürlich auch über den Sieg ihrer Mannschaft. Sie findet es gut, mit anderen gemeinsam Sport zu treiben und viele Leute kennen zu lernen. Da sie sportlich ist, nutzt sie weitere Sport-Möglichkeiten, die sie am Strand oder im Meer durchführen kann, wie Boccia, Surfen oder Wasserskifahren. Letzteres hatte sie bisher noch nicht ausprobiert.

Sie hat versucht, Jörg davon zu überzeugen, dass er im Urlaub auch an seinen Spaß und an Entspannung denken sollte, aber der bleibt bei seinem Trainingsplan und zieht alleine seine Läufe konsequent und pflichtbewusst durch.

selbst erstellter Text

M 2: Geführt und verführt

Das Publikum fragt nicht, ob Sportler dopen oder nicht – nur der Staat ist in der Lage, Stars vor sich selbst zu schützen *von Helmut Digel*

In einer Sportsendung des Hessischen Rundfunks wurden die Zuschauer vor kurzem über eine Ted-Umfrage gebeten, ihre Meinung zu einer Freigabe des Dopings zu bekunden. In der ersten Runde sprachen sich über 50 Prozent der Zuschauer für eine Freigabe der Doping-Manipulation aus, nach einer 20-minütigen Studiodiskussion wuchs die Zahl der Befürworter auf 62 Prozent. Gewiss ist dieses Ergebnis nicht repräsentativ. Dennoch besitzen diese Zahlen eine alarmierende Aussagekraft.

Für immer mehr Zuschauer des Sports hat das Prinzip des Fairplay als leitendes Wertesystem des Sports an Bedeutung verloren. Immer mehr Zuschauer erfreuen sich offensichtlich am Spektakel des Sports, und ihre Freude soll möglichst ungetrübt sein. Und dies scheint dann eher der Fall zu sein, wenn endlich die unendliche Diskussion über Doping beendet wird und man wieder den spektakulären Leistungen der Athletinnen und Athleten seine volle Aufmerksamkeit schenken kann.

Die hohe Zahl der Befürworter einer Dopingfreigabe kann niemanden wirklich überraschen. Die Empörung der Öffentlichkeit über aufgedeckten Betrug im Sport und entdeckte Betrüger des Sports ist stets nur vordergründig und äußerst kurzfristig. Kommen die Stars nach ihrem Betrug jeweils zurück in die Arena, so werden sie erneut als Helden gefeiert, ganz gleich, auf welcher Grundlage ihre sportlichen Leistungen erbracht werden. Beim ersten Tour-de-France-Skandal im Jahr 1998 hielt die Empörung lediglich wenige Wochen an. Die Zuschauer wendeten sich von der Sportart nicht ab, eher schien das Gegenteil der Fall zu sein. Beim diesjährigen Skandal wiederholte sich derselbe Sachverhalt. Im Fall der Sprinterin Grit Breuer war es in den neunziger Jahren so, dass sie nach ihrer zweijährigen Dopingsperre von den Zuschauern begeistert gefeiert wurde. Die italienischen Fußballbetrüger, die noch wenige Wochen vor der Fußball-Weltmeisterschaft in einer inszenierten öffentlichen Empörung als eine Art Mafia-Gang wahrgenommen wurden, wiederum sind wenige Wochen später als Weltmeister die gefeierten Helden der italienischen Gesellschaft. Es ist kein neuer Befund, dass in Zeiten der Massenmedien die öffentliche Moral oft höchst widersprüchlich ist. Öffentlichkeit ist geführte und verführte Öffentlichkeit zugleich, sie wird gebildet und verbildet, wird aufgeklärt und hinters Licht geführt. Und ohne Zweifel sind es die Massenmedien, an allererster Stelle das Fernsehen, die dies auch noch begünstigen und verstärken. Wir können zwar nur spekulieren, wie wohl die Zuschauer vor 50 Jahren geantwortet hätten, wenn ihnen die Frage nach der Freigabe des Dopings gestellt worden wäre. Es kann jedoch unterstellt werden, dass damals die Idee des Fairplay sehr viel tiefer im Wertesystem von Sportlern verankert war als heute. Heute hingegen muss man feststellen, angesichts ständig wachsender Verfehlungen im Hochleistungssport, im Breiten- und Gesundheitssport, im Fitnesssport, angesichts veränderter Einstellungen zum Gebrauch von Medikamenten und angesichts veränderter Lebensstile: Das Unrechtsbewusstsein in Bezug auf den Doping-Betrug erodiert[1]. [...] Und auch in Deutschland scheint das Bewusstsein über die Bedeutung von Regeln zu schwinden, dem Sport scheint sein eigener Sinn abhanden zu kommen. […]

Süddeutsche Zeitung Nr. 217 vom 20. 09. 06, S. 2

1 erodieren: geologisch = auswaschen

Lösungsvorschläge

1. ***Hinweis:*** *Stehen Fachbegriffe im Zentrum der Aufgabenstellung (hier: Motive und Motivationen) sollten Sie diese grundsätzlich zunächst definieren bzw. erklären. Im Folgenden wird auf die Kategorisierung der Motive nach Kurz zurückgegriffen. Natürlich können Sie sich auch nach einer anderen Ihnen bekannten richten, Sie sollten aber konsequent bei einer bleiben.*

   In der Motivationspsychologie werden die beiden Begriffe Motiv und Motivation klar unterschieden. Der Begriff **Motiv** beschreibt eine relativ stabile Eigenschaft, die besagt, wie wichtig einer Person eine bestimmte Art von Zielen ist, und die festlegt, wie sie in bestimmten Situationen handelt. Diese Eigenschaft ist nicht angeboren, sondern erworben. Die **Motivation** dagegen ist eine veränderbare, zeitlich begrenzte und eher situativ bedingte Handlungsbereitschaft.

   Bei der auf das Sporttreiben von Silke und Jörg bezogenen Motive und Motivationen fallen deutliche Unterschiede auf. In Bezug auf die Motivation von Silke ist festzustellen, dass für sie der Sport keine planmäßige Angelegenheit ist, die auf ein Ziel hin ausgerichtet ist. Sie treibt Sport, weil sie in der momentanen Situation des Urlaubs Zeit, Lust und Gelegenheit dazu hat. Ihrem Verhalten liegt daher eindeutig eine **intrinsische Motivation** (Primärmotivation) zugrunde.
   Die Motive, die Silkes Handeln bestimmen, sind vielfältig. Ihr vorrangiges Motiv ist dabei das **Spielmotiv**. Denn sie treibt in erster Linie Sport, um Spaß zu haben (Z. 14), aber auch, um Neues kennenzulernen und Herausforderungen anzunehmen (Z. 18). Ihr Wunsch, sich während des Urlaubs vielseitig und abwechslungsreich zu bewegen, lässt darauf schließen, dass sie auch vom **Bewegungsmotiv** geleitet wird. Für sie zählt aber auch das **Anschlussmotiv**, d. h. sie möchte beim Sporttreiben Menschen treffen (Z. 15/16) und so ein Gruppen- und Gemeinschaftsgefühl genießen. Nicht zuletzt lässt sich aber auch bei ihr ein **Leistungsmotiv** erkennen, da sie sich anstrengt und kämpft, um ein Spiel zu gewinnen (Z. 14/15).

Bei Jörg hingegen hat der Urlaub keinen Einfluss auf sein übliches Verhalten. Da er unbedingt seine sportliche Leistung verbessern möchte, unterbricht er auch im Urlaub sein zielgerichtetes und strukturiertes Handeln nicht. Obwohl ihm das Laufen nicht immer leicht fällt (Z. 5) und er alleine ist (Z. 11), lässt er sich nicht einmal von seiner Freundin davon abbringen (Z. 20/21) und arbeitet sehr diszipliniert. Dies lässt auf eine starke, wohl **intrinsische Motivation** (Primärmotivation) schließen. Die Tatsache, dass sein Verhalten im Text als pflichtbewusst (Z. 22) bezeichnet wird, lässt daneben aber auch eine gewisse **extrinsische Motivation** (Sekundärmotivation) vermuten.
Seine Motive Sport zu treiben sind an ihm selbst und seinen sportlichen Verbesserungen orientiert. Vermutlich braucht er den Sport und die Steigerung im Laufen, um sich selbst zu bestätigen und sich zu beweisen, was er leisten kann. Er läuft seine 5000 Meter, um im Marathonlauf gut abzuschneiden und unter vier Stunden zu bleiben. Seinem Verhalten liegt also ein **Leistungsmotiv** zugrunde. Daneben spielt bei ihm, allerdings wahrscheinlich zweitrangig, das **Gesundheitsmotiv** eine Rolle. Er nimmt an, dass das Laufen seiner Gesundheit gut tut, da er sicherlich weiß, dass regelmäßiges aerobes Ausdauertraining das Herz-Kreislauf-System stärkt und durch das Laufen bei jeder Witterung – richtige Kleidung vorausgesetzt – das Immunsystem unterstützt wird.

2. ***Hinweis:*** *Bei Aufgaben zum Aufgabenbereich II (Anwenden von Kenntnissen) steht die Analyse des vorgegebenen Materials im Vordergrund. Bevor Sie sich an das Verfassen der Lösung machen, sollten Sie im vorliegenden Fall zunächst herausfinden, welche der verschiedenen Ihnen bekannten Gesundheitsmodelle auf das Gesundheitsverständnis von Jörg und Silke passen (beachten Sie, dass in der Aufgabenstellung gefordert ist, dass Sie verschiedene, also mehrere Modelle heranziehen sollen). Für Ihre Lösung ist es wichtig, dass Sie aus dem Text möglichst viele und klare Belege bringen können, dass das Gesundheitsverständnis von Jörg und Silke tatsächlich dem von Ihnen ausgewählten Gesundheitsmodellen entspricht. Der Operator „erläutern" verlangt von Ihnen aber nicht nur ein begründetes Zuordnen der Gesundheitsmodelle zu den Einstellungen der beiden, sondern auch ein erklärendes Darstellen der ausgewählten Modelle.*

Für Jörg ist Sport auch ein Mittel, das seine Gesundheit unterstützt. Bei ihm ist dabei ein eher **enges Gesundheitsverständnis** zu erkennen, das die Gesundheit auf physische Faktoren und eine gute Leistungsfähigkeit limitiert. Gesundheit wird dabei als Zustand der Abwesenheit von Krankheit verstanden, was heißt, dass nur der gesund ist, der keine Gebrechen oder Krankheiten hat. Im Umkehrschluss führt eine eingeschränkte Leistungsfähigkeit dazu, dass man krank ist.
Im Sinne dieses engen Gesundheitsverständnisses handelt Jörg konsequent und betreibt ein intensives aerobes Ausdauertraining. Mit der von ihm vermutlich gewählten Dauermethode wird er längerfristig tatsächlich physiologische Verbesserungen bei sich erzielen oder schon erzielt haben. Das aerobe Ausdauertraining wird bei ihm zur Ausbildung eines **Sportherzens** führen: Der Ruhepuls wird sin-

ken und das Schlagvolumen des Herzens und das Herzminutenvolumen steigen. Außerdem kommt es zu einer verbesserten **Kapillarisierung** von Jörgs Muskeln, da die Zahl der Kapillaren und deren Querschnitt vergrößert wird. Dies betrifft natürlich auch die Muskeln des Herzens, das dadurch noch leistungsfähiger wird, weil es besser mit Sauerstoff versorgt werden kann. Insgesamt wird durch das regelmäßige Training das Herzinfarktrisiko deutlich gemindert. Neben den beschriebenen Veränderungen wird es auch bei der Atmung und beim Blut zu sogenannten Adap(ta)tionserscheinungen durch das aerobe Ausdauertraining kommen.

In Silkes Verhalten wird nicht explizit deutlich, dass sie Sport betreibt, um gesund zu bleiben. Dennoch würde sie sicherlich sofort zustimmen, dass sie den Sport betreibt und benötigt, um sich wohlzufühlen, zufrieden zu sein und den Urlaub als schön zu empfinden. In Silkes Sporttreiben werden die Elemente eines **weiten Gesundheitsverständnisses** sichtbar, wie sie die Weltgesundheitsorganisation **WHO** vertritt, die Gesundheit nicht alleine als Freisein von Gebrechen und Krankheit definiert, sondern als körperliches, geistig-seelisches und soziales Wohlbefinden. Silke sucht Kontakt zu anderen Sportbegeisterten, um sich mit ihnen zu bewegen, sich auszutauschen und gemeinsam Spaß zu haben. Durch das regelmäßige Volleyballspielen scheint sie in dieser Sportart recht gut zu sein und trägt zu Erfolgen ihrer Teams bei (Z. 14/15). Dadurch wird sie Anerkennung und Lob erhalten, was ihr Selbstwertgefühl stärkt. Bestimmt kommt es dann am Strand auch zu heiß umkämpften Sätzen, in denen Silke zu Höchstleistungen aufläuft und sich sehr anstrengen wird.
Silkes Gesundheitsverständnis kann gut mit dem **Salutogenese-Modell** erklärt werden. Danach ist Gesundheit kein Zustand, sondern muss als Prozess verstanden werden, in dem vorhandene Stressfaktoren mit Schutzfaktoren neutralisiert werden. Nach diesem Modell gibt es den Zustand völliger Gesundheit oder völliger Krankheit gar nicht, sondern der Mensch befindet sich permanent zwischen maximaler und minimaler Gesundheit („Kontinuum-Modell"). Im Salutogenese-Modell geht es nicht primär um die Vermeidung von Krankheiten, sondern darum, die vorhandenen Ressourcen des Menschen zu nutzen, um ihn zu stärken. Wichtig ist dabei das Kohärenzgefühl, d. h. die grundlegende Lebenseinstellung, die ein Mensch hat. Silke ist durch und mit dem Sport positiv eingestellt, fröhlich und ausgeglichen. Und laut Antonovsky, dem Begründer des Salutogenese-Modells, ist ein Mensch umso gesünder, je zuversichtlicher, positiver und optimistischer er ist. Lebenskraft, Lebenswille und Lebensmut entstehen aus dieser förderlichen Zuversicht. Andere positive Einflussfaktoren für den Einzelnen bestehen darin, dass man einen Sinn in seinem Handeln sieht und dass man Probleme und Aufgaben als Herausforderung, nicht als Last annimmt, und dass man gewillt ist, Energie zu deren Lösung zu investieren. Dies zeigt sich bei Silke in ihrem optimistischen Versuch, sich auch einmal mit ihr unbekannten Sportarten wie Wasserskifahren zu beschäftigen (Z. 18/19). Als positiver Faktor zählt auch die soziale Zufriedenheit, die Silke dadurch erfährt, dass sie zusammen mit anderen spielt und Spaß mit ihnen hat. Nach dem Salutogenese-Modell besteht also Gesundheit

aus einem Zusammenspiel von körperlichen, emotionalen (psychischen) und sozialen Faktoren.

Jörgs enges und Silkes weites Gesundheitsverständnis spiegeln auch die allgemeine Entwicklung im Gesundheitsverständnis wider. Wurde früher Gesundheit als objektiv messbares Phänomen, der Abwesenheit medizinisch definierter Krankheiten gesehen, so geht man heute von einer individuellen, subjektiven Befindlichkeit aus. Gesund ist der, der sich aufgrund vieler verschiedener Faktoren (siehe oben) gesund fühlt.

3. ***Hinweis:*** *Die Aufgabe besteht aus zwei Teilen, wobei der erste („erläutern") dem Bereich Anwenden von Kenntnissen, der zweite („erörtern") dem Bereich Problemlösen und Werten zuzuordnen ist. Arbeiten Sie zunächst aus dem Text die Motive im Hochleistungssport heraus und stellen Sie dabei Bezüge zur Aufgabe 1 her. Schließen Sie daran eine erläuternde Darstellung der Position des Autors an und erklären Sie, was er unter dem „eigenen Sinn des Sports" versteht. Auf Grundlage der Position des Autors (das heißt, Sie sollen auch seine Argumente und Beispiele berücksichtigen und gegebenenfalls kritisch beleuchten) sollen Sie nun zu der Forderung nach Freigabe des Dopings Stellung nehmen. Das bedeutet, dass Sie Argumente dafür und dagegen finden sollen und sich abschließend mit Begründung dafür oder dagegen aussprechen.*

Der von H. Digel verfasste Textauszug aus der Süddeutschen Zeitung aus dem Jahr 2006 hat die Dopingproblematik im Sport zum Thema.

Digel führt als Beispiele für den heutigen Dopingmissbrauch verschiedene Situationen aus dem Hochleistungssport an (Z. 18–26). Da die Manipulation im Sport durch Doping eine Tatsache ist, stellt sich natürlich die Frage nach den Motiven der Sünder. Das Motiv eines Dopingsünders liegt eindeutig in der **Steigerung der Leistung**, da im Hochleistungssport andere, in Aufgabe 1 genannte und z. B. von Silke getragene Motive, keine Rolle spielen. Durch eine Maximierung der Leistungsfähigkeit kann ein Lauf, ein Spiel, ein Wettkampf, **Ruhm**, **Ehre** und viel **Geld** gewonnen werden. Dies gilt gleichermaßen auch für den Hobbysportler, z. B. den Bodybuilder, der sich durch eine Verdickung seiner Muskeln eine Steigerung des Selbstwertgefühls, Anerkennung und größere Akzeptanz bei anderen erhofft.

Digel geht in seinem Text schwerpunktmäßig auf den Umstand ein, dass in der heutigen Gesellschaft die Zahl der Befürworter der Freigabe des Dopings immer größer wird und des Dopings überführte Athleten bei ihrer Rückkehr zum Sport keinesfalls skeptisch betrachtet, sondern eher glorifiziert werden. Als Ursachen für diese Tatsachen führt Digel die Massenmedien, die Sucht der Zuschauer nach Spektakulärem und eine allgemein in der Gesellschaft sinkende Moral und ein damit einhergehendes verändertes Wertesystem an. Diese veränderte Moral gegenüber dem „Fairplay" ist laut Digel nicht nur im Spitzensport zu beobachten, sondern auch im alltäglichen Leben (Z. 35–39) schwächt sich das Unrechtbewusstsein gegenüber einer illegalen Leistungssteigerung ab. Dabei geht dem Sport das, was Digel als „sein eigener Sinn" (Z. 40) bezeichnet, verloren. Dieser **„eigene**

Sinn" ist, dass Sportlerinnen und Sportler mit gleichen Chancen und Voraussetzungen in den Wettkampf treten können. Diese gleichen Chancen müssen auf sportlicher Ebene gegeben sein. Nicht der bessere Mediziner, sondern der auf Grund seiner besseren Psyche, Physis, Taktik oder Technik antretende Sportler soll gewinnen. Es müssen feste Regeln existieren, an denen verbindlich festgehalten wird und die in jedem Fall eingehalten werden. Der Gedanke des „Fairplay" sollte das Sporttreiben sinngebend leiten, ein Missbrauch nicht nur als „Verrat", sondern als Zerstörung des Grundgedanken des Sich-Miteinander-Messens verstanden werden.

Im Radsport kam es im Jahr 2006 erneut zu einem großen Skandal, als Dopingmittel im Zusammenhang mit dem spanischen Arzt Fuentes und dem deutschen Telekom Fahrer Jan Ullrich auftauchten. Vor allem in den Massenmedien wurde ausführlich berichtet und neben kritischen Stimmen bezüglich des Dopingvorwurfes wurde auch von vielen Fans des Radsports argumentiert, dass schließlich alle dopen würden und bei der enormen Belastung der Tour de France das Doping unumgänglich sei. In diesem Zusammenhang stellt sich natürlich die Frage, ob es nicht tatsächlich so ist, dass man entweder auf spektakuläre Leistungen verzichten muss, oder aber eben das Doping erlauben sollte. Viele Dopingexperten konstatieren deprimiert, dass die **Sünder den Ermittlern immer einen kleinen Schritt** voraus sind, neue Dopingmittel erst nach einer geraumen Zeit nachweisbar sind. Dies wird auch dadurch untermauert, dass die Dopingliste mit den verbotenen Substanzen immer umfangreicher wird. Wenn man bedenkt, dass es z. B. bei den Olympischen Spielen im Sommer in China etwa 300 Wettkämpfe geben wird, versteht man Aussagen, dass eine flächendeckende Dopingkontrolle gar nicht leistbar ist. Dazu kommt, dass die Dopingsünder nicht mehr wie früher in versteckten kleinen Hinterzimmern Dinge ausprobieren, sondern die **internationale Dopingszene** eher einem **professionell** geführten Unternehmen entspricht. Die Funde bei dem spanischen Arzt Fuentes und die Recherchen im Zusammenhang mit Jan Ullrich zeigen ein höchst kriminelles und generalstabsmäßig geplantes Vorgehen mit Codewörtern, geheimen Konten, versteckten Übergabeorten, internen Informanten und Ähnlichem. Wenn man dann resignierend feststellen möchte, dass der Kampf gegen das Doping nicht zu gewinnen ist, so muss man überlegen, ob nicht die Freigabe eine größere Chancengleichheit bewirken könnte. Dann würde die Verlogenheit aufhören und das Versteckspiel beendet. Vielleicht können dann ja sogar gesundheitliche Risiken, die mit dem Doping verbunden sind, vermieden werden und absurderweise könnte dann das Doping sogar gesundheitsförderlich sein. Da auch in anderen Bereichen des Lebens und der Arbeitswelt die Einnahme von leistungsfördernden Mitteln unbestraft und unkontrolliert bleibt, kann der Sportler gleiches für sich beanspruchen. Auf der anderen Seite könnte eine totale Freigabe des Dopings auch zu grotesken Folgeerscheinungen führen, wenn nämlich z. B. im Bereich der **Genetik** in größerem Maße **manipuliert** würde. Müssen wir dann mit drei Meter großen Basketballspielern rechnen, oder im Paarlauf im Eistanz mit Damen, die 20 Kilogramm wiegen und von ihren Partnern wie Bälle in die Luft geworfen werden?

Eine Schuld am ungebremsten Dopingmissbrauch trifft sicherlich auch uns **Zuschauer**, die von den Sportlerinnen und Sportlern immer bessere, immer spektakulärere Leistungen erwarten. Oft ist ein Sieg nicht genug, es muss auch noch ein neuer Weltrekord dabei erzielt werden. Inwiefern dabei Doping eine Rolle spielt ist zunächst einmal unwichtig, das Spektakuläre, Besondere, Sensationelle ist das, was interessiert. So werden für Spitzensportler riesige Antrittsgelder gezahlt, ganze Leichtathletik-Stadien füllen sich nur dadurch, dass in einer Disziplin ein besonders bekannter Sportler, von dem Großes zu erwarten ist, antritt. Sportveranstaltungen verkommen so bisweilen zu Showevents, in denen nicht der sportliche Vergleich, sondern die Sensation gesucht wird.
Natürlich spielen im Zusammenhang mit dem Doping auch **wirtschaftliche Interessen** eine große Rolle. Die Medien berichten ausführlich über sportliche Veranstaltungen und sportlicher Erfolg ist auch finanziell ein sehr lukratives Geschäft. Sponsoren, Werbefirmen und Zuschauer beeinflussen den Sport, der Sportler selbst dient nur noch zur Erfüllung wirtschaftlicher Interessen. Viele Sportler bekommen leistungsbezogene Verträge, die Erfolge nötig machen, sodass die Sportler aus wirtschaftlicher Erfordernis heraus alles tun, was ihre Erfolgsmöglichkeiten steigert. Dabei spielt dann selbst die **Gesundheit** der Athleten nur eine **untergeordnete Rolle**, sodass viele Sportler gesundheitliche Risiken durch das Doping in Kauf nehmen. Interessant ist die Spekulation darüber, wie sich der Sport verhalten würde, wenn Geld keine Rolle mehr spielen würde, wenn Sponsoren sich aus dem Sport zurückzögen. Ein Umdenken fand z. B. im Radsport statt, als die Telekom als Hauptsponsor der deutschen Radfahrermannschaft den völligen Rückzug vom Radsport erwog. Plötzlich übertrafen sich die Verantwortlichen mit Unschuldsbekundungen und dem Rufen nach intensiveren und flächendeckenderen Dopingkontrollen sowie der Forderung nach harter Bestrafung überführter Sünder. Solange aber wie im Fall von Jan Ullrich nach erdrückender Beweislage vermutlich lediglich ein für den Sportler lächerlich geringes Strafgeld gezahlt werden muss, fehlt die Abschreckung im Sport.

Gefährlich für die Gesellschaft wird der Einfluss des Dopings dann, wenn die Einnahme von leistungsfördernden Mitteln auch den **Breitensport** erreicht. Viele Hobby-Bodybuilder nehmen Mittel zur Steigerung des Muskelwachstums, um vermeintlich ästhetischer auszusehen und klischeehaften Schönheitsidealen nahe zu kommen. Man muss sich einmal vorstellen, was wäre, wenn Silkes Freunde beim Beachvolleyballspiel dopen würden, um zu gewinnen. Was wäre dann mit Silkes Spaß am sportlichen Wettkampf, ihrer Freude am ungezwungenen Mit- und Gegeneinander? **Spaß und Freude**, der Wille im fairen Wettstreit sein Bestes zu geben, muss im Vordergrund stehen, um den **Sport im salutogenetischen Sinn** als gesundheitsfördernd überleben zu lassen. Digels Bedauern über den moralischen Zerfall im Sport ist verständlich und für mich nachvollziehbar. Man könnte Herrn Digel auch ein gewisses Maß an Naivität vorwerfen und dass der von ihm dargestellte Sport in all seiner Verwerflichkeit nur die Welt von heute widerspiegelt, aber ich persönlich hoffe, dass der Grundgedanke des fairen Wettstreits, in dem der Bessere gewinnt, überlebt.

Nordrhein-Westfalen: Sport Leistungskurs 2008
Aufgabe 2

Aufgabenstellung:

1. Beschreiben Sie das Gesundheitsmodell der Salutogenese in Gegenüberstellung zu einem eher traditionellen, eng gefassten Gesundheitsverständnis (z. B. Pathogenese) und erläutern Sie, welche gesundheitliche Bedeutung dem Schulsport in dem einen und dem anderen Modell prinzipiell zukommt. (22 Punkte)

2. Analysieren Sie den dargestellten Muskelfunktionstest (M 1) vor dem Hintergrund Ihrer Kenntnisse über muskuläre Dysbalancen und erläutern Sie seine jeweilige Bedeutung im Gesundheitsverständnis der in Teilaufgabe 1 beschriebenen Modelle. (28 Punkte)

3. Entwerfen Sie begründend ein gesundheitsgerechtes Muskelfitnesstraining für Tom (M 2) zum Ausgleich der im Test festgestellten Dysbalancen und begründen Sie ergänzend Ratschläge für ein gesundheitsförderliches Sporttreiben aus salutogenetischer Sicht. (30 Punkte)

M 1:

Teste deine muskuläre Balance

Sind folgende Muskeln zu schwach?

1. Hintere Oberschenkelmuskulatur*
2. Gesäßmuskulatur*

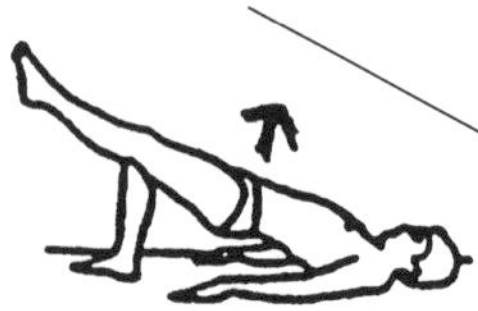

Position kann mindestens
10 Sek. gehalten werden
Mindestanforderung

3. Oberer Rückenmuskel/hinterer Schultermuskel (Trapezmuskel + Deltamuskel)

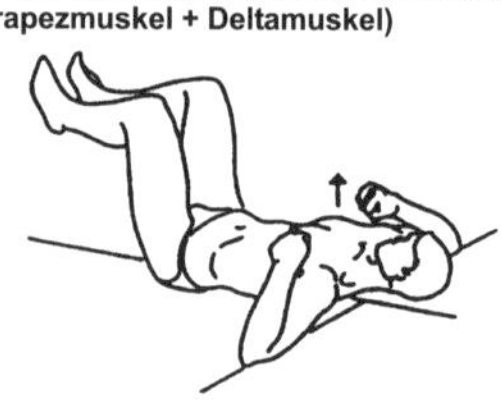

Oberkörper kann vom Boden gelöst
und 10 Sek. gehalten werden
Mindestanforderung

4. Bauchmuskulatur

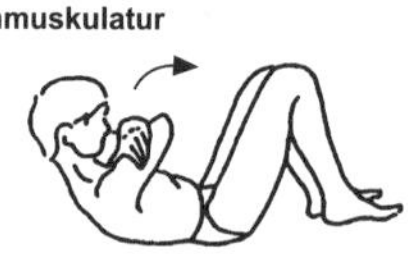

Schulterblattspitzen können vom Boden gelöst
und 10 Sek. gehalten werden
Mindestanforderung

Sind folgende Muskeln verkürzt/verspannt/unbeweglich?

1. Vordere Oberschenkelmuskulatur

1. Ferse berührt das Gesäß – normale Dehnbarkeit
2. bis 15 cm Abstand zwischen Ferse und Gesäß – leichte Verkürzung
3. über 15 cm Abstand zwischen Ferse und Gesäß – erhebliche Verkürzung

2. Hüft-Lenden-Muskel

Oberschenkel bis 10° unter der Horizontalen – normale Dehnbarkeit
Oberschenkel bis zur Horizontalen – leichte Verkürzung
Oberschenkel über der Horizontalen – erhebliche Verkürzung

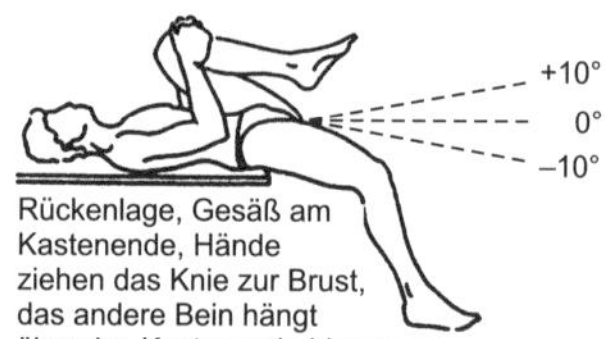

Rückenlage, Gesäß am Kastenende, Hände ziehen das Knie zur Brust, das andere Bein hängt über das Kastenende hinaus

3. Brustmuskulatur

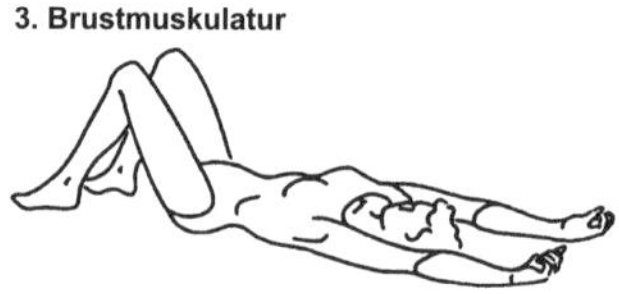

normale Beweglichkeit: Rücken, Schulter und Arme müssen Bodenkontakt haben (ohne Hohlkreuz zu machen)

4. Untere Rückenmuskulatur

Die Dehnfähigkeit dieses Muskels ist dann gut, wenn der Stirn-Kniescheiben-Abstand zwischen 0 bis 10 beträgt. Zwischen 10 bis 15 cm liegt eine leichte, bei mehr als 15 cm eine starke Verkürzung vor.

**Hinweis:* Beachte, dass die hintere Oberschenkelmuskulatur und die Gesäßmuskulatur mit nur einer Übung gemeinsam getestet werden!

Augustin, Jörg: Trainieren lernen im Fitness-Studio (Teil 2), in: Lehrhilfen für den Sportunterricht (Beilage zur Zeitschrift Sportunterricht) 48 (1999) Heft 3, S. 45 (leicht verändert). Hofmann Verlag.

M 2

Der in Teilaufgabe 2 analysierte Muskelfunktionstest brachte für den achtzehnjährigen Schüler Tom ein deprimierendes Ergebnis. Er schaffte in keinem Haltetest die Mindestanforderung. Die vier Dehntests brachten alle das Resultat: „erhebliche/ starke Verkürzung“. Häufig klagt er über Verspannungen und Rückenprobleme. Tom verbringt nach der Schule den größten Teil seiner Freizeit vor dem Computer. Ausgleich verschafft er sich lediglich durch Liegestütze mehrmals in der Woche.

Fallbeispiel, eigener Text

Lösungsvorschläge

1. ***Hinweis:*** *Die Aufgabe besteht aus zwei Teilen, wobei der erste rein auf den Bereich I (Wiedergabe von Kenntnissen) bezogen ist, der zweite bereits auf den Bereich II (Anwenden von Kenntnissen). Wenngleich Sie nicht gezwungen sind, als Beispiel für ein eng gefasstes Gesundheitsverständnis die Pathogenese zu nehmen, bietet es sich grundsätzlich an, die Vorschläge in den Aufgabenstellungen aufzugreifen, da sie in der Regel am besten passen.*

   Das Gesundheitsmodell der Salutogenese wurde von dem israelitisch-amerikanischen Medizinsoziologen A. Antonovsky in den 70er-Jahren entworfen. Mit diesem Ansatz wollte er ein Gegenmodell zum vorherrschenden Gesundheitsmodell der Pathogenese entwerfen.

   Im klassischen Modell der **Pathogenese** ist das Gesundheitsverständnis sehr eng gefasst. Krankheit und Gesundheit werden streng voneinander getrennt: Gesund ist der, der nicht krank ist. Krankheiten, biologische Funktionsstörungen, sollen gänzlich vermieden werden, der Normalzustand ist die Gesundheit, die Krankheit die Ausnahme. Um diesem Idealzustand völliger Gesundheit nahezukommen wird versucht, Krankheiten vorzubeugen. Werden Krankheitssymptome dennoch wahrgenommen, so werden sie beschrieben und „bekämpft“.
   Das Gesundheitsmodell der **Salutogenese** versteht Gesundheit sehr viel weiter. Nach dem Salutogenese-Modell ist Gesundheit kein Zustand, sondern muss als Prozess verstanden werden, in dem vorhandene Stressfaktoren mit Schutzfaktoren neutralisiert werden. Nach diesem Modell gibt es den Zustand völliger Gesundheit oder völliger Krankheit gar nicht, sondern der Mensch befindet sich permanent zwischen maximaler und minimaler Gesundheit („Kontinuum-Modell“). Im Salutogenese Modell geht es nicht primär um die Vermeidung von Krankheiten, sondern darum, die vorhandenen Ressourcen des Menschen zu nutzen, um ihn zu stärken. Wichtig ist dabei das Kohärenzgefühl, d. h. die grundlegende Lebenseinstellung, die ein Mensch hat. Laut Antonovsky ist ein Mensch umso gesünder, je zuversichtlicher, positiver und optimistischer er ist. Lebenskraft, Lebenswille und Lebensmut entstehen aus dieser förderlichen Zuversicht. Andere positive Einflussfaktoren sind dabei noch, dass man einen Sinn in seinem Handeln sieht und

dass man Probleme und Aufgaben als Herausforderung, nicht als Last annimmt, und dass man gewillt ist, Energie zu deren Lösung zu investieren. Als positiver Faktor zählt auch die soziale Zufriedenheit, d. h. das Gefühl, in der Gesellschaft angenommen zu sein. Nach dem Salutogenese-Modell besteht also Gesundheit aus einem Zusammenspiel von körperlichen, emotionalen (psychischen) und sozialen Faktoren.

Am besten wird der Unterschied zwischen den Gesundheitsmodellen der Pathogenese und der Salutogenese durch die Flussmetapher deutlich: In dieser Metapher sieht die Salutogenese das Leben als Fluss voller Gefahren, als Strom des Lebens, in dem der Mensch schwimmt. Nach dem pathogenetischen Ansatz versucht man den ertrinkenden Menschen aus diesem Fluss zu ziehen, nach dem Modell der Salutogenese den Menschen zu einem guten Schwimmer zu machen.

Diese beiden Gesundheitsmodelle kann man auch auf den **Schulsport** übertragen. Nach dem traditionellen Gesundheitsverständnis kann der Sportunterricht den Schülerinnen und Schülern Kenntnisse und Fertigkeiten vermitteln, wie beispielsweise Funktionsstörungen des Körpers, insbesondere des Haltungsapparates und des Herz-Kreislauf Systems, vorgebeugt werden kann. Wissen um die Funktionsweise und Trainierbarkeit von Muskeln sowie die praktische Umsetzung durch geeignete Übungen und die richtige, funktionelle Bewegungsausführung können die Schülerinnen und Schüler vor Haltungsschäden bewahren. Durch den geeigneten Einsatz erlernter Belastungsnormative kann die Muskulatur gestärkt, Gelenke und Bänder entlastet werden. Durch die richtige Anwendung von erlernten Trainingsmethoden zum Training der aeroben Ausdauer kann längerfristig durch Adap(ta)tionserscheinungen bei Herz, Lunge und Blut Herz-Kreislauf-Erkrankungen vorgebeugt werden. Auch kann gezieltes Koordinationstraining und Wissen um die sichere Herrichtung von Sportstätten Unfällen vorbeugen.

Der Schulsport kann und sollte jedoch auch Aspekte des salutogenetischen Gesundheitsmodells beinhalten. So kann der Schulsport die oben im Zusammenhang mit dem Kohärenzgefühl erwähnten körperlichen, personalen und sozialen Schutzfaktoren stärken. Durch präventives Training auch im Zusammenhang mit Entspannungstechniken können körperliche Schutzfaktoren gestärkt werden. Ein Sportunterricht, der das Gruppengefühl stärkt, der das gemeinsame Erleben und Bewältigen von Herausforderungen ermöglicht, der individuell fordert und fördert, stärkt soziale und personale Schutzfaktoren. Sportunterricht muss auch die Fähigkeiten zur Körperwahrnehmung schulen, Schülerinnen und Schüler für den eigenen Körper in unterschiedlichen Lagen und Spannungszuständen und für seine Reaktionen auf Be- und Entlastung sensibilisieren. Der Sportunterricht, der Gesundheitsbewusstsein weckt, Sinnhaftigkeit im Tun deutlich macht und den Fähigkeiten der Schülerinnen und Schüler entsprechend motiviert, führt zu gesünderen Schülern.

2. ***Hinweis:** Klären Sie zunächst den für die Aufgabe zentralen Begriff „muskuläre Dysbalancen". Analysieren Sie dann den abgebildeten Test und gehen Sie dabei detailliert auf Fragen ein wie „Was wird bei den einzelnen Übungen getestet?", „Welche Art von Muskulatur wird geprüft?", „Was zeichnet den Test aus?", „Für welche Personengruppe ist er geeignet?", „Was kann man mit den aus dem Test gewonnenen Ergebnissen anfangen?". Im dritten Teil Ihrer Lösung sollen Sie dann auf die Bedeutung des Tests für die beiden in Teilaufgabe 1 beschriebenen Modelle eingehen.*

Der menschliche Körper wird durch eine Vielzahl von Muskeln gestützt und dadurch in Balance gehalten. Die Muskeln lassen sich in **tonische** und **phasische Muskeln** unterteilen. Tonische Muskeln, die zum größten Teil aus langsam kontrahierenden Fasern (ST-Fasern) bestehen, sind für die Statik des Körpers zuständig, verrichten also hauptsächlich Haltearbeit. Bei falscher oder mangelnder Bewegung neigen sie zur Verkürzung. Die phasischen Muskeln, die sich leicht abschwächen, setzen sich zum Großteil aus schnell kontrahierenden Fasern (FT-Fasern) zusammen und übernehmen primär die dynamische Arbeit, die Bewegung. Werden die Muskeln ausgewogen in Kraft und Beweglichkeit geschult, sorgen sie zum einen für eine gesunde Haltung, wobei die Sehnen und Bänder der Gelenke entlastet werden, zum anderen für flüssige Bewegungen und für eine geringere Anfälligkeit für Verletzungen.
Allerdings passt sich die Muskulatur recht schnell trainings- und umweltbedingten Einflüssen an, was dazu führen kann, dass sich die normativen Werte ändern, es also zu einem Ungleichgewicht, einer **muskulären Dysbalance**, kommt. Diese Dysbalancen sind einerseits auf eine unproportionale Kraftentwicklung und Abschwächung der Agonisten (Abschwächung der phasischen Muskulatur) und andererseits auf eine Verkürzung der Antagonisten (Verkürzung der tonischen Muskulatur) zurückzuführen. Die Folgen davon können Haltungsschwächen oder sogar Haltungsschäden sein (z. B. Rückenschmerzen, Hüft- und Kniegelenkbeschwerden) und eine erhöhte Verletzungsanfälligkeit.

Im vorliegenden **Muskelfunktionstest** werden vier Muskeln bzw. Muskelgruppen, die zur Abschwächung neigen, also zur phasischen Muskulatur zählen, auf ihre Haltekraft getestet. Dies sind die hintere Oberschenkelmuskulatur, die Gesäßmuskulatur, der obere Rückenmuskel und die Bauchmuskulatur. Daneben werden die vordere Oberschenkelmuskulatur, der Hüft-Lenden-Muskel, die Brustmuskulatur und die untere Rückenmuskulatur, die alle zur Verkürzung neigen, also zur tonischen Muskulatur gehören, auf ihre Beweglichkeit hin überprüft. Der Test ist dabei so konzipiert, dass zu dem getesteten Agonisten jeweils auch der Gegenspieler, der Antagonist überprüft wird. Dadurch werden mögliche Haltungsschäden, die aus einem Ungleichgewicht zwischen Agonist und Antagonist resultieren, überprüft, sodass vielleicht eine genauere Ursache ermittelt werden kann. Bei Fußballspielern z. B. wird bei Muskelfunktionstests häufig festgestellt, dass der Hüft-Lenden-Muskel und die vordere Oberschenkelmuskulatur sehr kräftig sind. Dadurch wird das Becken leicht nach vorne gekippt. Auf diese veränderte Lage stellt sich die eigentlich ausgleichend wirkende untere Rückenmuskulatur oftmals so ein, dass sie sich allmählich verkürzt und damit die Fehlstellung noch verstärkt. Ein Hohlkreuz ist eine mögliche Folge. Die beschriebenen negativen Anpassungserscheinungen strahlen zuweilen auch noch in benachbarte Körperregionen, wie z. B. das Kniegelenk, aus. Ein weiteres Beispiel für die Auswirkungen muskulärer Dysbalancen ist der Rundrücken, der meist von einer verkürzten Brustmuskulatur herrührt, die nicht durch eine genügend gestärkte Schultermuskulatur ausbalanciert wird. Vielleicht liegt eine solche Diagnose ja bei Tom vor, der unter Rückenschmerzen leidet (M 2). Da die Mindestanforderungen bei den Übungen mit 10 Sekunden Haltezeit sehr niedrig angesetzt sind, ist der Test wohl eher für Nicht-Sportler und deutlich **gesundheitsorientiert** konzipiert.

Der Test hat sowohl im Rahmen eines engen als auch eines weiten Gesundheitsverständnisses seine Bedeutung. Im Sinne eines **engen Gesundheitsverständnisses** wie der Pathogenese werden durch den Test muskuläre Dysbalancen, also Funktionsstörungen des Körpers, aufgezeigt. Aufgrund des Testergebnisses können dann geeignete Gegenmaßnahmen wie Kräftigung und Dehnung der Muskeln ergriffen werden, um die Dysbalancen zu beheben. Insgesamt macht der Test das optimale Funktionieren der Muskeln bewusst und trägt so vielleicht bei, Störungen, die sich aus muskulären Dysbalancen ergeben, zu vermeiden. Im Sinne des **Salutogenese-Modells** kann durch die Ergebnisse zu weiterreichenden Erkenntnissen gelangt werden, etwa, dass an der individuellen Lebensführung (z. B. übermäßiges Sitzen vor dem Computer, zu einseitige sportliche Belastung durch Liegestützen) etwas verändert werden sollte. Der Vorteil des Tests liegt darin, dass er schnell und einfach auch von medizinischen Laien ohne Geräteaufwand durchgeführt werden kann, sodass jeder einzelne Verantwortung für seine Gesundheit übernehmen kann.

3. ***Hinweis:** Der Entwurf eines Trainingsplans beinhaltet, dass Sie detailliert Ziele, Inhalte (Übungen) und Methoden vorgeben. Geben Sie entsprechend der Aufgabenstellung Gründe für Ihre Vorschläge an. Im zweiten Teil der Aufgabe sollen Sie allgemeine Ratschläge unter Berücksichtigung eines ganzheitlichen Gesundheitsverständnisses geben.*

Aufgrund des in Aufgabe 2 beschriebenen Tests können bei Tom muskuläre **Dysbalancen** festgestellt werden. Er „leidet" sowohl an Verkürzungen bestimmter Muskeln bzw. Muskelgruppen, als auch an Muskelschwäche. Die **Ursachen** für diese Dysbalancen können in Toms Lebensweise und seinem sehr einseitigen Training zu finden sein. Tom sitzt sehr viel am Computer (Z. 5/6) und wenn er Sport treibt, macht er nur Liegestützen, die zwar z. B. zu einer stärkeren Brustmuskulatur führen, andererseits aber offensichtlich nicht durch Dehnübungen bzw. eine Stärkung der Antagonisten im Rückenbereich ausgeglichen werden. Aus diesem Grund muss man Tom ein Trainingsprogramm zur Stärkung und Dehnung seiner betroffenen Muskeln anraten.

Ein **Beweglichkeitstraining** beugt weiteren Verkürzungen vor bzw. kann die vorhandenen Verkürzungen verbessern. Dabei unterscheidet man zwischen verschie-

denen Formen der Dehnung. Am gebräuchlichsten ist die Methode des statischen Dehnens, bei der ein Muskel in den Spannungszustand versetzt wird und diese Position für 10 bis 15 Sekunden statisch gehalten wird. Beim intermittierenden Dehnen wird die Dehnposition nach dem ersten Dehnungsreiz extremer, d. h. es wird eine neue, erweiterte Endposition eingenommen, in der wiederum gedehnt wird. Beim postisometrischen Dehnen (auch CHRS genannt) wird der zu dehnende Muskel angespannt, etwa 10 Sekunden gehalten, die Spannung gelöst und danach 10 Sekunden gedehnt. Auch das längere Zeit verpönte dynamische Dehnen (Federn) ist wirksam. Hier wird bei etwa 10 Bewegungen in einer kleinen Bewegungsamplitude vorsichtig und langsam in eine maximale Endstellung „gewippt".
Tom könnte folgende **Dehnübungen** durchführen:

- Dehnung der vorderen Oberschenkelmuskulatur: Tom geht in die Seitenlage und ergreift das zu dehnende, obere Bein am Fußgelenk, dabei ist das andere Bein angewinkelt. Er zieht das Bein zum Gesäß, muss aber seine Hüfte strecken, indem er seine Gesäßmuskulatur anspannt. Er soll dabei darauf achten, dass sein Knie nicht nach außen oder innen gedreht wird, weil dabei der Innenmeniskus belastet wird.
- Dehnung des Hüft-Lenden-Muskels: Eine einfache Dehnübung für den Hüft-Lenden-Muskel ist die Ausführung eines großen Schrittes nach vorne, wobei man in den Einbeinkniestand geht. Nun wird das Gewicht auf das vordere Bein gebracht. Die Dehnung erfolgt über eine Streckung der Leiste des hinteren Beines, wobei nicht mit dem Oberkörper ausgewichen werden darf.
- Dehnung des Rückenstreckers unten: Tom legt sich auf den Rücken und stellt seine Beine nahe ans Gesäß. Dann lässt er die Beine zu einer Seite abfallen, z. B. nach links und legt den diagonalen Arm gestreckt hinter den Kopf. Nun dehnt er die untere Rückenmuskulatur, indem er versucht, mit dem linken Arm auf dem oberen Knie die Beine zum Boden zu drücken.
- Dehnung der Brustmuskulatur: Tom setzt sich auf seine Unterschenkel/Füße und streckt die Arme weit nach vorne. Nun drückt er das Brustbein in Richtung des Bodens.

Bei den Kräftigungsübungen bietet sich ein gesundheitsorientiertes Training im Bereich des **Kraftausdauertrainings** von etwa 15 Wiederholungen einer Übung an. Dieser Satz sollte dann etwa drei bis vier Mal wiederholt werden, wobei eine gleichmäßige, nicht schnellkräftige Ausführung erfolgen sollte. Zwischen den Übungen sollte Tom eine Pause von 30 Sekunden bis zu einer Minute machen, um den Muskel nicht zu sehr zu belasten. Tom sollte die Belastungsintensität, also das Gewicht bei der Belastung, so wählen, dass am Ende der Wiederholungen der Muskel müde ist. Im Idealfall ist Tom anzuraten, das Training drei Mal pro Woche durchzuführen. Er könnte folgende **Kräftigungsübungen** durchführen:

- Kräftigung der hinteren Oberschenkelmuskulatur: Tom stellt sich in Schrittstellung hin, rechtes Bein vorn, linkes Bein hinten. Er beugt nun das linke Knie bis fast zum Boden. Dabei bildet sich im rechten Bein automatisch ein rechter Winkel. Nun muss Tom sein linkes Bein wieder hoch drücken. Tom muss darauf achten, dass der Rücken gerade bleibt, der Oberkörper nicht nach vorne gebeugt wird.

- Kräftigung der Gesäßmuskulatur: Hierbei kann Tom die Übung eins des Tests, allerdings dynamisch, durchführen. Möglich ist auch, zunächst die Übung auf beiden Beinen durchzuführen. Das Becken muss so weit angehoben werden, bis Oberkörper und Oberschenkel eine Linie bilden. Anschließend das Becken senken, aber das Gesäß nicht am Boden absetzen.
- Kräftigung der oberen Rückenmuskulatur: Tom geht in Bauchlage, wobei die Füße auf den Zehenspitzen stehen und Gesäßmuskel, Beine und Bauch angespannt sind. Die Arme werden vor dem Körper zusammengelegt, der Kopf liegt auf den Händen. Jetzt hebt Tom in angespanntem Zustand den Oberkörper leicht an und senkt ihn wieder. Er darf dabei nicht ins Hohlkreuz gehen.
- Kräftigung der Bauchmuskulatur: Tom muss sich auf den Rücken legen. Er legt die Beine so auf eine Unterlage, z. B. sein Bett, dass die Oberschenkel senkrecht und die Unterschenkel waagerecht sind. Nun soll Tom Kopf und Schulter langsam vom Boden abrollen, bis die Hände das Bett erreichen.

Neben diesen rein sportlichen Maßnahmen sollte man Tom anraten, den Sport auch als Möglichkeit zu sehen, ein **erfüllteres Leben** zu genießen. Vielleicht bemerkt er ja schon durch sein Dehnungs- und Kräftigungsprogramm, dass er sich wohler und sicherer fühlt, er beweglicher und geschmeidiger geworden ist. Dadurch wagt er sich möglicherweise auch einmal an eine außerhäusliche Sportart, die seinem wohl eher zurückhaltenden Wesen entspricht und in der er zu Erfolgserlebnissen kommen kann. Denkbar wäre der Anschluss an eine Hobby-Volleyballmannschaft, eine Laufgruppe oder auch ein Boule-Team. Dabei käme er mit anderen Leuten in Kontakt, kann sein Selbstwertgefühl steigern und dadurch auch zufriedener werden. Sein bisher im Wesentlichen auf den Computer gerichteter Horizont würde erweitert, Tom würde nach dem salutogenetischen Ansatz durch Bewegung, Spaß und Kommunikation gesünder.

Nordrhein-Westfalen: Sport Leistungskurs 2009
Aufgabe 1

Aufgabenstellung:

1. Beschreiben Sie vier Trainingsmethoden zur Leistungsverbesserung im Ausdauerbereich (Dauermethode, extensive und intensive Intervallmethode sowie Wiederholungsmethode) und stellen Sie die jeweilige physiologische Wirkung dar. (18 Punkte)

2. Erläutern Sie Wirkungen und gesundheitliche Risiken von anabolen-androgenen Steroiden (Anabolika), von Peptidhormonen und von Blutdoping und verdeutlichen Sie anhand der Sichtweise von Arnd Festerling (M 1) die gesellschaftliche Problematik dieser Form der Leistungssteigerung. (32 Punkte)

3. In der sportinteressierten Öffentlichkeit werden vielfältige Möglichkeiten diskutiert, auf das Dopinggeschehen zu reagieren. Erörtern Sie in diesem Zusammenhang einerseits das Vorgehen von ARD und ZDF, bei der Tour de France 2007 Einfluss zu nehmen (M 2), andererseits Forderungen nach einer völligen Freigabe von Doping. (30 Punkte)

M 1: Sport braucht Regeln *von Arnd Festerling*

Fahren Sie Radrennen? Dann sollten Sie wissen, welche Mittel Ihre Konkurrenten schlucken. Wie viele Liter Blut durch ihre Adern fließen. Welches Blut.

Viele Sportfans glauben immer noch, der Kampf gegen Doping sei letztlich doch nur das Hobby sensationslustiger Journalisten und weniger Gutmenschen. Sie meinen, Doping sei an sich schon nicht so schlimm, und angesichts seiner mutmaßlichen Verbreitung solle man den Kampf dagegen eher gestern als heute einstellen. Es gibt Ärzte, die ganz offensichtlich ihre Zeit damit verbringen, die medikamentöse Leistungssteigerung von Athleten auf neue Höhen zu treiben.

Eins haben sie alle gemeinsam: Sie betrügen oder sie dulden den Betrug. Denn neben allen ethischen, medizinischen oder fahndungspraktischen Erwägungen über die Begründbarkeit von Doping ist doch eines ganz klar: Es ist verboten, es verstößt also gegen die Regeln! Und kein einziger Wettstreit funktioniert ohne Regeln – das gilt für Käsekästchen wie für Fußball, für Schach wie für Radsport. Selbst die vorgeblich tabulosen „Ultimate-Fight“-Exzesse haben Regeln: Keiner darf eine Pistole benutzen oder doch wenigstens seine Verwandten zum Mitprügeln auffordern.

Diese Regeln haben sich die Sportler selbst gegeben. Vor allem, um den

Wettstreit in Bahnen zu lenken und damit vergleichbar zu machen. Warum? Weil sich anders kein Sieger feststellen lässt. Und darum, da soll sich niemand etwas vormachen, geht es bei jedem Wettstreit: den Sieg. Das heißt nicht, dass ein zweiter oder selbst ein letzter Platz für den einzelnen Athleten nicht auch ein Erfolg sein könnte – das Ziel eines Wettkampfes freilich ist er deswegen nicht.

Die Freude über einen Sieg im 100-Meter-Lauf lebt bei Athleten wie Publikum davon, dass eben nicht einer nur 90 Meter läuft oder ein anderer früher starten darf oder ein dritter die „Ich-renne-noch-schneller-Pille" schluckt. Gleiche Wettkampfbedingungen für alle Starter gehören schlicht zum Wesen des Sports.

Nicht nur Sportler wie der ehemalige Radstar Francesco Moser, auch Wissenschaftler wie der Göttinger Professor und ehemalige Olympiateilnehmer Arnd Krüger wollen Doping erst „entteufeln" und dann freigeben. Nicht ganz frei allerdings, einige Drogen sollen verboten bleiben – was die Grenze des Erlaubten selbstverständlich nicht aufhebt, sondern nur verschiebt. Genauso, wie das Problem.

Natürlich kann sich jeder Sport neue Regeln geben und also Doping legalisieren. Abgesehen davon jedoch, dass die langfristigen gesundheitlichen Folgen vieler Dopingmittel fatal sind, mindestens jedoch unbekannt, stellt sich die Frage, welche Grenze für medikamentöse oder gar operative Eingriffe in Psyche und Körper zum Zweck der Leistungssteigerung eine Gesellschaft ziehen will, ja ziehen muss. Und ob nicht ein Anfang, den der Sport womöglich machen könnte, schließlich in der ärztlichen Anpassung der Menschen etwa an die Erfordernisse seines Arbeitsplatzes endet. Die Unantastbarkeit der menschlichen Würde steht allemal in Frage, wenn Athleten Kälbermastmittel schlucken, damit sie schneller laufen.

Wenn Athleten Präparate für Tiere schlucken, geht die Menschwürde verloren.

Und der Radsport? Dort haben sich zu viele zu lange mit dem allgemeinen Betrügen arrangiert. Es gibt inzwischen Radsportler, Teamchefs, Veranstalter, die das ändern wollen. Ob es genug sind, mag niemand vorhersagen. Auch wegen vieler uneinsichtiger Fans. Warum? Doping – mutmaßliches jedenfalls – hat uns einen großen Sportler entrissen. Aber nur scheinbar. Jan Ullrich hat zahllose Menschen zutiefst beeindruckt – und zutiefst enttäuscht. Aber daran tragen nicht die Regeln schuld, sondern derjenige, der sie missachtet. Nicht das Schicksal, der Sportler hat uns betrogen. Ohne Regeln gibt es nicht nur keinen anständigen Sport, es gibt gar keinen Sport.

Festerling, Arnd: Sport braucht Regeln, aus: Frankfurter Rundschau, 12. 5. 2007, S. 3

M 2: Doping

Sinkewitz und der Rückzug von ARD und ZDF

Schon vor Beginn der Tour de France erwogen die öffentlich-rechtlichen Fernsehanstalten in Deutschland auf Grund der aufgekommenen Dopingproblematik und des Dopingskandals im Team Telekom die Einstellung der Live-Berichterstattung zur Rundfahrt. Dieser Gedanke wurde jedoch vorerst verworfen. Die Sender erklärten aber auch, dass man sich einen sofortigen Ausstieg aus der Berichterstattung offen halte, sollte es bei der Tour de France zu einem prominenten positiven Dopingbefund kommen.

Am 18. Juli, vor der 10. Etappe der Tour de France, wurde ein positiver Dopingtest des bereits ausgeschiedenen Radfahrers Patrik Sinkewitz bekannt. Sinkewitz wurde am 8. Juni 2007 bei einer Trainingskontrolle positiv getestet. Die ARD und das ZDF erklärten daraufhin, dass die Live-Berichterstattung von der Tour de France mit sofortiger Wirkung von ihnen „bis zur Aufklärung des Falls Patrik Sinkewitz" eingestellt werde.

Während der 10. Etappe stieg der Marktanteil von Eurosport auf 8,6 %, was dem Dreifachen des üblichen Werts entspricht. Einen Tag später, am 19. Juli, übernahm der Medienkonzern ProSiebenSat.1 die Live-Berichterstattung für die ausstehenden Etappen von den öffentlich-rechtlichen Sendern. Die Einschaltquoten der Übertragung bei Sat.1 kamen allerdings nicht an die Werte der öffentlich-rechtlichen Sender vor dem Dopingfall Sinkewitz heran und führten zu einer Senkung der Werbepreise.

Doping. Sinkewitz und der Rückzug von ARD und ZDF.
http://de.wikipedia.org/wiki/Tour_de_France_2007 (Zugriff: 23. 7. 2008)

Lösungsvorschläge

1. ***Hinweis:** Der Operator „Beschreiben" bedeutet, dass Sie die vier Trainingsmethoden mit ihren physiologischen Wirkungen unter Verwendung der Fachsprache mit Ihren eigenen Worten erklären sollen.*

   Die vier im Ausdauertraining am häufigsten verwendeten **Trainingsmethoden** sind die Dauermethode, die extensive und die intensive Intervallmethode sowie die Wiederholungsmethode. Die Unterschiede zwischen diesen Methoden liegen vor allem in den unterschiedlichen Belastungsnormativa.
   Die **Dauermethode** ist durch einen hohen Reizumfang und eine hohe Reizdauer gekennzeichnet, da das Training recht lange dauert (etwa 20 Minuten bis mehrere Stunden). Dadurch muss die Reizintensität niedrig (Pulsfrequenz < 150/160) und die Reizdichte aufgrund fehlender Pausen sehr hoch sein.
   Die **Intervallmethode** basiert auf einem Wechsel zwischen Belastung und Erholung und arbeitet mit einer „lohnenden Pause". Die Pulsfrequenz eines Sportlers erhöht sich bei einer intensiven Belastung, fällt aber anschließend wieder ab, wobei die Zeitdauer bis zum kompletten Absinken vom Trainingszustand abhängt. Dieser Rückgang der Pulsfrequenz erfolgt dabei nicht linear, sondern es lässt sich feststellen, dass im ersten Drittel der Erholung bereits zwei Drittel der Gesamterholung erreicht werden und der Puls schon schnell in den Bereich von etwa 130 Schlägen pro Minute sinkt. Diese Tatsache macht man sich zunutze, indem der nächste Trainingsreiz nicht erst nach einer völligen Erholung gesetzt wird, sondern schon bei dieser Pulsfrequenz von etwa 130 Schlägen pro Minute. Sowohl bei der extensiven als auch bei der intensiven Intervallmethode ist die Reizdauer relativ kurz. Die extensive Intervallmethode arbeitet aber mit einer geringeren Reizintensität, einem größeren Reizumfang und einer größeren Reizdichte, da aufgrund der geringeren Intensität die Pausendauer verkürzt ist.
   Die **Wiederholungsmethode** fordert eine sehr hohe Reizintensität mit einem geringen Reizumfang. Durch die längere Pause bis zur vollständigen Erholung ist die Reizdichte gering. Die Reizdauer hängt von der Streckenlänge ab und variiert somit stark.

   Das **Trainingsziel** der Dauermethode und der extensiven Intervallmethode liegt in der Verbesserung der allgemeinen aeroben Ausdauer. Intendiert sind Verbesserungen der Kapillarisierung und der Herz- und Blutparameter. Der Stoffwechsel soll optimiert und das Vermögen, von Zucker- auf Fettstoffwechsel umzustellen, verbessert werden.
   Die intensive Intervalltmethode und die Wiederholungsmethode dienen eher der Verbesserung der anaeroben Ausdauer. Angestrebt werden eine Optimierung des anaeroben Stoffwechsels und eine schnelle Steigerung der Herz-Kreislauf-Parameter. Mithilfe der Wiederholungsmethode sollen vor allem die spezifischen Energiereserven vergrößert und der streckenspezifische Stoffwechsel verbessert werden.

2. ***Hinweis:*** *„Erläutern" heißt für einen solchen Aufgabentyp, dass Sie die Wirkungen und Risiken der angegebenen Dopingmittel nachvollziehbar und verständlich formulieren. Gehen Sie dabei der Reihe nach vor. Beginnen Sie mit der Wirkung und den Risiken von Anabolika, dann denen von Peptidhormonen etc.*

Es gibt im Sport Mittel und Methoden, die auf illegale Weise zu einer Leistungssteigerung führen können. Diese Mittel werden zum größten Teil künstlich hergestellt und sind im Hinblick auf ihre Effekte jeweils zur Leistungsverbesserungen in unterschiedlichen Sportarten geeignet.
Vor allem von Sportlern, die ihre Maximalkraft steigern wollen, werden **anabole-androgene Steroide**, sogenannte Anabolika, genommen. Dies sind z. B. die Mittel Testosteron, Nandrolon oder Clenbuterol, die alle zu einer Zunahme der Muskelmasse führen. Vor allem die Zufuhr des männlichen Sexualhormons Testosteron, das bei Männern für die Entwicklung der Geschlechtsmerkmale verantwortlich ist, bewirkt einen verstärkten Eiweißaufbau in der Muskulatur und steigert die im Training ohnehin schon angeregte katabole (muskelabbauende) und anabole (muskelaufbauende) Stoffwechselsituation. Clenbuterol dagegen gehört nicht zur Gruppe der anabolen Steroide, soll aber bei hoher Dosis eine anabole Wirkung auf die Muskulatur haben. Neben diesen gewünschten Effekten des Muskelwachstums ergeben sich bei der Einnahme von Anabolika jedoch auch gravierende gesundheitliche Probleme. Während die Einnahme von Anabolika bei Frauen zu teilweise starken Vermännlichungen führt, die sich z. B. in einer deutlich tieferen Stimme, Bartwuchs und einer für Frauen untypischen Muskulatur zeigen, kommt es bei Männern zu anderen unerwünschten Nebeneffekten. Bei ihnen kann es zu Impotenz, Hodenverkleinerungen und zu einer reduzierten Spermienproduktion kommen. Kinder und Jugendliche wachsen nicht mehr normal und altersgemäß weiter und bleiben vielfach kleiner als ihre Altersgenossen. Unabhängig vom Geschlecht kann die Einnahme von anabolen Steroiden auch zu Erkrankungen der Leber und zu einem erhöhten Schlaganfallrisiko führen.
Sportler, in deren Sportarten es vor allem auf eine gute Ausdauerleistungsfähigkeit ankommt, z. B. die im Artikel von Festerling genannte Gruppe der Radsportler, greifen häufig zu **Peptidhormonen**. Das gentechnisch hergestellte Hormon Erythropoietin (EPO) ist vor allem in letzter Zeit häufig in der Presse erwähnt worden. Dieses Hormon regt das Knochenmark an, die Produktion der roten Blutkörperchen zu erhöhen, die den Sauerstoff aufnehmen und weiterleiten. Die damit einhergehenden Nebenwirkungen sind z. B. Bluthochdruck, ein erhöhtes Herzinfarkt- und Schlaganfallrisiko, sowie eine Neigung zu Krämpfen.
Die gleiche Idee wie die Einnahme von Peptidhormonen verfolgt das **Blutdoping**, bei dem einem Athleten eigenes oder fremdes Blut zugeführt wird. Das zugeführte Eigen- oder Fremdblut enthält, in der Regel unterstützt durch vorheriges Höhentraining, mehr rote Blutkörperchen und mehr Hämoglobin, sodass der Sportler dadurch über eine verbesserte Sauerstoffaufnahmefähigkeit verfügt. Beim Blutdoping geht der Sportler ebenfalls verschiedene Risiken ein. So kann er sich mit Hepatitis oder Aids infizieren oder könnte durch infizierte Blutkonserven eine Blut-

vergiftung bekommen. Daneben besteht eine erhöhte Herz-Kreislauf-Belastung und permanent die Gefahr von Schwindelanfällen.

In dem Zeitungsartikel „Sport braucht Regeln“ aus der Frankfurter Rundschau vom Mai 2007 bezieht der Autor Arnd Festerling persönlich Stellung zur Doping-Problematik. Sein Kernargument spiegelt sich in dem Titel des Artikels „Sport braucht Regeln“, da er in der viel diskutierten Frage der Freigabe von Doping das Ende des Sportes, des sportlichen Wettkampfes an sich, sieht. Eine Freigabe und Toleranz des Dopings wäre laut Festerling nicht so sehr unter medizinischen Gesichtspunkten verwerflich, sondern das Problem läge vielmehr in einem **Verfall allgemeiner moralischer gesellschaftlicher Werte**.

Sport lebt von der Gleichheit der Ausgangssituation von sich messenden Personen oder Parteien (Z. 55 – 58), ein Ungleichgewicht würde den Reiz des Vergleiches zerstören. Genau aus diesem Grund hat sich der Sport, so Festerling, selbst Regeln gegeben. Regeln schaffen Rahmenbedingungen, machen Leistungen transparent und Vergleiche reizvoll. Wo Vergleiche nicht sinnvoll sind, haben Sportler für Objektivierbarkeit gesorgt, indem sie z. B. in Kampfsportarten Gewichtsklassen eingeführt oder Disziplinen nach Geschlechtern getrennt haben. Sport lebt von Regeln und deren Einhaltung und nicht nur in populären Sportarten, sondern selbst in so vermeintlich „regellosen“ Sportarten wie „Ultimate-Fight“ gibt es einzuhaltende Vorgaben (Z. 30/31). Wer sich nicht an diese Regeln hält, spielt nicht nur unfair, sondern ist nach Festerling ein „Betrüger“. Am Beispiel des Radfahrers Jan Ullrich zeigt er auf, dass Sportler, die Regeln missachten, kein Schicksal erlitten haben und Mitleid verdienen, sondern schlichtweg betrügen (Z. 107/108). Sie betrügen nicht nur sich selbst und ihre Gegner, sondern auch die vielen Zuschauer, die in der Mehrheit ehrliche, „regelgerechte“ Wettkämpfe sehen wollen. Festerling greift in seinem Artikel auch das Argument auf, dass ja eine neue Regel sein könnte, dass bestimmte Mittel zur Leistungssteigerung erlaubt werden. Hier sieht er aber die große Gefahr, dass damit endgültig die Eindeutigkeit verloren geht. Was soll erlaubt werden, was verboten? Wo fängt ein Betrug an, wann wird die Gesundheit gefährdet?

Eine Freigabe von Mitteln zur Leistungsoptimierung könnte dazu führen, dass auch auf anderen Feldern, z. B. im normalen Berufsleben eine ärztlich verordnete Leistungssteigerung angestrebt wird. Schüler werden im Unterricht nicht mehr müde, Zeitungsboten laufen in Rekordzeit von Haus zu Haus und Chemiker verschütten aufgrund ihrer extrem ruhigen Hand auch am Ende eines langen Arbeitstages keine Flüssigkeiten mehr. Um die teilweise absurden Ausmaße des Dopinggebrauchs zu verdeutlichen, benutzt Festerling das Beispiel der Menschenwürde, die verloren geht, wenn Mittel, die ansonsten in der Kälbermast Verwendung finden, zur Leistungssteigerung herangezogen werden.

3. ***Hinweis:*** *Der Operator „Erörtern" erwartet von Ihnen einen Nachweis Ihrer Beurteilungs- und Bewertungskompetenz. Wägen Sie Argumente pro und contra miteinander ab und schließen Sie mit einer eigenen Position.*

Durch die beinahe tägliche Berichterstattung in den Massenmedien Internet, Zeitung und Fernsehen/Radio über das Thema Doping ist die breite Öffentlichkeit gut über das Thema informiert und dafür sensibilisiert. In beinahe jeder Sportsendung tauchen Experten zum Thema Doping auf, informieren über Methoden und Möglichkeiten des Dopings und beziehen Stellung zum ewigen Duell zwischen Dopingsündern und Dopingfahndern. Mittlerweile erweckt das Geschehen den Eindruck eines neuen „Wettkampfes", in dem nur der finale Sieger noch nicht gefunden wurde. Allerdings ist die Verurteilung von Personen, die Dopingmittel zu sich nehmen, nicht einhellig. Während die eine Seite den Sportlern Betrug vorwirft (siehe den Artikel von A. Festerling), plädiert die andere Seite wegen der scheinbar unlösbaren Schwierigkeiten bei der Kontrolle und dem Nachweis der Einnahme von unerlaubten Mitteln für eine Freigabe von Doping. Gewiss tragen auch die Zuschauer, also die Sportkonsumenten, einen Teil der Schuld. Sind sie es doch, die durch ihre Gier nach Rekorden und immer größeren Leistungen die Sportler geradezu drängen, sich zu dopen. Der Zweit- oder gar Drittplatzierte in einem Wettkampf erscheint als Verlierer, der nicht gut genug war, um zu gewinnen. Fairplay wird zwar propagiert, in Bedarfsfällen aber gerne wieder vergessen. So wurden z. B. in Italien als Betrüger und Manipulatoren entlarvte Fußballspieler nach dem Gewinn der Fußball-Weltmeisterschaft als Helden gefeiert, die des Dopinggebrauchs überführte Leichtathletin Grit Breuer, die Clenbuterol eingenommen hatte, bei ihrem Comeback stark umjubelt.
Wie zwiespältig der Dopinggebrauch auch von den **Medien** aufgegriffen wird zeigt der Artikel über den Radsportler Sinkewitz. Einerseits sind die Fernsehanstalten auf die Zuschauer angewiesen, die sich in großer Zahl für ein Radsportereignis wie die Tour de France interessieren und damit für Werbeeinnahmen wichtig sind, andererseits haben gerade die öffentlich-rechtlichen Sendeanstalten eine moralische Verpflichtung gegenüber den Gebührenzahlern. Es ist schon absurd, dass ARD und ZDF mit einem Übertragungsverbot drohten, wenn ein prominenter Dopingverstoß bekannt würde (Z. 6). Ein Dopingverstoß eines „Mitläufers" bzw. „-fahrers" wäre wohl nicht so schlimm. Sicherlich können Fernsehsender den Druck auf die Aktiven und deren Umfeld erhöhen, da die von deren Einnahmen abhängig sind, ein generelles Verbot wegen eines überführten Athleten würde aber alle Beteiligten, auch die unschuldigen Fahrer, treffen. Die Aufgabe der Medien ist in diesem Zusammenhang auch deshalb nicht einfach, da sie doch Verantwortung gegenüber den Zuschauern und den Sportlern tragen und deutlich Zeichen setzen können. Auf der anderen Seite aber wissen sie auch, dass ihre Berichterstattung, sollten sie diese beenden, sofort von privaten Sendern übernommen würde. So hielt sich im Fall Sinkewitz die allgemeine Empörung in Grenzen und war keinesfalls einheitlich, denn sofort übernahm der private Medienkonzern ProSiebenSat.1 die Berichterstattung. Die Sensationslust der Zuschauer zeigte sich auch eindrucksvoll darin, dass sich bei der Bekanntgabe des Dopingvorwurfes ge-

gen Patrik Sinkewitz die Einschaltquoten beim Sender Eurosport verdreifachten und in zuvor unerreichte Höhen schnellten. Das ist nun der Spagat zwischen berechtigtem Anspruch der Zuschauer auf eine Information über ein sportliches Großereignis und der Gefahr der Aufgabe moralischer und ethischer Werte.

Die **Freigabe von Doping** würde tatsächlich aufgrund bestimmter Argumente Sinn machen. Da mittlerweile festgestellt wurde, dass die flächendeckende und permanente Überprüfung der Athleten nicht machbar ist und die Dopingszene sich so organisiert und perfektioniert hat, dass sie mit den Fahndern Katz und Maus spielen kann, erreicht man durch Freigabe von allen Mitteln ein höheres Maß an Gleichheit. Wenn der Dopinggebrauch akzeptiert würde, könnten Athleten auch medizinisch besser geschützt werden, da sie nicht mehr im Geheimen und versteckt handeln müssten, sondern offen über ihre Einnahmen reden könnten. Auf der anderen Seite sprechen Argumente wie die von Festerling gegen eine Freigabe von Doping. Daneben öffnet die Freigabe ein Fass ohne Boden, in dem ausschließlich gedopte Sportler Siegchancen haben, der Wettkampf also nicht mehr zwischen zwei Athleten oder Teams stattfindet, sondern zwischen Chemikern, Medizinern und Biologen und deren neuen Mitteln und Methoden. Der Sportler würde mitsamt seiner Würde verkommen, da er nur noch seinen Körper zur Verfügung stellen würde, um Wissenschaftlern ein Ventil für ihre Experimente zu geben. Es ist schwierig, eine völlig befriedigende Antwort auf die Frage zu geben, ob man Doping zulassen sollte oder nicht. Wo beginnt Doping denn? Bei der Einnahme von bestimmten Lebensmitteln? Bei einem Training in den Bergen? Da die Erkenntnisse in der Medizin, Trainingslehre, Chemie, Biologie und allgemeinen Wissenschaften täglich mehr werden, die Liste der unerlaubten Mittel ständig wächst und dennoch immer hinter der aktuellen Entwicklung hinterherhinkt, ist ein Verbot immer unzureichend. Wenn sich Sportler von materiellen Dingen befreien und sich von anderen Faktoren lösen könnten, bekäme der Sport vielleicht wieder ein ehrliches Gesicht.

Nordrhein-Westfalen: Sport Leistungskurs 2009
Aufgabe 2

Aufgabenstellung:

1. Stellen Sie mit Hilfe der Grafik (M 1) die wichtigsten Energiebereitstellungsprozesse bei körperlicher Belastung dar und verdeutlichen Sie diese an Beispielen aus der Sportpraxis. (25 Punkte)

2. Analysieren Sie vor dem Hintergrund Ihrer Ergebnisse aus Teilaufgabe 1 und unter Berücksichtigung biologischer Anpassungsprozesse an Ausdauerbelastung die in den Kurven a–c der Grafik (M 2) deutlich werdenden Zusammenhänge. Begründen Sie Trainingsempfehlungen zur Verbesserung der Ausdauerleistungsfähigkeit von Sportler a. (28 Punkte)

3. In Text M 3 werden Bonusprogramme von Krankenkassen vorgestellt, die auch den Aspekt der sportlichen Betätigung beinhalten können. Überprüfen Sie unter Bezug auf Ihnen bekannte Gesundheitskonzepte, welche Bedeutung einerseits Ausdauerbelastungen, andererseits andere sportliche Betätigungen in einem Bonusprogramm einnehmen könnten. Entwickeln Sie begründet praktische Umsetzungsmöglichkeiten, die von den Krankenkassen umgesetzt werden könnten. (27 Punkte)

M 1:

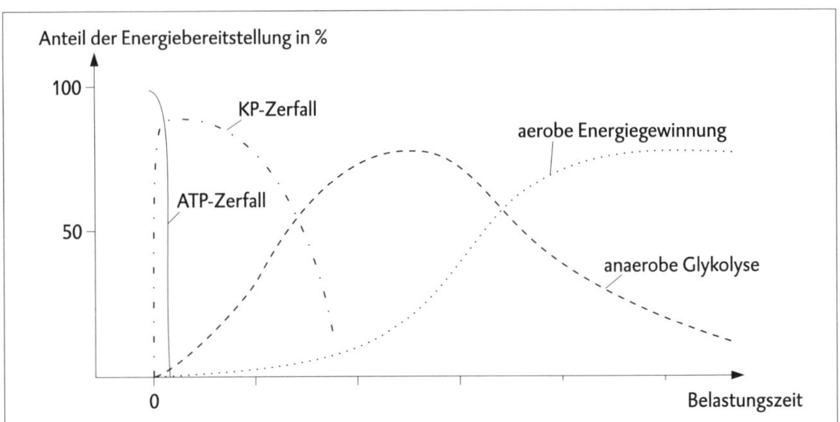

Weineck, A.; Weineck, J.: Leistungskurs Sport. Sportbiologische und trainingswissenschaftliche Grundlagen, Band I. Südost Buchvertrieb, Waldkirchen, 5. Auflage 2008, S. 118

M 2:

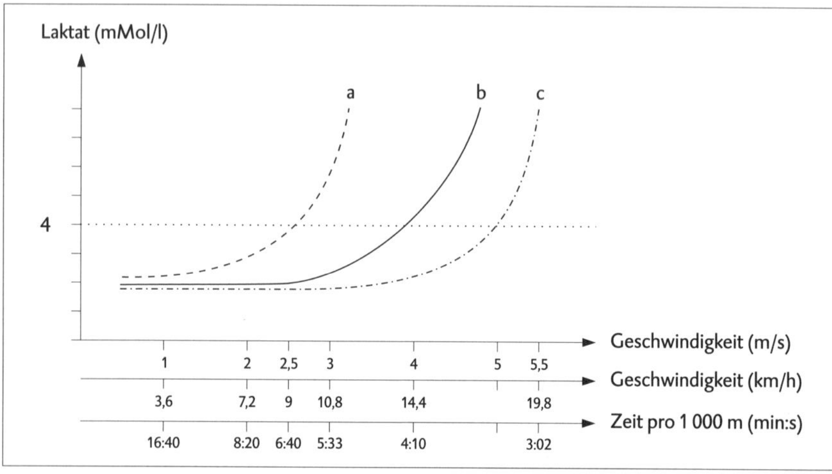

Weineck, A.; Weineck, J.: Leistungskurs Sport. Sportbiologische und trainingswissenschaftliche Grundlagen, Band II. Südost Buchvertrieb, Waldkirchen, 4. Auflage 2007, S. 100

M 3: Auszug aus Informationen des Bundesministeriums für Gesundheit

Bonusprogramme der gesetzlichen Krankenkassen: Punkten für die Gesundheit

Das sollten Sie wissen

Krankenkassen haben die Möglichkeit, Bonusprogramme anzubieten, die das gesundheitsbewusste Verhalten ihrer Versicherten fördern und den Wettbewerb um die beste gesundheitliche Versorgung unter den Kassen stärken.

Egal, ob die Programme „aktiv plus punkten", „Smile Konto" oder „gesund aktiv bonus" heißen: Sie helfen, verantwortungsvoll mit der eigenen Gesundheit umzugehen, und geben Anreize, sich für eine gesunde Lebensführung zu entscheiden. So können Sie als Versicherter Bonuspunkte sammeln, wenn Sie die von den Krankenkassen angebotenen Früherkennungsuntersuchungen und Impfungen nutzen, eine regelmäßige sportliche Betätigung nachweisen oder in Vorträgen den besseren Umgang mit Ihrer Gesundheit erlernen. Auch wer „Problemzonen" angeht und sich für Maßnahmen wie Gewichtsreduktion, Raucherentwöhnung oder Rückenschule entscheidet, wird mit Punkten belohnt.

Zu Beginn ihrer Teilnahme erhalten die Versicherten meist Bonushefte, in die sie ihre Teilnahme an Früherkennungsuntersuchungen oder Kursen eintragen und bestätigen lassen. Die Punkte können dann am Ende des Kalenderjahres gegen Prämien eingelöst werden.

Viele Krankenkassen werben mit attraktiven Sachprämien, die eine gesundheitsbewusste Lebensweise unterstützen – wie Sportausrüstungen oder Wellness-Wochenenden. Aber auch Geldprämien werden angeboten. [...]

Bundesministerium für Gesundheit: http://www.die-gesundheitsreform.de/gesundheitssystem/themen_az/gesundheit_-kompakt/bonusprogramme/index.html (Zugriff: 8. 1. 2008)

Lösungsvorschläge

1. Die Abbildung M 1 zeigt die Energiebereitstellungsprozesse bei einer körperlichen Belastung. Die dabei angeführten Prozesse sind der ATP-Zerfall, der KP-Zerfall und die anaerobe sowie aerobe Oxidation.
   Zyklische und azyklische Bewegungsabläufe im Sport wie z. B. ein Schuss auf das Tor im Fußball, ein Schlag im Badminton oder ein Speerwurf in der Leichtathletik benötigen Energie, die sofort und unmittelbar für die Muskelkontraktion zur Verfügung steht. Diese Energie, die aus der Verwertung von Energielieferanten wie z. B. Kohlenhydraten und Fetten stammt, wird nahezu ausschließlich aus den Energiespeichern Adenosintriphosphat und Kreatinphosphat genommen. Schon während der Kontraktion füllt dabei das **KP-** den **ATP-Speicher** wieder auf. Diese sofort verfügbare Energie, die ohne Sauerstoffzufuhr bereit steht und keine Abfallprodukte hinterlässt, ist jedoch nach etwa zehn Sekunden verbraucht, sodass auf eine andere Form der Energiegewinnung zurückgegriffen werden muss.
   Da die aerobe, also unter Sauerstoffzufuhr stattfindende Energiegewinnung sehr langsam zur Verfügung steht und eine vergleichsweise geringe Energieausbeute pro Zeiteinheit hat, muss z. B. bei einem Sprint über den Fußballplatz, bei einem längeren Ballwechsel im Tennis oder Badminton oder bei Sprints zwischen 200 und 400 Metern die Deckung des Energiebedarfs anaerob erfolgen, da nicht so schnell genug Sauerstoff zur Energiebereitstellung zur Verfügung steht. Bei dieser **anaeroben Energiegewinnung**, die Glykolyse genannt wird, weil Glykogen als Energielieferant herangezogen wird, fällt jedoch als Abfallprodukt Laktat an. Man spricht deshalb von anaerob-laktazider Energiegewinnung, die maximal bei Belastungen bis zu 90 Sekunden greift. Die Anhäufung von Laktat im Blut führt aber je nach Intensität zu Problemen in der Muskulatur. Liegt die Laktatkonzentration pro Liter Blut bei etwa zwei Millimol (2 mmol/l), so erfolgt die Energiegewinnung ausschließlich aerob. Zwischen 2 mmol/l und 4 mmol/l halten sich Laktataufbau und -abbau im Gleichgewicht, man spricht vom *steady state*, aber bei etwa 4mmol/l kippt dieses Gleichgewicht zwischen Laktatabbau und Laktataufbau. Liegt die Konzentration höher, übersäuert der Muskel und muss seine Tätigkeit einstellen. Diese Übersäuerungsakzeptanz ist jedoch auch sehr unterschiedlich und es wurden in der Muskulatur von Sportlern schon Konzentrationen von 20 mmol/l gemessen.
   Dauert die Belastung länger, etwa beim Langlauf, bei Spielen in den Spielsportarten, beim Radfahren etc., so gewinnt die Energiebereitstellung unter der Verwendung von Sauerstoff, die **aerobe Energiegewinnung**, immer mehr die Oberhand. Wenn die im Körper vorhandenen Kohlenhydrate und Fette zur Energiegewinnung verwendet werden, so geht dies nur unter Verwendung von Sauerstoff. Dabei können Fette sehr lange genutzt werden (Marathonlauf), die Kohlenhydrate dagegen nur etwa eineinhalb Stunden.
   Bei dieser Einteilung der energieliefernden Prozesse wird deutlich, dass alle erwähnten Prozesse an der Energiebereitstellung beteiligt sind, jedoch abhängig von der Dauer und auch der Intensität der Belastung jeweils unterschiedlich ausgeprägt sind und auch zu unterschiedlichen Zeiten ihr Maximum erreichen.

2. ***Hinweis:*** *„Analyse“: Hier sollten Sie Zusammenhänge herausarbeiten und Ergebnisse darstellen. „Begründen“ heißt, die Trainingsempfehlungen hinsichtlich ihrer Auswirkungen zu verdeutlichen.*

Die drei Kurven in der Abbildung M2 stellen den Verlauf der Laktatkonzentration im Blut dreier Sportler a, b und c während eines Laufs dar. Man erkennt an den drei Kurven, wann die Sportler jeweils die anaerobe Schwelle von 4 mmol/l überschreiten. Zusätzlich enthält die Grafik Informationen über die Laufgeschwindigkeiten der drei Sportler. Zum einen ist das die Laufgeschwindigkeit in Metern pro Sekunde, zum anderen die Geschwindigkeit in Kilometern pro Stunde und die Angabe über die bei den Geschwindigkeiten zu erzielenden Zeiten pro Kilometer. Dabei zeigt die Grafik, dass **Sportler a** schon bei einer Laufgeschwindigkeit von 2,5 m/s übersäuert, der Energiebedarf also schon sehr schnell mithilfe der anaerob-laktaziden Energiebereitstellung gedeckt wird. **Sportler b** bleibt viel länger im aeroben Bereich und kann den Energiebedarf länger aerob decken. **Sportler c** nutzt den Sauerstoff noch besser zur Energiegewinnung aus. Er erreicht erst bei einer Laufgeschwindigkeit von 5 m/s die anaerobe Schwelle. Er hätte auch am Ende des Laufes noch Reserven für einen Spurt.
Zu beobachten ist bei allen drei Kurven der **Zusammenhang zwischen Laufgeschwindigkeit und Laktatproduktion**. Je schneller die Läufer werden, umso höher ist die Laktatkonzentration im Blut, die aber nicht linear, sondern jeweils unterschiedlich ab einer bestimmten Geschwindigkeit exponentiell ansteigt. Die in der Grafik eingezeichnete anaerobe Schwelle bei 4 mmol/l Blut wird von den drei Sportlern bei unterschiedlichen Laufgeschwindigkeiten erreicht und deutet auf unterschiedliche Fitnesszustände im Ausdauerbereich hin. Sportler a ist recht schlecht ausdauertrainiert, da er die anaerobe Schwelle schon bei einer Laufgeschwindigkeit von 2,5 Metern pro Sekunde (2,5 m/s) erreicht. Sportler b ist mittelmäßig ausdauertrainiert, Sportler c dagegen verfügt über eine gute Ausdauerleistungsfähigkeit, da er die anaerobe Schwelle erst bei einer Geschwindigkeit von 5 m/s erreicht.

Durch intensives Ausdauertraining, wie es wohl Sportler c durchführt, kommt es zu **biologischen Anpassungserscheinungen**. So erhöht sich mit der Zunahme der Größe des Herzens das Schlagvolumen und Herz-Minuten-Volumen. Zudem verbessert sich die Kapillarisierung der Muskulatur deutlich. Die Austauschfläche zwischen Kapillaren und Muskelfasern vergrößern sich und die Diffusionsstrecke zwischen Kapillarwand und Mitochondrien in der Muskelzelle wird kürzer. Durch die größere Austauschfläche und den abnehmenden Diffusionsweg kann mehr Sauerstoff pro Zeiteinheit in die Muskulatur diffundieren. Auch das sauerstoffbindende Myoglobin sowie die Zahl und Größe der Mitochondrien im Muskel ist vermehrt.
Mit einer so deutlich besseren Sauerstoffaufnahmekapazität dürften sich die guten Werte des Sportlers c in Abbildung M 2 im Vergleich zu Sportler a erklären lassen. Sportler b liegt mit seiner Leistungsfähigkeit zwischen Sportler c und Sportler a, auf den in allen angesprochenen Punkten das Gegenteil von Sportler c zutrifft.

Aufgrund der vergleichsweise schlechten Werte des Sportlers a sollte als **Empfehlung** zunächst das Training seiner allgemeinen dynamische Grundlagenausdauer gegeben werden. Dazu bietet sich vor allem die Dauermethode an. Bei dieser Methode muss er bei geringer Belastung zunehmend längere Strecken laufen. Er könnte auch als relativ schlecht trainierter Sportler mit dem Wechsel zwischen Gehen und Laufen, der intervallisierenden Dauermethode arbeiten. Um den in der Abbildung M 2 zu sehenden Schnittpunkt von Laktatleistungskurve und anaerober Schwelle wie bei Sportler c nach rechts zu verschieben, könnte er auch im aerob-anaeroben Übergangsbereich nach der extensiven Intervallmethode trainieren.

3. Bis vor wenigen Jahren war es für Krankenversicherte ohne Bedeutung, inwieweit sie sich mit Gesundheit bzw. Gesundheitsvorsorge beschäftigten – der Beitrag für die Kasse war immer gleich. Seit es die Möglichkeit für die Krankenkassen gibt, ihre Versicherten für eine gesunde Lebensweise zu belohnen, hat sich das geändert. Versicherungsnehmer können auch für sportliche Aktivitäten, die ihre Gesundheit erhalten oder fördern, belohnt werden. Wie im Artikel beschrieben, werden z. B. Früherkennungsuntersuchungen, Impfungen, kontinuierliche körperliche Betätigungen und Maßnahmen, die gesundheitsgefährdende Faktoren limitieren (z. B. Raucherentwöhnung und Gewichtsreduzierung) honoriert. Neben einer finanziellen Erstattung von Beiträgen locken auch Sachprämien wie Wellness-Wochenenden, Sportausrüstungen etc.
Unter welchen Aspekten ist nun Sport der Gesundheit zuträglich und welcher Sport ist „gesund"? Unter einem eher **engen Gesundheitsverständnis**, wie es z. B. das Risikofaktorenmodell vertritt, ist Ausdauersport in besonderem Maße geeignet. Das Risikofaktorenmodell entstand vor allem aus der statistischen Erkenntnis heraus, dass sich das Auftreten von Zivilisationskrankheiten wie Herzinfarkt und Lungenkrebserkrankungen explosionsartig vermehrt haben. Bei Anwendung dieses engen Gesundheitsbegriffs bedeutet „gesund" leistungsfähig und frei von körperlichen Funktionsstörungen zu sein. Diese rein biologischen Aspekte können durch ein geeignetes Training der allgemeinen aeroben **Ausdauer** positiv beeinflusst werden. Ein längerfristig durchgeführtes und individuell angepasstes Ausdauertraining z. B. das Nordic-Walking oder die Teilnahme an einem Lauftreff führen zu Anpassungserscheinungen im Organismus. Diese Anpassungserscheinungen beziehen sich unter anderen auf Veränderungen in Blut, Lunge und Herz. In Bezug auf das Herzinfarktrisiko passt sich vor allem das Herz an die verstärkte regelmäßige Belastung an und wird leistungsstärker. Die Muskelfasern verlängern und verdicken sich (Hypertrophie) und die Herzhöhlen erweitern sich (Dilatation). Durch die Herzvergrößerung wird das Schlagvolumen erhöht, das erforderliche Herz-Minuten-Volumen kann mit einer geringeren Schlagfrequenz erreicht werden. Auch der Ruhepuls sinkt und im Belastungsfall kann das Herz maximaler arbeiten, sodass ein größeres Herz-Minuten-Volumen erreicht werden kann. Die Arbeit des Herzens wird ökonomisiert, der Herzmuskel entlastet. Problematisch könnte in diesem Zusammenhang jedoch aus Sicht der Krankenkassen die Überprüfung der Belastung und des Leistungsfortschrittes sein. Da der Erfolg

im Ausdauertraining sehr von einem individuell angepassten Training abhängt, ergibt sich ein hoher und damit teurer Beratungsbedarf, und die Überprüfung einer intendierten Leistungssteigerung ist nur sehr schwer umsetzbar.
Ein **weiter gefasster Gesundheitsbegriff**, der des Salutogenese-Modells, fügt dem engen Gesundheitsbegriff des Risikomodells andere Aspekte hinzu. Es versteht Gesundheit so, wie sie die Weltgesundheitsorganisation WHO definiert, nämlich nicht alleine als Freisein von Gebrechen und Krankheit sondern als geistig-seelisches und soziales Wohlbefinden. Nach dem Salutogenese-Modell ist Gesundheit kein Zustand, sondern muss als Prozess verstanden werden. In diesem Prozess müssen und können unweigerlich vorhandene Stressfaktoren mit Schutzfaktoren neutralisiert werden. Nach diesem Modell gibt es den Zustand völliger Gesundheit oder völliger Krankheit gar nicht sondern der Mensch befindet sich nach dem Kontinuum-Modell permanent zwischen maximaler und minimaler Gesundheit. Im Salutogenese-Modell geht es nicht primär um die Vermeidung von Krankheiten, sondern um die Stärkung des Menschen mit seinen vorhandenen Ressourcen. Wichtig ist dabei das Kohärenzgefühl des Menschen, d. h. die **grundlegende Lebenseinstellung**, die ein Mensch hat. Laut Antonovsky, dem Begründer dieses Modells, ist ein Mensch gesünder, wenn er zuversichtlich, positiv gestimmt und optimistisch ist. Kontakt zu anderen Sportbegeisterten, sich austauschen und gemeinsam Spaß zu haben, Anerkennung und Lob erhalten, sich freuen und das Selbstwertgefühl stärken, das macht bzw. erhält gesund. Unter diesen Aspekten eignen sich Nordic-Walking oder der bereits angesprochene Lauftreff auch vor dem Hintergrund dieses Gesundheitsmodells zur Gesundheitsförderung. Beim Nordic-Walking, das ja auch die Oberkörpermuskulatur kräftigt, kommt es zu Gruppen- und Naturerlebnissen, sodass auch psychosoziale Aspekte berücksichtigt werden. Nachteilig kann sich dabei allerdings ein sich bildender Gruppenzwang auswirken, nämlich dann, wenn falscher Ehrgeiz bezüglich der zu bewältigenden Strecke oder Geschwindigkeit aufkommt. Neben diesen Angeboten könnte man auch Fitnessstudios besuchen, in denen mit verschiedenen Ergometern die Ausdauer trainiert werden kann, die aber mittlerweile auch stark in Richtung Wellness arbeiten und z. B. Saunabesuche, Entspannungsangebote und sogar auswärtige gemeinschaftliche Ausflüge anbieten. Diese Dinge sind jedoch häufig mit hohen Kosten verbunden und vor allem der Erfolg des Ausdauertrainings hängt sehr stark von der Qualität der Trainer, Betreuer und Betreiber einer solchen Einrichtung ab. Gerade deswegen sollten die Krankenkassen hierauf besonderen Wert legen. Zusätzliche Schulungen und Informationsveranstaltungen zum Thema Ausdauertraining würden den richtigen Ansatz der Bonusprogramme unterstützen.
Aus den oben angeführten Gründen kann sich im Grunde genommen jede Sportart zur Gesundheitsförderung eignen. Beliebte Freizeitsportarten wie Golfen, Tennisspielen oder Klettern sind hinsichtlich der Förderung des Herz-Kreislauf-Systems eher ungeeignet, schon fast „gefährlich", da die Überlastungs- und Verletzungsgefahr vor allem mit zunehmendem Alter nicht unerheblich ist. Unter den Aspekten des Salutogenese-Modells jedoch sind diese Sportarten aufgrund ihrer sozialen und psychischen Vorteile gesundheitsfördernd.

Da die Bevölkerung immer älter wird und der Anteil der über 60-jährigen Bürger zunimmt, wäre es gut, wenn die Kassen die gesundheitsfördernden und -erhaltenden Erkenntnisse im sozialen Bereich stärker berücksichtigen würden. Die Organisation gemeinsamer Beschäftigungen für ältere Menschen, z. B. Boule spielen, Fahrradtouren unternehmen, Entspannungstraining machen etc. würde viel zur Zufriedenheit und damit Gesundheit beitragen.

Nordrhein-Westfalen: Leistungskurs 2010
Aufgabe 1

Aufgabenstellung: Punkte

1. Der Schersprung war bis ins zweite Jahrzehnt des 20. Jahrhunderts die bestimmende Hochsprungtechnik im Leistungssport. Im Schulsport hat er noch wesentlich länger einen hohen Stellenwert behalten.
   Beschreiben Sie strukturiert den in M 1 dargestellten Bewegungsablauf des Schersprungs und erläutern Sie die Wirkung wesentlicher biomechanischer Prinzipien, die für die dargestellte Bewegung von Bedeutung sind. 28

2. Entwickeln Sie unter Beachtung Ihrer Ergebnisse aus Aufgabe 1 und Ihnen bekannter methodischer Vorüberlegungen Vorschläge für ein Übungsprogramm zum Erlernen des Schersprungs. 22

3. Beurteilen Sie, unter Berücksichtigung der „Hauptelemente des Sports" (M 3), die in M 2 dargestellte Darbietungsform des Meetings und mindestens zwei weitere Darbietungsformen sportlicher Wettkämpfe der heutigen Zeit, die Wettkampf und Unterhaltung verbinden. 30

M 1:

Der Anlauf beim Schersprung

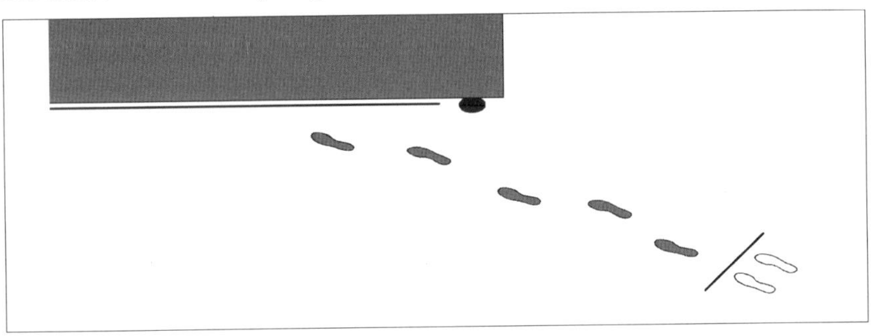

Fuchser, Isidor: Hochsprung. 2005, S. 2
URL: http://www.blv-nachwuchs.ch/service/paperhoch05.PDF (07. 03. 2009)

Der Bewegungsablauf des Schersprungs

Haberkorn, Christian/Plaß, Rainer, Leichtathletik II, Diesterweg 1992.

M 2: ***Dr. Wolfgang Killing:*** **Die Geschichte der Hochsprungmeetings**

Die großen Erfolge deutscher Hochspringer Anfang der 80er Jahre ließen die Popularität dieser Disziplin erheblich ansteigen. Entsprechend wuchs das Interesse, diesen attraktiven Sport besonders herauszustellen und vor deutschem Publikum zu präsentieren. Mit der Einführung sogenannter Hochsprungmeetings fanden pfiffige Veranstalter eine ideale Darbietungsform, bei der Wettkampf- und Unterhaltungselemente zu einem gelungenen Ganzen verbunden werden. [...]

1 Die Verbindung von Hochsprung und Musik

Die Verbindung von Sport und Musik hat eine lange Tradition bis hinein in die Antike. Schon die alten Griechen verbanden anläßlich ihrer Olympiaden sportliche und künstlerische Höchstleistungen. [...] Dabei wurden schon die antiken Springer durch musikalische Unterstützung zur Leistungssteigerung angesporнt, wie es der Kölner Sporthistoriker Wolfgang DECKER zu berichten weiß. Da die griechischen Athleten jedoch dem Fünfersprung in die Weite und nicht dem Hochsprung frönten, kann man sie nur bedingt als direkte Vorgänger der modernen Hochsprungmeetings mit Musik bezeichnen. [...]

Nachdem die Leichtathletik so lange Zeit eine wohlgeordnete, von Funktionären und Kampfrichtern beamtisch verwaltete und durchgeführte Sportart war, bei der beinahe alles durch Regeln festgelegt war, geordnet, gesittet und ruhig ablief, war eine Sportveranstaltung lange Zeit undenkbar, bei der sehr laute Pop-Musik gespielt wird, die Zuschauer rhythmisch klatschen, aufstampfen und schreien und die Sportler das Publikum durch aufreizende Gesten zum Beifall animieren. Damit solche Veranstaltungen möglich werden konnten, mußte sich mancherlei im Sport verändern: Das Regelwerk mußte gelockert werden, Sportler und Kampfrichter mußten sich auf die veränderten Bedürfnisse der Zuschauer, der Öffentlichkeit und der Medien einstellen und nicht zuletzt mußten die Zuschauer selber erst einmal auf den Geschmack gebracht werden. Denn der Leistungssport der 50er und 60er Jahre war zwar keine richtige Arbeit, aber auch keine reine Unterhaltung. So galt eine Verbindung von Leistungssport und Showelementen lange Zeit als unseriös. Entsprechend puritanisch wurden die Sportereignisse zelebriert. Nach allgemeiner Auffassung benötigten die Sportler für ihre Aktivitäten Ruhe, das Publikum hatte allenfalls nach erfolgreichen Läufen oder Versuchen Beifall zu spenden, als beispielsweise U. Meyfarth 1972 in München den neuen Weltrekord von 1.92 m anvisierte, trat im Stadion eine vollkommene Stille ein, die erst nach dem geglückten Sprung in langdauernden Jubel umschlug.

Für den Geschmackswandel der Zuschauer spielten die Medien, insbesondere Fernsehen und Kinofilme, eine inspirierende Rolle. Während nämlich die Leichtathletik unter absoluter Ruhe, man könnte sagen, bei Totenstille, stattfand und das Publikum auf emotionaler Distanz gehalten wurde, kamen die Filmemacher schon früh auf den Gedanken, wichtige Szenen musikalisch zu untermalen und damit zu betonen. Dadurch wurden die Zuschauer zusätzlich zum „Mitgehen", sei es zum Sich-Mitfreuen, sei es zum Mitleiden, animiert. Dieses Stilmittel setzte man auch in den sich allmählich entwickelnden Sportsendungen des Fernsehens und in den Wochenschauen des Kinos ein. Spannende Sportszenen wurden dramatisch verstärkt. Vorerst war diese musikalische Untermalung jedoch nicht „life", sondern wurde nachträglich den Sportaufzeichnungen zugefügt. […]

So wurden die Zuschauer verwöhnter und anspruchsvoller. Nicht nur das eigentliche Ereignis, sondern auch der Rahmen mußte stimmen. Sitzkomfort, Verpflegung, Moderation, Pausengestaltung bzw. Rahmenprogramm, Musikuntermalung und Großleinwände wurden immer wichtiger. Wollte der Sport nicht abseits stehen und immer mehr Zuschauer an andere Kulturbereiche (wie eben die Popmusik) verlieren, mußten diese Veränderungen im Konsumverhalten auch bei Sportveranstaltungen Eingang finden und die Zuschauer vermehrt am Geschehen beteiligt werden.

Während in den westlichen Stadien die Dreispringer (wohl wegen der rhythmischen Struktur ihrer Sportart) für sich beanspruchen können, die Publikumsunterstützung durch rhythmisches Klatschen eingeführt zu haben, wurde die Kombination von Hochsprung mit Musik erstmals in der Tschechoslowakei, also im vormaligen Ostblock, ins Leben gerufen. […] Daneben muß man den Tschechen […] einen Sinn für die Inszenierung von sportlichen Ereignissen unterstellen, die schließlich einen Veranstalter auf den Gedanken brachte, beide Kulturformen, also Sport und Musik, zu verbinden. Nachdem so erst einmal eine neue Darbietungsform für eine Sportart gefunden war, ließen die Nachahmer nicht lange auf sich warten. […]

Anmerkung: Der Autor Dr. Wolfgang Killing war zur Zeit der Abfassung des Textes Bundestrainer des DLV. Momentan ist er Leiter der DLV-Trainerschule in Mainz.

Killing, Wolfgang: Die Geschichte der Hochsprungmeetings, S. 1/2
URL: http://www.hochsprung-meetings.de/artikel/geschichte.pdf (28. 02. 2009)

M 3:

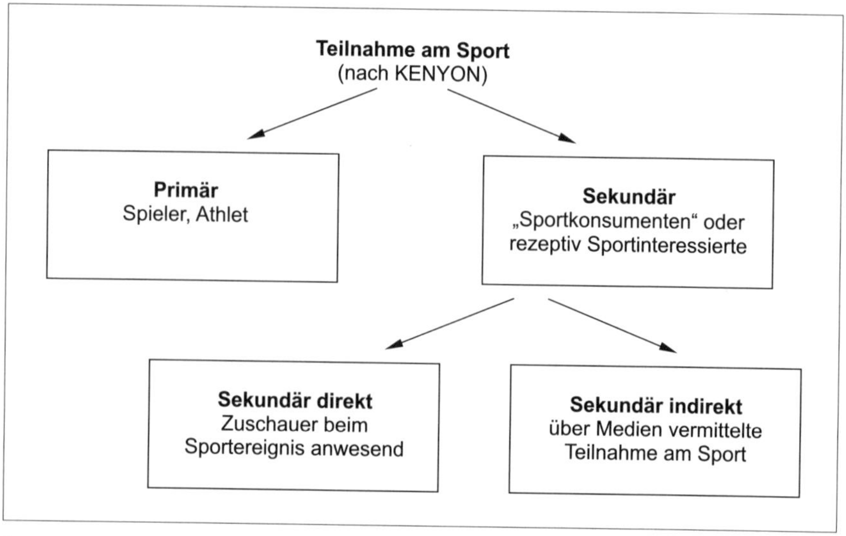

Sport und Medien, S. 5
URL: http://sportfak.uni-leipzig.de/~fg-sportsoziologie/documents/DFV12SportundMedien_000.pdf (03. 03. 2009)

Lösungsvorschläge

1. ***Hinweis:*** *Erwartet wird die Verwendung von Fachbegriffen. Dieser Entwurf orientiert sich an Meinel. Eine Beschreibung der Bewegung nach Funktionsphasen, wie Göhner sie entwickelt hat, wäre natürlich auch möglich.*

Sportliche Bewegung lässt sich grundsätzlich in verschiedene Bewegungsabschnitte einteilen, wobei man diese einzelnen Abschnitte in Phasen unterteilt. Der Schersprung ist eine **azyklische Bewegung**, welche durch eine einmalige, nicht umkehrbare Aktion gekennzeichnet ist. Diese teilt Meinel z. B. in 3 Phasen ein. Die Vorbereitungsphase soll optimale Voraussetzungen schaffen, die Hauptphase ist der Kern der Bewegung und die Endphase bringt den Körper wieder in einen Gleichgewichtszustand.
Zur **Vorbereitungsphase** des Schersprungs gehört der kurze, gerade Anlauf von etwa 5–7 Schritten. Dieser erfolgt schräg zur Lattenebene und startet von der Schwungbeinseite. Der Absprung wird durch einen Stemmschritt eingeleitet.
In der **Hauptphase** (Bilder 1–5) wird zunächst der Fuß des lattenfernen Beines etwa im 45°-Winkel zur Lattenebene aufgesetzt. Dabei gibt das Kniegelenk leicht nach. Es folgt ein schnelles Abrollen des Sprungfußes. In der Steigphase werden dann Sprungbein und Körper gestreckt und gleichzeitig wird das fast gestreckte Schwungbein hochgerissen. Mit Erreichen der Lattenhöhe wird das Schwungbein hinter der Latte nach unten geführt. Währenddessen wird mit leicht nach vorne gebeugtem Körper das Schwungbein fast gestreckt dicht über die Latte nachgezogen. Zur Vorbereitung auf die Landung richtet sich der Oberkörper des Springers langsam auf und das Schwungbein wird (nach wie vor fast gestreckt) zur Landung geführt. Das Sprungbein wird ebenfalls fast gestreckt nachgezogen.
Die Landung (**Endphase**, Bild 6) erfolgt zuerst auf dem Schwungbein, und der Springer landet im Stand.

Um eine Bewegung wie z. B. den Schersprung optimal gestalten zu können, mussen bestimmte physikalische und mechanische Prinzipien berücksichtigt werden. Auf die vorliegende Bewegung lassen sich eine Reihe biomechanischer Prinzipien anwenden. Der Anlauf des Springers sollte dem **Prinzip des optimalen Beschleunigungsweges** folgen, das davon ausgeht, dass der Körper des Sportlers beim Absprung eine möglichst hohe Endgeschwindigkeit erreicht. Da der Beschleunigungsweg sehr kurz ist, muss ihn der Springer als Steigerungslauf so nutzen, dass es zu einer umsetzbaren Endgeschwindigkeit kommt. Daraufhin setzt – bezogen auf den Absprung – das **Prinzip der maximalen Anfangskraft** ein. Um mithilfe der erreichten Endgeschwindigkeit einen möglichst großen Impuls zu erreichen, wird vor der eigentlichen Beschleunigung eine Ausholbewegung durchgeführt, die zur Hauptbewegung entgegengesetzt ist. Das bedeutet, der Körperschwerpunkt senkt sich ab, um einen negativen Kraftstoß zu erlangen. Die Ausholbewegung wird durch einen Bremskraftstoß abgefangen, wodurch es zu einem Beschleunigungskraftstoß kommt, der es dem Springer ermöglicht, eine möglichst große Geschwindigkeit beim Absprung zu erzielen. Dabei ist zu beachten, dass die Ausholbewegung nicht zu groß sein darf, da für das Abbremsen der Ausholbewegung zu viel von der zur Verfügung stehenden Kraft verbraucht würde, die dem Beschleunigungskraftstoß dann nicht mehr zur Verfügung stände. Bremskraftstoß und Beschleunigungskraftstoß dürfen ein optimales Verhältnis nicht überschreiten. Des Weiteren kann aufgrund des gestreckten Aufsetzens des Sprungbeins die horizontale Geschwindigkeit nach vorne oben umgelenkt werden.

Während des Absprungs kommt es jetzt zu einer **Impulsübertragung**. Jeder Sportler, der sich bewegt, besitzt eine Masse und eine Geschwindigkeit, also einen Impuls. Dabei entfaltet in diesem Beispiel auch das biomechanische Prinzip der **Koordination von Teilimpulsen** seine Wirkung. Wenn ein bewegter Körper auf einen anderen Körper trifft oder abgebremst wird, kommt es zu einer Impulsübertragung. Die aufwärtsgerichteten Schwungbewegungen der Arme und des Schwungbeins werden schnell und aktiv abgebremst. Dadurch kommt es zu einer Impulsübertragung von Schwungelementen auf den Rumpf. Als Konsequenz daraus erhöht sich die Abfluggeschwindigkeit des Gesamtkörperschwerpunkts. Zu beachten ist, dass eine Impulsübertragung nur erfolgen kann, solange Bodenkontakt besteht. Dabei spielt neben der Richtung der Impulse auch die zeitliche Komponente eine wichtige Rolle. Deshalb sollten zur optimalen Beschleunigung und zum Erreichen eines großen Impulses die Teilimpulse optimal aufeinander abgestimmt sein. Diese Teilimpulse gehen hier vom Sprungbein, dem Schwungbein und den Armen aus. Sie müssen so koordiniert werden, dass es zu keinen Rotationen um die verschiedenen Körperachsen des Springers kommt. Zudem dienen die Schwungbewegungen der Arme auch dazu, das Gleichgewicht zu stabilisieren.

Während der Lattenüberquerung und der Vorbereitung auf die Landung setzt das biomechanische **Prinzip der Gegenwirkung** ein. Dabei haben Bewegungen einzelner Körperteile im freien Flug oder freien Fall Gegenbewegungen anderer Körperteile zur Folge. So kommt es dadurch, dass das Schwungbein zur Lattenüberquerung gestreckt hochgerissen wird, zu einem Vorneigen des Oberkörpers. Das hat zur Folge, dass der Körperschwerpunkt während der Lattenüberquerung möglichst tief ist. Während der Absprungphase des Schersprungs bewirken die aufwärtsgerichteten Schwungbewegungen der Arme und des Schwungbeins unter anderem eine Erhöhung der Bodenreaktionskraft, was einen höheren Absprungimpuls nach sich zieht. Indem das Schwungbein nach der Lattenüberquerung herabgeführt wird, wird das Hochreißen des Sprungbeins unterstützt.

Um den Impuls abzufangen, gibt das Landebein während der Landung im Kniegelenk nach. So kommt es zu einer tiefen Lage des Körperschwerpunkts, was wiederum eine hohe Standfestigkeit zur Folge hat und eine sichere Landung im Stand gewähren soll.

2. ***Hinweis:** Es wird ausdrücklich erwartet, Rückbezug zu den Ergebnissen aus Aufgabe 1 zu nehmen. Der Operator „entwickeln" verlangt außerdem ein schrittweises Aufbauen des Übungsprogramms.*

Da der Schersprung im Gegensatz zum Flop nahezu auf Anhieb durch alle Schüler zu springen ist, kann er besonders im Anfängerunterricht oder bei Kindern mit wenig Sprungerfahrung eingesetzt werden. Die Einführung kann durch eine ganzheitliche Vermittlungsweise erfolgen, da es sich um einen einfachen Bewegungsablauf handelt, sodass ohne Umwege das eigentliche Lernziel direkt angesteuert werden kann. Auch das induktive Arbeiten bietet sich an, weil bei dieser Methode das eigenständige Üben des Lernenden in den Vordergrund gestellt wird. Dem Lernenden werden auf seinem Lernweg zwar Hilfen angeboten, er hat aber einen sehr großen Spielraum, um Erfahrungen zu sammeln. Dabei sollte darauf geachtet werden, dass breitgefächerte Sprungerfahrungen ermöglicht werden. Vielfältige Variationen von Sprüngen, mit längerem oder kürzerem Anlauf, unterschiedlichem Tempo und Sprungerlebnissen, z. B. durch Sprünge vom Sprungbrett, schulen das Gefühl für Sprünge. Für die erste Phase der Bewegung, die **Vorbereitungsphase**, sollte der Schüler sein Sprungbein kennen. Darum bieten sich zum Erlernen des Schersprungs zuerst allgemeine vorbereitende Sprungübungen an. So kann z. B. freies Laufen im Raum mit einbeinigem Absprung nach 5–7 Schritten ein erster Schritt zur Findung des Absprungbeins sein. Dies lässt sich durch Vorgabe eines Laufrhythmus mit anschließendem Absprung verfeinern. Im weiteren Verlauf können die Sprungübungen jetzt spezieller werden. So kann man mit Blick auf den schrägen Anlauf und die Ausrichtung des Anlaufs auf einen Absprungbereich das Anlaufen und Abspringen an schräg gezogenen Gummileinen als Höhenorientierer üben. Auch an Leinen befestigte Streifen oder Bälle in Netzen in unterschiedlicher Höhe eignen sich dafür. Anlaufen von rechts und links im Gehen und Traben dient zur Herausarbeitung des Absprungbeins.
Übungsangebote, die die **Hauptphase** unterstützen und die allgemeine Sprungerfahrung erweitern, könnten z. B. Sprünge aus schrägem Anlauf über verschiedene Hindernisse sein, z. B. fortlaufendes Überwinden von Langbänken, Kartons oder Medizinbällen. In einem weiteren Schritt erfolgen diese Sprungvariationen dann im Schersprung. Der gezielte Einsatz von Gerätehilfen dient hier dazu, die Schüler zum einen herauszufordern und zum anderen die Verletzungsgefahr gering zu halten. Um einen Anlaufrhythmus zu entwickeln, könnten Markierungshinweise zum letzten oder vorletzten Schritt gesetzt werden. Hilfreich für das Erlernen der Gesamtbewegung sind Sprünge mit Betonung eines langen Schwungbeins, die auch schon an der Hochsprunganlage mit reduzierten Anforderungen über eine Gummileine mit 3–5 Schritten erfolgen können. Der Vorteil, eine Gummileine zu verwenden, besteht indes auch darin, dass diese nicht herunterfallen kann und ein zügiges Üben sichert. Allein die Hochsprungständer sollten von Schülern gesichert werden, um ein Umkippen zu vermeiden. Gesteigert wird das Ganze dann durch Auflegen der Latte, um zu einer wettkampforientierten Form zu finden. Um allen Schülern eine hohe Sprunghäufigkeit zu ermöglichen, bietet sich ein Üben im Riegenbetrieb an. Dieser lässt eine angemessene Übungsdichte zu. Um

ein ständiges und zeitaufwendiges Verstellen der Höhen zu vermeiden, sind Leistungsriegen zu bevorzugen.
In der **Endphase** steht die sichere Landung im Vordergrund, die durch Schersprünge über geringe Höhen auf verschiedenen Untergründen wie z. B. Weichböden, Sand oder Turnmatten geübt werden kann. Dies kann auch schon zu Beginn der Übungsabfolgen geschehen oder mit eingebaut werden. Insgesamt sollte das Prinzip vom Leichten zum Schweren berücksichtigt werden. Das heißt, dass zuerst leichte Sprünge und im weiteren Verlauf immer komplexere und schwierigere Sprünge geübt werden.

3. ***Hinweis:*** *Aufgabe 3 enthält mehrere Aufgabenaspekte. Es sollten deshalb im Sinne einer Strukturierung zuerst wesentliche Aussagen des Textes M 3 herausgearbeitet werden, um dann M 2 vorzustellen und letztlich die Ergebnisse von M 3 und M 2 zueinander in Bezug zu setzen. Daraus sollte anschließend ein selbstständiges Urteil formuliert werden.*

In der **„Geschichte des Hochsprungmeetings“** verweist der Autor und damalige Bundestrainer des DLV, Wolfgang Killing, auf die Einführung sogenannter Hochsprungmeetings als Beispiel für eine erfolgreiche Verbindung von Wettkampf- und Unterhaltungselementen. Er schildert nach einem Rückblick auf die Olympischen Spiele der Antike, in denen bereits sportliche und künstlerische Höchstleistungen miteinander verbunden wurden, die Veränderungen in der Leichtathletik der 80er-Jahre. Am Beispiel der Leichtathletik macht er die Entwicklung von ruhigen, geordneten Wettkämpfen in dieser Sportart hin zu Veranstaltungen mit Showelementen deutlich. So bringen sich die Zuschauer heute mit rhythmischem Klatschen, Stampfen und lauten Zurufen in das Geschehen ein. Auch die Sportler selbst fordern das Publikum durch Gesten auf, zu applaudieren. Ging man ursprünglich davon aus, dass die Sportler Ruhe bräuchten, änderte man vor dem Hintergrund der sich weiterentwickelnden Medien – allen voran des Fernsehens – die Rahmenbedingungen des Wettkampfes. Wollte man die Zuschauer nicht verlieren, war man gezwungen, diese mehr in das Geschehen einzubeziehen. Musik sei hier als verbindendes Stilmittel genannt. Wurde es in den Sportmedien schon genutzt, um Szenen zu untermalen oder zu dramatisieren, gab es nun den Anstoß, das Regelwerk in der Leichtathletik zu lockern, um den veränderten Bedürfnissen der Zuschauer, der Öffentlichkeit und der Medien gerecht zu werden. So wurde auch der äußere Rahmen in Form von Rahmenprogramm, Moderation, Sitzkomfort etc. angepasst. Dadurch bedingt änderte sich auch die Einstellung zum Sport bei den Teilnehmern.
Bei allen Veränderungen bleibt aber der Sportler der Mittelpunkt des sportlichen Handelns. Kenyon sieht ihn in seiner Skizze zur Teilnahme am Sport als **primären** Faktor. Erst an zweiter Stelle und damit **sekundär** sieht er die Zuschauer, die er auch „Sportkonsumenten“ oder rezeptiv Sportinteressierte nennt. Er unterteilt diese Gruppe noch einmal in Zuschauer, die dem sportlichen Handeln beiwohnen, hier mit *sekundär direkt* beschrieben, und in Zuschauer, die das sportliche

Handeln über ein Medium verfolgen, hier mit *sekundär indirekt* betitelt. Bei einer Darbietungsform wie dem Hochsprungmeeting bedeutet das für den Sportler (*primär*), dass er durch die spontanen Rückmeldungen der Zuschauer diesen näher ist und dass für ihn deren Rufen, Klatschen und Anfeuern motivierend und letztlich auch leistungsfördernd sind. Das hat positive Auswirkungen auf den Athleten, wobei anzumerken ist, dass nur hochklassige Sportler teilnehmen dürfen. Der Zuschauer (*sekundär direkt*) hat wiederum das Gefühl, aufgrund des engen räumlichen Bezugs Teil der sportlichen Handlung zu sein und durch seine Aktionen an den Leistungen der Sportler mitzuwirken. Damit steigt allerdings auch die Erwartung der Zuschauer, immer neue Rekorde zu sehen.
Auch beim Eishockey steht primär das sportliche Handeln der Spieler im Vordergrund. Diese werden beim Einlaufen in Szene gesetzt. Sekundär direkt werden Aktionen der Spieler durch Applaus, Pfiffe usw. laut kommentiert. Des Weiteren versucht man, die Zuschauer durch Cheerleading emotional einzubinden. Der sekundär indirekte Bereich in Form von Medien konzentriert sich bei der Übertragung meist auf die sportliche Handlung. Eine weitere Zuspitzung findet die Verbindung von Wettkampf und Unterhaltung in den Sendungen von Stefan Raab. Hier werden unter anderem unterschiedlichste Sportarten wie z. B. Stockcar-Rennen, Turmspringen und Wokfahren (als Abwandlung des Bobfahrens) zur besten Sendezeit mit verschiedenen Sportlern in den Fokus gerückt. Wie oben bereits genannt, spielen bei Veranstaltungen dieser Art Musik und Show eine mindestens ebenso große Rolle wie der Sport an sich. Auch hier steht der Sportler zwar primär im Mittelpunkt, aber bei dieser Form der Wettkämpfe haben die Zuschauer auch direkt die Möglichkeit teilzunehmen. Außerdem wird der sekundär indirekte Zuschauer durch Helmkameras etc. mehr und mehr in die sportliche Handlung einbezogen und empfindet sich selbst als Handelnder. Das Ganze ist medial extrem aufgearbeitet und ganz an das Bedürfnis des Publikums nach Spannung angepasst. Dabei rückt der Sport an sich eher in den Hintergrund, weil fast keine „richtigen" Sportler im Sinne von Profisportlern, sondern Prominente daran teilnehmen. Auf diese Weise kommen aber auch Randsportarten in den Mittelpunkt des öffentlichen Interesses und zu mehr Popularität. Für eine starke Vernetzung von Sport und Unterhaltung stehen natürlich auch das Formel-1-Rennen mit seinen waghalsigen Überholmanövern und den spektakulären Crashs sowie der American Football.
Diese Entwicklung des Sports beinhaltet darüber hinaus auch wirtschaftliche Aspekte wie beispielsweise den Bau von Sportstätten, die immer mehr den Wünschen der Zuschauer (VIP- Bereich, Videoleinwände, Speiseräume) entsprechen. Es kommt nicht nur zu einer Zunahme von Arbeitsplätzen im Sport, sondern dieser wird auch mediengerecht aufgearbeitet. Allein die Werbung und die damit verbundenen Einnahmen, die unter anderem auch für die Förderung des Sports eingesetzt werden können, bestimmen große Teile mancher Sportereignisse. Der Verlust der Balance zwischen den einzelnen Sportarten (materielle Konzentration auf wenige Sportarten und Sportler) soll als Gefahr wirtschaftlicher Verflechtungen nicht ungenannt bleiben. Relevant sind diese Betrachtungen in erster Linie für den im Fokus stehenden Spitzensport. Sport und Wirtschaft gehen eine Ver-

bindung ein, von der beide profitieren wollen, in der sie aber verschiedene Ziele verfolgen. Sport benötigt immer auch finanzielle Ressourcen. Diese stehen aber eher den Sportarten, die in der Öffentlichkeit präsent sind, zur Verfügung. Dies kann durch besondere Erfolge oder, wie oben beschrieben, durch eine gelungene Präsentation funktionieren. Der Sport benötigt die Wirtschaft somit als Geldgeber, der ihn durch zusätzliche Einkünfte unterstützt. Die Medien werden zur Erregung öffentlicher Aufmerksamkeit benötigt, um den Sport bekannt und auch gleichzeitig für die Wirtschaft attraktiv zu machen. Auch der Sport selbst bleibt davon nicht unberührt, so wurden z. B. die Regeln beim Volleyball und Badminton durch die Ralleypointbewertung geändert, um das Spiel für die Betrachter spannender zu gestalten. Das bedeutet aber noch nicht, dass alle Sportarten sich dem Druck der Medien beugen. Auch heute noch werden Sportarten in ihrer ursprünglichen Form dargeboten. Letztendlich bringt der Zuschauer sich heute selbst in stärkerem Maße ein, z. B. durch Tribünenwellen und Fangesänge. Er kann zudem durch besondere Darbietungsformen motiviert werden, selbst Sport zu treiben.

Nordrhein-Westfalen: Leistungskurs 2010
Aufgabe 2

Aufgabenstellung: Punkte

1. Sportliches Training ist ein systematischer Prozess zur Verbesserung der Leistungsfähigkeit, der durch Prinzipien bestimmt wird.
   Beschreiben Sie vier Trainingsprinzipien und erläutern Sie diese an Beispielen aus unterschiedlichen Sportarten. 26

2. Die Verbesserung der Bewegungskoordination und die Aneignung sportmotorischer Fertigkeiten stehen im Mittelpunkt des motorischen Lernens.
   Begründen Sie die vorzunehmende Neuordnung der Arbeitskarten (M 1) zum Erlernen des Kugelstoßens auf der Grundlage Ihrer Kenntnisse zum motorischen Lernen und nehmen Sie zu diesem Übungsangebot Stellung. 22

3. Die Verbesserung der Leistungsfähigkeit ist auch über unphysiologische Mittel – Doping – möglich.
   Erläutern Sie die Wirkung von drei Formen des Dopings am Beispiel von Sportarten Ihres Kursprofils und bewerten Sie die Dopingproblematik im Spannungsfeld der in M 2 beschriebenen Doping-Szenarien. 32

M 1: Arbeitskarten zum Erlernen des Kugelstoßes

Sportlehrer/-in N.N. beabsichtigt, in einer Sportklasse das Kugelstoßen einzuführen. Im Materialkasten der Schule finden sich 13 Arbeitskarten mit Übungsbeschreibungen, aber leider liegen sie nicht mehr in der richtigen Reihenfolge, sondern in der folgenden:

momentane Reihenfolge	Übungsbeschreibung
1	Medizinball aus dem Stand zum Partner stoßen, sowohl beidarmig als auch einarmig
2	Rücken in Wurfrichtung, Medizinball zwischen die Beine schwingen und durch die Beine in Wurfrichtung herauswerfen
3	Standstoß für Rechtshänder (gilt auch für die weiteren Übungen): Linkes Bein steht vorn; rechtes Bein ist auf 90° gebeugt; Oberkörper und linkes Bein sollten etwa eine Gerade bilden; die linke Körperseite zeigt in Stoßrichtung; Ausstoßen der Kugel durch schnelles Strecken des rechten Beines; der rechte Ellenbogen ist im Ausstoß auf Schulterhöhe
4	Einhändiges Hochstoßen eines Medizinballes durch Streckung aus der Hocke
5	Stoß aus dem Angleiten
6	Medizinball aus dem Sitz zum Partner stoßen, sowohl beidarmig als auch einarmig
7	Üben des Angleitens als Schlangenrutschen: Rechte Hand fasst den linken Unterschenkel des Vordermannes; gleichzeitiges Rutschen nach hinten auf dem rechten Bein durch Schwungbewegung des linken Beines
8	Standstoß, vorderes Bein steht auf einer Erhöhung, z. B. kleinem Kastenteil oder kleiner Matte
9	Gassenstoßen: Zwei sich gegenüberstehende Reihen bilden eine Mannschaft; der Medizinball wird immer diagonal geworfen; zwei Mannschaften spielen gegeneinander; welche Mannschaft hat zuerst 3 oder 5 oder 6 Durchgänge geschafft?
10	Einhändiges Hochstoßen der Kugel
11	Standstoß, wobei der Rücken zu Beginn der Übung in Stoßrichtung zeigt
12	Medizinball aus dem Kniestand zum Partner stoßen, sowohl beidarmig als auch einarmig
13	Beidhändiges Hochstoßen einer Kugel, Auffangen der Kugel

in Anlehnung an: Hillebrecht, Martin; Hillebrecht, Natascha: Skript zur Leichtathletikausbildung, Universität Oldenburg 1999, S. 14
URL: http://spt0010a.sport.uni-oldenburg.de/PDF/LASKRIPT.PDF (24. 08 .2009)

M 2: Doping-Szenarien

Szenario a)
Doping-Freigabe:
Doping wird freigegeben; allerdings stehen gesetzliche Bestimmungen in verschiedenen Staaten diesem Ansatz entgegen (z. B. in Frankreich oder Italien). Bei einer Freigabe wäre der Spitzensport ein Bereich, in dem der Respekt gesellschaftlich akzeptierter Werte des Sports (z. B. Gesundheit, Fairplay) nichts gilt. Der Spitzensport müsste aus dem organisierten Sport ausgegliedert werden, entsprechend der schon seit 1969 gestellten Forderung von Brigitte BERENDONK, dass die Doper ihre eigenen Verbände gründen sollten. Auch Ommo GRUPE schlug schon 1977 eine Ausgliederung vor: Wem die Anti-Doping-Charta von 1977 nicht genehm sei, „der soll die Organisationen des deutschen Sports verlassen und wer weiß wo seinen Sport treiben" [...].

Szenario b)
Verschärfung der Kontrollen bis zur „Rund-um-die-Uhr-Überwachung" der Athleten:
Angesichts der Zwänge des Spitzensportsystems als Folge seiner radikalen Orientierung an seiner Logik ist Doping strukturell bedingt und nur bei strengster Überwachung und Kontrolle vermeidbar. Jeder Athlet ist des Dopings verdächtig; im Zweifelsfall muss er ständig durch einen Beobachter/Kontrolleur begleitet werden, also quasi eine Überwachung rund um die Uhr.

Singler, Andreas; Treutlein, Gerhard: Doping – Von der Analyse zur Prävention. Aachen: Meyer & Meyer 2001, S. 158/159

Lösungsvorschläge

1. ***Hinweis:*** *Für die Lösung dieser Aufgabe kommt grundsätzlich eine Vielzahl verschiedener Trainingsprinzipien in Frage. Eine Strukturierung nach Weineck ist nicht zwingend erforderlich.*

Trainingsprinzipien, auch Grundsätze des sportlichen Trainings genannt, sind übergeordnete Anweisungen zum Handeln im sportlichen Training. Dabei geben sie keine konkreten Handlungsmuster vor, sondern dienen eher zur allgemeinen Orientierung. Diese Prinzipien mit hoher Allgemeingültigkeit lassen sich z. B. in folgende Gruppen einteilen:

- **Prinzipien zur Auslösung von Anpassungsprozessen**
- **Prinzipien zur Festigung von Anpassungsprozessen**
- **Prinzipien zur Steuerung von Anpassungsprozessen**

Durch Training soll es zu einer Leistungssteigerung kommen. Dazu werden in einem bestimmten Zeitraum Beanspruchungen durchgeführt, die zu Veränderungen des Organismus führen. Organismus und Umwelt stehen in einem gewissen Fließgleichgewicht zueinander, das als Homöostase bezeichnet wird. Eine sportliche Belastung wirkt auf dieses Gleichgewicht störend ein, daraufhin werden Anpassungsvorgänge in Gang gesetzt, um dieses Gleichgewicht wiederherzustellen. Es kommt zu einer biologischen Anpassung. Ausgelöst wird dieser Anpassungsprozess z. B. durch einen überschwelligen Reiz, der dem **Reizschwellengesetz** folgt. Dieses besagt, dass ein Belastungsreiz überschwellig sein muss, um überhaupt das Gleichgewicht im Körper stören zu können und damit zu Anpassungserscheinungen führen zu können. Die sogenannte Reizstufenregel geht davon aus, dass es unterschwellige (= unter der wirksamen Reizschwelle), überschwellig schwache, überschwellig starke und zu starke Reize gibt, wobei unterschwellige Reize wirkungslos bleiben, überschwellig schwache das Funktionsniveau erhalten und überschwellig starke (= optimale) physiologische und anatomische Änderungen auslösen. Zu starke Reize schädigen letztendlich die Funktion. Wie hoch diese Reizschwelle liegt, hängt von der Leistungsstärke des Sportlers ab. Weniger gut trainierte Sportler benötigen relativ niedrige und unspezifische Reize, während Spitzensportler zur Anpassung hohe spezifische Belastungsreize brauchen.

Auch das **Prinzip der progressiven Belastungssteigerung** lässt sich der Gruppe der **Prinzipien zur Auslösung von Anpassungsprozessen** zuordnen. Trainiert ein Sportler über eine längere Zeitdauer bei gleichbleibender Trainingsbelastung, hat sich der Organismus so angepasst, dass dieselben Belastungsreize nicht mehr überschwellig stark wirken oder sogar unterschwellig werden. Damit es zu erneuten Anpassungserscheinungen kommt, muss der Sportler seine Anforderungen erhöhen. Dies kann ein Schwimmer beispielsweise tun, indem er die Zahl der Trainingseinheiten pro Woche von drei auf vier erhöht. Des Weiteren kann er den Umfang verändern, indem er z. B. während des Trainings mehr Sprints schwimmt und letztlich als Konsequenz einer sinnvollen Reihenfolge die Intensität in Form von Geschwindigkeit erhöht. Im Leistungsschwimmen sollte das Training zudem so gestaltet werden, dass es zu einem Wechsel der Trainingsmethoden und der Trainingsinhalte kommt, um einer Stagnation vorzubeugen. Denkbar wäre ein Training in Freigewässern oder eine Trainingseinheit mit einem Wasserballtrainer, der mit anderen Methoden arbeitet.

Jeder Sportler sollte sein Training zudem auch über einen längeren Zeitraum planen, damit ein hoher Leistungszuwachs erzielt wird. Die **Prinzipien zur Festigung von Anpassungsprozessen** berücksichtigt dies unter dem Gesetz der **Anpassungsfestigkeit**. Dieses besagt, dass eine Leistung, die schnell erarbeitet wurde, nicht so lange wirksam ist wie eine langsam aufgebaute Form. Ein Radfahrer, der für einen Radurlaub trainiert, kann die Form nach dem Urlaub nicht so lange halten wie ein Radsportler, der über Monate oder gar Jahre seine Leistung aufgebaut hat. Bei diesen Sportlern ist auch nach einer mehrwöchigen Verletzung die sportliche Form nicht völlig abgebaut.
Der Sportler sollte sein Training zudem auch über einen längeren Zeitraum planen, damit ein hoher Leistungszuwachs erzielt wird. Hier findet das **Prinzip der kontinuierlichen Belastung** seine Berechtigung. Dieses geht davon aus, dass regelmäßige Trainingserfolge dazu führen, dass es zu einem fortlaufenden Anstieg der sportlichen Leistungsfähigkeit kommt. Verletzt sich aber beispielsweise ein Sportler, so führt dies zu Leistungseinbußen. Da ein Sportler aus biologischen Gründen auch nicht das ganze Jahr in Bestform sein kann, sollte das Training gezielt einem periodischen Wechsel unterworfen werden. Das **Prinzip der periodisierten Belastung** verlangt deshalb einen Wechsel von Belastung und Erholung innerhalb eines Wettkampfjahres. Eine Vorbereitungsperiode dient hier zum Aufbau der allgemeinen Leistungsfähigkeit, während in der Wettkampfperiode der Erhalt der Leistung im Vordergrund steht und in der Übergangsperiode der geplante Formverlust durch Verringerung z. B. des Belastungsumfangs herbeigeführt wird. Ein Tennisspieler, der z. B. an einer internationalen Meisterschaft teilnehmen möchte, muss sich zuerst qualifizieren. Deshalb plant er sein Training so, dass er zu den angesetzten Qualifikationsturnieren (1. Wettkampfperiode) ein erstes Leistungshoch erreicht. Dieses Leistungsniveau kann er aber nicht über einen längeren Zeitraum aufrechterhalten. Er vermindert also seine Belastung, um sie für die Meisterschaft (2. Wettkampfperiode) wieder hochzufahren. Bei einer derartigen Jahresbelastung setzt nach der Meisterschaft eine deutliche Erholungsphase ein.

Zu einem optimal gestalteten Training muss des Weiteren die zur **Steuerung von Anpassungsprozessen** das **Prinzip der Spezialisierung** beachtet werden. Dabei verweist das **Prinzip der Altersgemäßheit** darauf, dass während der gesamten Lebensspanne darauf zu achten ist, Trainingsbelastungen nach dem biologischen und nicht nach dem kalendarischen Alter auszurichten. Hier müssen die Besonderheiten der jeweiligen Altersstufe, die sich in Kindes-, Jugend- und Erwachsenenalter aufteilen, aus biologischer, psychologischer und sozialer Sicht berücksichtigt werden. So können Kinder relativ gut in Bereichen der Schnellkraft wie

Hockey oder Fußball und der Koordination wie Tanzen oder Turnen trainiert werden, während ein klassisches Krafttraining für den passiven Bewegungsapparat noch nicht geeignet ist.
Auch das **Prinzip der optimalen Relation** von allgemeiner und spezieller Ausbildung findet sich hier wieder. Es besagt, dass zuerst eine vielseitig ausgeprägte, allgemeine Ausbildung der Leistungsfähigkeit erfolgt und auf dieser Grundlage eine spezifische sportliche Leistung aufgebaut wird. Dabei ist aber die allgemeine Ausbildung von Beginn an auf die speziellen Anforderungen der Zielsportart ausgerichtet. Je nach Trainingszustand und Grad der Spezialisierung verändert sich die Relation von stärker allgemeinen zu spezielleren Ausbildungsangeboten. Deutlich wird dies am Beispiel des Kinderhockeytrainings. Hier betreibt man noch keine spezielle Ausdauerschulung, sondern animiert die Kinder über spielerische Aufgabenstellungen mit Bällen zum dauerhaften Bewegen. Das ändert sich dann im Verlauf des Jugendtrainings hin zum Erwachsenentraining, in welchem die Ausdauer einerseits über Lauftraining, andererseits über spezielle dem Fertigkeitsniveau der Spieler angepasste Komplexübungen entwickelt wird.

2. ***Hinweis:*** *Die Bearbeitung der Aufgabe erwartet eine begründete Neuordnung. Die vorliegende Reihenfolge der Übungsformen ist allerdings nur ein Vorschlag. Denkbar sind bei einer sinnvollen Begründung auch andere Abfolgen. Auch die einzelnen Übungen sind nur exemplarisch herausgenommen. Zudem können auch andere oder ergänzende methodische Überlegungen vorgebracht werden. Allerdings sollte abschließend immer eine Bewertung vorgenommen werden.*

Bei einer komplexen Bewegungsform wie dem Kugelstoßen bietet es sich an, die **analytisch-synthetische Methode** einzusetzen, um einzelne Bewegungen zuerst isoliert zu üben und später zu einer Gesamtbewegung zusammenzusetzen. Um mit den gegebenen Übungen das Kugelstoßen zu erlernen, wäre eine sinnvolle mögliche Übungsreihenfolge z. B. 6 – 12 – 1 – 9 – 2 – 4 – 13 – 10 – 3 – 11 – 8 – 7 – 5, weil hierbei zunächst die Armarbeit (6 – 12 – 1 – 9), dann der Beineinsatz (2 – 4 – 13 – 10) und letztendlich das Angleiten (7) geübt würde. Dabei beginnt der Lernende mit allgemeinen Vorübungen, indem er zunächst Übungen mit dem Medizinball zur allgemeinen Stoßerfahrung macht. Es schließen sich dann spezifische Vorübungen mit dem Wettkampfgerät an, um letztlich eine einfache Zielübung aufzugreifen. Mit dem Erreichen des Standstoßes übt der Schüler mit der Ganzheitsmethode in Form von einfachen Stoßtechniken weiter (3 – 11 – 8). Eine frontale Stellung, dann eine seitliche Stellung und schließlich die Ausgangsstellung mit dem Rücken zur Stoßrichtung folgen dem methodischen **Prinzip vom Einfachen zum Komplexen**. Berücksichtigung findet auch das **Prinzip vom Leichten zum Schwierigen**, da mit dem Medizinball begonnen wird und erst dann das Wettkampfgerät zum Einsatz kommt. Des Weiteren werden Gerätehilfen wie Medizinball, Matte/Kastenteil eingesetzt. Die Übungsfolge umfasst verschiedene Lernstufen. So wird in der ersten Phase eine Grobform des Stoßes mit dem Ziel „Standstoß“ angestrebt. Im weiteren Übungsverlauf wird eine Verfeinerung des Standstoßes mit Blick auf eine längere Beschleunigungsphase vorgenommen, die schon Züge der Feinform aufweist.

Die Übungsangebote sind so angeordnet, dass der Schüler seine Bewegungen von Übung zu Übung weiterentwickeln kann. Dabei hat er die Möglichkeit, durch den Einsatz des Medizinballs zuerst einmal viele Stoßerfahrungen zu machen. Die kleinen spielerischen Übungen zwischendurch lockern die konzentrierte Einzelarbeit auf, wobei ansonsten methodisch sehr zielgerichtet gearbeitet wird.
Allerdings könnte man **kritisch** anmerken, dass Übungen wie das Gassenstoßen nicht direkt zum Kugelstoßen führen. Des Weiteren besteht die Gefahr, dass die Schüler einige Übungen als nicht sinnvoll erachten. So ist z. B. für den Lernenden nicht ersichtlich, warum er den Medizinball rückwärts durch die Beine werfen soll, zumal damit der Lendenwirbelbereich belastet wird. Kritisch zu betrachten ist zudem das Schlangenrutschen, da es hohe Anforderungen im Bereich der Koordination an die Übenden stellt.

3. ***Hinweis:** Die Aufgabe erfordert eine klare Strukturierung. Sinnvoll wäre hier, zuerst die Formen des Dopings an Beispielen zu erläutern und im Anschluss die Hauptaussagen der verschiedenen Szenarien herauszuarbeiten und zu bewerten. Daraus könnte sich dann eine zunehmend eigene Position entwickeln, die letztendlich die Dopingproblematik bewertet.*

Immer wieder greifen Sportler zu unerlaubten Medikamenten, um eine Leistungssteigerung zu bewirken, wobei sie oft eine Schädigung ihrer Gesundheit in Kauf nehmen, denn die Einnahme aller Dopingmittel ist mit beträchtlichen Nebenwirkungen verbunden. Dabei unterscheidet man zwischen Mitteln, die kurz vor oder während eines Wettkampfes eingenommen werden (z. B. Betablocker, Stimulanzien) und solchen, die längerfristig wirken (z. B. Anabolika). Hinzu kommt die Methode des **Blutdopings**, welche vor allem im Ausdauersport ihre Anwendung findet. Bei dieser Form des Dopings wird dem Athleten eigenes oder fremdes Blut zugeführt, welches mehr rote Blutkörperchen und mehr Hämoglobin enthält. Dadurch wird die maximale Sauerstoffaufnahme erhöht und als Resultat die Ausdauerleistungsfähigkeit gesteigert. Allerdings besteht z. B. durch infizierte Blutkonserven das Risiko, dass sich der Sportler mit Hepatitis oder Aids infiziert oder eine Blutvergiftung bekommt.
Sportler, die vor allem ihre Maximalkraft steigern wollen, wie z. B. Leichtathleten in den Wurf- und Stoßdisziplinen, greifen oft zu **anabolen Steroiden**, auch Anabolika genannt. Anabolika sind künstlich hergestellte Hormone, die eine Zunahme der Muskelmasse zu Folge haben, wodurch es für Kugelstoßer z. B. möglich ist, ihre Trainingsparameter zu erhöhen. Dieses Hormon ist in der Wirkung dem männlichen Geschlechtshormon Testosteron ähnlich und fördert insbesondere den Eiweißaufbau in der Muskulatur. Aber auch bei der Einnahme von Anabolika kann es zu gesundheitlichen Problemen kommen. So führt sie bei Frauen oft zu starker Vermännlichung, die vermehrte Körperbehaarung oder veränderte Stimmlage zur Folge hat. Bei Männern kann es zu Impotenz, Hodenverkleine-

rung und zu einer reduzierten Spermienproduktion kommen. Für beide Geschlechter besteht unter anderem ein erhöhtes Herzinfarktrisiko und die Gefahr, an Depressionen zu erkranken.
Bei Spielsportarten, bei denen es z. B. darum geht, die Ermüdungsschwelle hinauszuschieben, kommt es häufig zur Einnahme von **Stimulanzien**. Diese wirken wie Rauschmittel und werden kurz vor dem Wettkampf konsumiert. Dazu zählen z. B. Amphetamine, Kokain, Ephedrin und Koffein. Sie steigern die motorische Aktivität, haben Auswirkungen auf das Herz-Kreislauf-System, wirken auf die Psyche, indem sie die Risikobereitschaft erhöhen, und vertreiben die Müdigkeit, aber auch das Gespür für die natürliche Leistungsgrenze. Auch die Einnahme von Stimulanzien ruft zahlreiche Nebenwirkungen hervor. So kann es zu Depressionen, Zusammenbrüchen, Schlaflosigkeit oder Übelkeit kommen.

Dem Sport wird grundsätzlich ein heilsamer Effekt zugeschrieben. Der Gebrauch der beschriebenen Substanzen ist nicht nur aufgrund seiner gesundheitsschädlichen Wirkung strikt verboten, sondern wirft auch immer die Frage nach der Fairness gegenüber Sportlerkollegen und der Öffentlichkeit auf. Die positive Bewertung des Sports wird durch Dopingskandale zunehmend infrage gestellt. Eine Chancengleichheit und damit einhergehend eine unverfälschte Vergleichbarkeit scheint nicht mehr gegeben zu sein. Deshalb wird unter anderem vermehrt darüber diskutiert, ob die Freigabe von Doping zu einer größeren Chancengleichheit führen könnte als das heutige Verbot.
So wird in **Szenario a** für eine Doping-Freigabe im Spitzensport plädiert, wobei zu beachten ist, dass es sich um ein globales Problemfeld handelt, das Auswirkungen auf die Gesetzeslage verschiedener Staaten hat, deren gesetzliche Bestimmungen teilweise einer Freigabe widersprechen. Es wird befürchtet, dass die Freigabe leistungsfördernder Medikamente zum Verlust gesellschaftlicher Werte im Sport, wie Gesundheit und Fairplay, führen könnte. Gerade im Bereich des Kinder- und Jugendsports gilt es zu bedenken, dass eine Aufhebung des Dopingverbotes falsche Signale senden könnte, den erzieherischen Grundwerten widerspricht und Personen zum Gebrauch von Dopingmitteln animieren könnte, die sich der daraus resultierenden Gefahren nicht bewusst sind. Unter diesem Aspekt ist der Vorschlag, im Bereich des Leistungssports für Doper eigene Verbände zu gründen, ein möglicher Lösungsweg. Der mündige Zuschauer kann dann selbst entscheiden, ob er derart gestaltete Sportangebote annehmen möchte.
Szenario b schlägt als gangbaren Lösungsweg die „Rund-um-die-Uhr-Überwachung“ vor. Dadurch ist zunächst einmal jeder Athlet potenzieller Dopingsünder und verdächtig. Es gälte, die Spitzensportler zeitlich und lückenlos zu kontrollieren, was zur Folge hätte, dass die Intimsphäre der Sportler enorm beschnitten würde und die Sportler nahezu auf eine Stufe mit Straftätern gestellt würden. Urinuntersuchungen ohne richterliche Anordnung sind außerhalb des Sports nicht zulässig. Ein engmaschiges Kontrollsytem hätte allerdings den Vorteil, dass es das Vertrauen der Sportler untereinander verbessern und Vergleichbarkeit fördern könnte. Allerdings sollte ein angemessener Freiraum für Privatsphäre erhalten bleiben. Eine Doping-Freigabe überließe dem Sportler die Entscheidung, inwie-

weit er gesundheitliche Risiken eingehen will, und würde den Widerspruch, dass auch in anderen Bereichen der Gesellschaft leistungsfördernde Mittel genommen werden, aufheben. Eine sachgemäße Einnahme unter ärztlicher Kontrolle könnte die Gesundheit der Athleten schützen und die Einnahme etwa von Anabolika in relativ geringen Dosen könnte so zu einem Leistungszuwachs führen. Dies scheint vordergründig eine ideale Lösung, da man dem Schwarzmarkt in der Dopingszene das Wasser abgraben und eine vermeidliche Chancengleichheit für alle herstellen würde. Siegen würde allerdings der Sportler mit dem besten Arzt, den wirkungsvollsten Medikamenten oder dem besten Wissenschaftsteam. Dabei hätten reiche Länder weitaus bessere Chancen als arme. Zudem ist zu klären, inwieweit Gesundheit und Leistungssport einander nicht auch ausschließen. So leiden z. B. viele Turnerinnen am Ende ihrer Karriere an Rückenschäden, auch der Boxsport ist unter gesundheitlichen Aspekten bedenklich.
Was ist außerdem mit Sportlern, die ihren Körper nicht mit Hormonen oder Stimulanzien belasten möchten? Führt eine Freigabe nicht eventuell zu einer unkontrollierten Einnahme von Substanzen aller Art? Besorgniserregend wäre in erster Linie der Gedanke, dass sich die Dopingprodukte vermehrt auch im Breiten- und Jugendsportbereich ausdehnen würden. Stände der Leistungssport nicht mehr für Sauberkeit, wäre ein unbedenkliches Fördern der Kinder nicht mehr möglich. Jugendliche sollen ohne unnötige Medikamente und möglichst ohne schädliche Einflüsse aufwachsen. Dabei ist die Dopingproblematik im Hochleistungssport immer auch ein gesellschaftliches Problem. Schon junge Menschen versuchen – z. B. Frauen durch Brustimplantate und Männer durch Muskelaufbau unterstützt durch Anabolika –, ihren Körper zu verändern. Im Leistungssport erwarten Zuschauer immer neue Höchstleistungen, die ohne Doping kaum noch zu erreichen sind.
Es gilt zu beachten, dass nur durch Beibehalten des Doping-Verbots die Grundwerte des Sports, wie z. B. Fairness, Gesundheit und Chancengleichheit, sinnvoll geschützt werden. Deshalb sollte das schon bestehende Kontrollsystem durch verstärkte Trainingskontrollen und Langzeitbeobachtungen von Sportlern erweitert werden und dadurch dem Spitzensport weiterhin ermöglichen, eine positive Öffentlichkeitswirkung in den Medien, ausreichend finanzielle Einnahmen und daraus folgend auch eine optimale Förderung des Nachwuchses zu gewährleisten. Allein kann der Sport das nicht schaffen, deshalb sollten staatliche Anti-Dopinggesetze den Weg weisen.

Nordrhein-Westfalen: Leistungskurs 2011
Aufgabe 1

Aufgabenstellung: Punkte

1. Beschreiben Sie, wie das Herz-Kreislauf-System unmittelbar auf körperliche Belastung reagiert, und stellen Sie die langfristigen Anpassungserscheinungen des Herz-Kreislauf-Systems nach systematischem Ausdauertraining dar. 23

2. Im Rahmen der Leistungsdiagnostik wurden zu Beginn der Trainingsvorbereitung einer Fußballmannschaft vier 1000-m-Läufe mit unterschiedlichen Geschwindigkeiten (Feldstufentest) und ein Regenerationslauf durchgeführt. Unmittelbar nach den Läufen wurden jeweils die im Diagramm abgebildeten Laktat- und Herzfrequenzwerte gemessen.

   Analysieren Sie die Kurvenverläufe (M 1) hinsichtlich des Trainingszustandes der beiden Fußballer. Begründen Sie, zu welchen Konsequenzen die Auswertung des Tests, bezogen auf die individuelle Trainingsgestaltung der beiden Sportler, im Hinblick auf die Anforderungen an Fußballer führt. 24

3. Die Verbesserung der Leistungsfähigkeit ist auch über unphysiologische Mittel – Doping – möglich.

   Analysieren Sie ausgehend vom Text: „Wer will einen Lügen-Bolt?“ (M 2) die gesellschaftliche Brisanz des Dopings im Sport und setzen Sie sich kritisch mit Argumenten für und wider eine Freigabe des Dopings auseinander. 33

M 1:

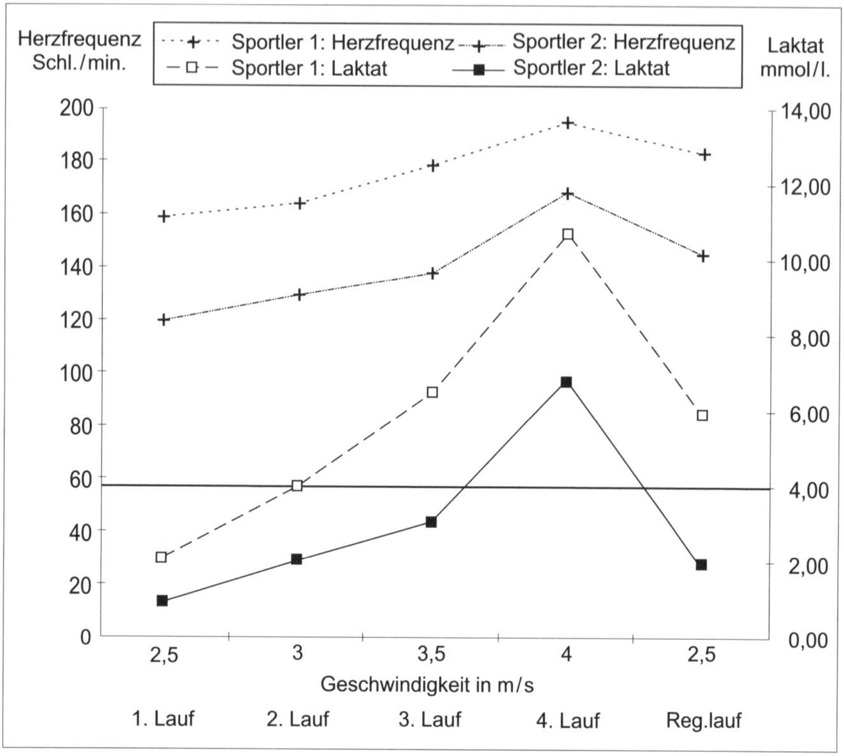

Quelle (verändert): Liesen, Heinz: Leistungsdiagnostik und Trainingssteuerung unter sportmedizinischen Gesichtspunkten. Paderborn: Sportmedizinisches Institut der Universität 2005

M 2: Wer will einen Lügen-Bolt?

Die Zweifel laufen mit: Eine Formulierung, ohne die im Doping-Zeitalter kaum noch ein Bericht über eine atemberaubende Leistung auskommt. Aber ist sie noch zeitgemäß?

Erfüllt sie noch ihren Zweck, die Menschen zu sensibilisieren für die nicht zu leugnende Schattenseite des Hochleistungssports?

Nimmt man die Leichtathletik-WM als Maßstab, stehen wir möglicherweise an einem Wendepunkt. So bitter es für die Kämpfer um sauberen Sport auch sein mag – die Menschen, so scheint es, sind der Doping-Diskussionen überdrüssig.

In Berlin sind neun Tage lang 30 000 bis 70 000 Zuschauer gekommen, um sich von Athleten mitreißen zu lassen, sich an ihren Leistungen zu berauschen – und nicht, um darüber nachzudenken, was auch immer sie so schnell und so stark gemacht haben könnte. Die Faszination der Bilder ist über jeden Zweifel erhaben: Hochemotional reagierende Athleten, die vor Freude tanzen oder aus Enttäuschung weinen, ersticken immer häufiger jeden Hintergedanken.

Heldensagen machen nun einmal mehr Spaß als Böse-Buben-Geschichten. Deshalb möchten die Fans einen Usain Bolt lieber als Mister 1 000 Volt denn als Lügen-Bolt sehen. Vor allem die TV-Sender, die sich mehr als Mitveranstalter denn als journalistische Begleiter sehen, richten ihre Jubelarien an diesen Bedürfnissen aus.

Vermutlich ist die Zuschauer-Reaktion auf einen simplen Verdrängungsmechanismus zurückzuführen. In Zeiten, in denen schlechte Nachrichten überwiegen, möchten viele Leute erst recht an das Gute glauben. Oder aber sie neigen zur fatalistischen Variante des früheren Rad-Profis Alex Zülle, der sein Doping-Geständnis einst so kommentierte: „Wer lügt nicht in unserer Gesellschaft? Drogenkonsum ist doch ein Teil des Geschäfts."

Nach dem größten Doping-Skandal der Radsport-Geschichte hatte Frankreichs Gesundheitsminister Bernhard Kouchner 1998 resignierend festgestellt: „Die Sponsoren, das Fernsehen, die Zeitungen – alle sind Komplizen." Das Publikum hatte er in seiner Aufzählung vergessen.

Quelle: Schüssler, Reinhard: Wer will einen Lügen-Bolt? In: Westdeutsche Allgemeine Zeitung (WAZ) vom 24. August 2009

Lösungsvorschläge

1. ***Hinweis:*** *Die Aufgabe besteht aus zwei Teilen. Im ersten Teil soll die direkte Reaktion des HKS auf körperliche Belastung in eigenen Worten beschrieben werden. Im zweiten Teil sollen die langfristigen Anpassungserscheinungen strukturiert und einwandfrei wiedergegeben werden.*

   Das Herz-Kreislaufsystem besteht aus dem Herzen, dem Gefäßsystem und dem Blut. Es verbindet alle Körpersysteme zu einer funktionellen Einheit. Seine Hauptaufgabe ist die Versorgung aller Körperorgane und Zellen mit Sauerstoff, Nährstoffen, Mineralien und Spurenelementen und die Entsorgung der Stoffwechselendprodukte.

   Eine einmalige **körperliche Belastung** führt zu zahlreichen Reaktionen:
   - Je nach Intensität der Belastung nimmt die Atemfrequenz sowie das Atemzugvolumen zu und damit das Atemminutenvolumen.
   - Ebenso erhöht sich je nach Intensität die Herzfrequenz sowie das Schlagvolumen und damit das Herzminutenvolumen.
   - In Ruhe sind ca. 3–5 % der Kapillaren geöffnet. Bei Arbeit werden sämtliche Kapillaren geöffnet und zusätzlich weit gestellt. Dies bewirkt eine Verminderung des Blutdruckanstiegs. Die Vergrößerung des Kapillarnetzes hat eine Verlangsamung der Fließgeschwindigkeit und damit einen höheren Gasaustausch zur Folge.

   Auf **regelmäßiges Ausdauertraining** reagiert der menschliche Organismus mit strukturellen und funktionellen Anpassungserscheinungen im Herz-Kreislaufsystem.
   - Im Bereich des Herzens kommt es zur Ausbildung des sogenannten Sportherzens. Während sich die Herzkammern erweitern (Dilatation), verlängern und verdicken sich die Muskelzellen (Hypertrophie). Somit wird die Herzarbeit ökonomischer, da bei gleicher Herzfrequenz wesentlich mehr Blut in den Organismus gepumpt werden kann. In Ruhe als auch bei Belastung bewirkt dies einen verminderten Puls.
     Über das erhöhte Schlagvolumen kann das Herzminutenvolumen (HMV) von 20 l/min auf 40 l/min ansteigen, sodass der Sauerstoffbedarf mit weniger Herzschlägen gedeckt werden kann.
   - Das Blutvolumen steigt um bis zu 40 %, was vor allem auf ein gestiegenes Plasmavolumen gegenüber dem Hämatokrit zurückzuführen ist.
     Das gestiegene Plasmavolumen ist eine Wasserreserve für die Thermoregulation, und die gesteigerten Hämoglobinwerte bewirken eine verbesserte Sauerstoffbindungsfähigkeit des Blutes.
     Ebenfalls erfolgt eine Ökonomisierung der Blutumverteilung, da z. B. Organe zugunsten der Muskulatur und des Herzens nicht mehr so stark durchblutet werden.

- Auch in der Muskulatur kommt es zu Anpassungserscheinungen. Parallel zur verstärkten Kapillarisierung steigt auch die Zahl der Kapillare, die bei Belastung und in Ruhe geöffnet sind. Die Vergrößerung des Kapillarquerschnitts bewirkt eine verlangsamte Durchblutung und damit eine verlängerte Kontaktzeit und somit einen verbesserten Gasaustausch, was sich in der Steigerung der arteriovenösen Sauerstoffdifferenz äußert.
- Der verbesserte Gasaustausch bewirkt in den Mitochondrien eine verbesserte Energiebereitstellung. Eine Verbesserung in der Aufnahme der Nährstoffe und der energiereichen Phosphate und der Abgabe der Stoffwechselendprodukte trägt ebenfalls zur Effizienz der Energiegewinnung bei.

2. ***Hinweis:*** *Klären Sie zunächst die zentralen Größen des Leistungstests, die aerobe Schwelle sowie die anaerobe Schwelle. Dann arbeiten Sie die Trainingszustände der beiden Fußballer heraus und stellen die Ergebnisse dar. Anschließend entwickeln Sie Maßnahmen zur individuellen Trainingsgestaltung als Konsequenz.*

Die vorliegenden Messergebnisse (M 1) wurden von dem sportmedizinischen Institut der Universität Paderborn erhoben und zeigen das Verhalten der Herzfrequenz und des Laktatspiegels bei ansteigender Geschwindigkeit bei zwei Fußballern. Der Laktatspiegel und die Herzfrequenz sind Indikatoren für die Funktion des Muskelstoffwechsels. Nach dem fixen Schwellenkonzept liegt die aerobe Schwelle bei 2 mmol Laktat pro Liter Blut. Mit Zunahme der Geschwindigkeit kann die zusätzliche Energie nur auf anaerob-laktazidem Weg bereitgestellt werden. Der aero-anaerobe Übergangsbereich, in dem Laktatbildung und Laktatabbau im Gleichgewicht stehen, liegt bei 2–4 mmol/l. Über der anaeroben Schwelle (4 mmol/l) kommt es zu einem steilen Laktatanstieg und somit zur physischen und psychischen Erschöpfung. Die Sauerstoffaufnahme reicht nicht mehr aus, um den Gesamtenergiebedarf zu decken.

Bei Sportler 1 liegt die **Herzfrequenz** bei allen Laufgeschwindigkeiten deutlich höher als bei Sportler 2. Die Höhe des Belastungspulses variiert in Abhängigkeit des Trainingszustandes, aber auch in Abhängigkeit des Alters, der genetischen Veranlagung und des Geschlechtes. Dennoch kann dieses Ergebnis auf eine schlechtere Sauerstoffaufnahmekapazität deuten. Bei 3 m/s erreicht er die anaerobe Schwelle, bei 4 m/s liegt er weit oberhalb der aeroben Schwelle und übersäuert völlig. Selbst nach dem Regenerationslauf liegt der Laktatspiegel noch bei 6 mmol/l.
Bei Sportler 2 liegen die Herzfrequenzen eindeutig niedriger. Er überschreitet erst im vierten Lauf mit 4 m/s die anaerobe Schwelle. Nach dem Regenerationslauf beträgt der Laktatspiegel nur noch 2 mmol/l. Dies bedeutet, dass dieser Sportler eine gute aerobe dynamische Mittelzeitausdauer besitzt.

Die signifikant höheren **Laktatwerte** bei allen Laufgeschwindigkeiten des ersten Sportlers im Vergleich zum zweiten Sportler zeigen eine viel schlechtere Ausdauerleistungsfähigkeit.

Die durchschnittliche Gesamtlaufleistung bei einem Mittelfeldspieler beträgt 10–14 km/h. Dabei bestehen 20 % aller Läufe aus Kurzsprints (10–50 m) über 15 km/h. Es werden dabei alle Energiebereitstellungsarten beansprucht. Die mittlere Laktatkonzentration liegt bei 6–7 mmol/l. Die azyklische Spielausdauer steht im Vordergrund. Diese wird durch Betreiben der Sportart selbst und durch das Training der **Grundlagenausdauer** verbessert. Die Steigerung der allgemeinen Grundlagenausdauer ermöglicht es, möglichst hohe Belastungsintensitäten in aerober Stoffwechsellage längere Zeit durchzustehen.
Sportler 1 sollte, bevor er die azyklische Spielausdauer trainiert, zunächst die Mittelzeitausdauer verbessern, bei der die aerobe Energiebereitstellung dominiert. Dies sind Läufe zwischen 1 000 m und 3 000 m. Als Trainingsmethode ist die extensive Dauermethode zu empfehlen. Wenn es der Sportler 1 schafft, problemlos 30–45 Minuten ohne Pause bei 30–50 % Intensität zu joggen, ist die intensive Dauermethode zu empfehlen. Die Verbesserung der Mittelzeitausdauer bewirkt eine schnellere Erholungsfähigkeit in Phasen mit verringerter Laufgeschwindigkeit während des Spiels.
Für den **Sportler 2** wären z. B. Intervallläufe nach der intensiven oder auch extensiven Methode empfehlenswert. Die intensive Intervallmethode beinhaltet Läufe von kurzer Dauer, niedrigem Umfang und 80–95 % Intensität mit lohnender Pause. Dies verbessert die Kraftausdauer und allgemeine Grundlagenausdauer. Die extensive Intervallmethode beinhaltet Läufe von längerer Dauer, mit mittlerem bis hohem Umfang und 50–75 % Intensität mit ebenfalls lohnender Pause. Der Trainingseffekt besteht in der Steigerung der Maximalkraft und der Schnelligkeitsausdauer.

3. ***Hinweis:*** *Der Operator „analysieren“ erfordert hier, dass Sie die Position des Autors zur gesellschaftlichen Brisanz des Dopings im Sport erschließen und in Zusammenhänge einordnen. Im zweiten Teil der Aufgabe wird von Ihnen nach Abwägung von Pro und Kontra ein begründetes Urteil zur Freigabe des Dopings erwartet.*

Der Artikel „Wer will einen Lügen-Bolt?“ von Reinhard Schüssler ist am 24. August 2009 in der Westdeutschen Allgemeinen Zeitung erschienen. Der Artikel richtet sich an interessierte Laien und diskutiert, warum trotz Hochleistungen im Sport kaum noch über Doping gesprochen wird. So erreichte Carl Lewis insgesamt neun Olympiasiege und lief 1991 noch die Bestleistung von 9,86 s auf 100 Metern, die dann 2009 von Usain Bolt um 0,31 s unterboten werden konnte. Doch diese Leistungsverbesserung wird kaum hinterfragt.
Im Artikel wird Doping klar als „**Schattenseite**“ (Z. 5) bezeichnet. Damit wird darauf angespielt, dass verbotene Mittel den Sport beschädigen, da der Fair-Play-Gedanke untergraben wird und Leistungen relativiert werden. Hinzu kommt als

gewichtiger Punkt, dass durch Doping nachweislich die Gesundheit aufs Spiel gesetzt wird. Anabole Steroide bewirken z. B. die Zunahme roter Blutkörperchen und der Muskelmasse bei gleichzeitiger Abnahme des Körperfetts. Außerdem vergrößert sich das Herz, ohne dass sich aber die Arterien verändern. Diese physiologischen Veränderungen und die damit einhergehende Unterversorgung des Herzmuskels können schlimmstenfalls zu einem Herzinfarkt führen sowie durch Ablagerungen in den Blutgefäßen zu Arteriosklerose. Zu weiteren Nebenwirkungen zählt auch die Entstehung von Tumoren in der Leber. Trotz allem wird zwar Kritik an Doping geübt und speziell im Falle Bolts die jamaikanischen Kontrollen diskutiert, aber Nachforschungen ersticken im Keim, was auch der deutsche Leichtathlet Tobias Unger in der Fachpresse 2009 belegt.

Das Problem liegt in der Frage, ob man als **Zuschauer** einen sauberen Sport möchte und dabei riskiert, bisherige Idole zu verlieren, oder ob man sich lieber weiter über immer neue Höchstleistungen freut, ohne Rücksicht darauf, wie sie zustande gekommen sind (Z. 9–12). Da die **Medien** täglich von schlechten Nachrichten über Wirtschaftskrisen, Finanzprobleme und Katastrophen dominiert wird, dürfte eine Art Verdrängungsmechanismus einsetzen, dem auch die Dopingdiskussion zum Opfer fällt (Z. 7/8, 19/20). Es zeigt sich auch, dass Sportveranstaltungen, wo die positiven Emotionen im Vordergrund stehen, weiteren Zulauf bekommen. Probleme der Realität oder aber auch des Sports werden ausgeblendet, da sich viele Personen bereits problemüberladen fühlen.

Dazu kommt, dass auf allen Seiten das Schuldbewusstsein fehlt. Laut Alex Zülle sind die Sportler nicht die einzigen, die lügen, sondern Lügen ist Teil des gesellschaftlichen Umgangs (Z. 23). Somit ist unlauteres Verhalten nicht nur den Sportlern vorbehalten, was zur Folge hat, dass es von der **Gesellschaft** natürlich kaum geächtet werden kann, ja es bei vielen sogar heuchlerisch wäre, wenn sie es täten.

Zülle fügt noch hinzu, dass Drogenkonsum „ein Teil des Geschäfts“ sei (Z. 24). Das **„Geschäft“** lässt sich dabei in zweierlei Weise interpretieren, und zwar umgangssprachlich als „Leben“, aber auch konkret als „Hochleistungssport“. Wenn letzteres gemeint ist, so wird eine Teilschuld auch in der stark wirtschaftlich ausgerichteten Seite des Profisports gesehen. Ohne Höchstleistungen, die nur durch Drogenkonsum bzw. Doping erbracht werden können, würde das Interesse der Zuschauer sinken und dementsprechend auch die Einnahmen. Doping stellt somit nicht nur die Zuschauer zufrieden, sondern ist auch für die Sportler und die dahinter stehenden Funktionäre, Sponsoren und Pharmakonzerne ein lukratives „Geschäft“, umso mehr, da die Wahrscheinlichkeit entdeckt zu werden, für ziemlich gering gehalten wird.

Der Artikel wird mit einem Zitat von Bernhard Kouchner abgeschlossen, nach dem Sponsoren, Fernsehen und Zeitungen Komplizen des Dopings sind, wozu Schüssler noch das Publikum hinzufügt (Z. 26–28). Die Medien haben das Interesse, die Hintergründe der Leistungssteigerungen zu verschleiern, damit die Zuschauerzahl gleich bleibt bzw. zunimmt. Dadurch steigt auch der Gewinn durch Werbeausstrahlungen. Die Medienpräsenz ihrerseits erhöht den Erwartungsdruck, der auf den Sportlern lastet, was wiederum zur Zunahme des Dopingkonsums der Sportler führt, aus Angst zu versagen.

Die Dopingproblematik ist gegenwärtig. Es handelt sich um ein globales, sportkulturelles Problemfeld. So gibt es einige Länder, in denen es gesetzliche Bestimmungen gibt, die Doping strafrechtlich verfolgen. Die Gesetze müssten in allen Ländern geändert werden. Da die Nachweisbarkeit von allen Dopingsubstanzen schwierig ist, kann lediglich der Missbrauch einschränkt werden. Dass man den Spitzensport sauber bekommt, ist eine Illusion. Das Einschränken von Missbrauch wird sich weiterhin nur erfolgreich gestalten lassen, wenn weltweit auf gleichem Niveau bei der Dopinganalytik sowie bei den Trainings- und Wettkampfkontrollen gearbeitet wird.
Die **Freigabe von Doping** würde die Verlogenheit im Sport und in der Dopingdiskussion beenden. In einer Gesellschaft, in der die sozialen Werte im Jugendsport an erster Stelle stehen, sollten diese Lügen überwunden werden, um Vorbild für die Jugend zu sein. Bei sachgemäßer Anwendung sind die gesundheitlichen Nebenwirkungen überschaubar, da diese unter Kontrolle der Ärzte eingenommen werden müssen, zudem wären sie für Jugendliche und Kinder nicht frei zugänglich. Kontrollen können den Dopingmissbrauch nicht eingrenzen, sie bewirken nur die unkontrollierte Einnahme, da es immer weiter entwickelte Substanzen geben wird.
Doch es gibt auch genügend **Gegenargumente**. So würde die Freigabe das Problem der gesundheitsschädigenden Wirkung von Doping nicht wesentlich verbessern, da jede Form von Doping negative gesundheitliche Folgen haben kann. Würde man jegliche Substanzen zur Leistungsverbesserung freigeben, gäbe es außerdem auch keine größere Chancengleichheit. Denn es wäre nur noch relevant, wer es sich finanziell leisten kann, die besten Substanzen zu erwerben. Zudem hat der einzelne Leistungssportler nicht mehr die Möglichkeit, selbst über Dopingkonsum zu entscheiden, da er sonst mit den Höchstleistungen nicht mithalten kann. Mit Freigabe von Dopingmitteln im Hochleistungssport würden diese auch im Breiten- und Freizeitsport mehr Akzeptanz und Attraktivität erfahren. Wer will dann noch verhindern, dass bereits Kinder Dopingmittel nehmen? Nur durch das Beibehalten des Dopingverbotes würden die Grundwerte des Sports wie Fairness, Teamgeist und Gesundheit weiterhin geschützt bleiben.
Trotz der Lügen und der globalen Problematik sollte Doping aufgrund der angeführten Argumente weiterhin verboten bleiben. Ein weiterer Missbrauch ist nicht aufhaltbar, könnte aber eingedämmt werden. Da ein Großteil der Medien ein geringes Interesse an einem weiteren Verbot von Doping hat, ist es sinnvoll, Kampagnen zu starten. Zur Verbreitung sind neue Medien wie Newsletter im Internet oder aber auch soziale Netzwerke wie Twitter und Facebook geeignet, da so viele Menschen mit einem geringen und kostengünstigen Aufwand erreicht werden können.

Nordrhein-Westfalen: Leistungskurs 2011
Aufgabe 2

Aufgabenstellung: Punkte

1. Beschreiben Sie Gestaltungsgrundsätze, physiologische sowie psychologische Wirkungen des Aufwärmens und erläutern Sie Umsetzungsmöglichkeiten des Aufwärmens an konkreten Beispielen. 24

2. Erläutern Sie auf der Grundlage des vorliegenden Textes (M 1) ein mehrperspektivisches Verständnis von Aufwärmen im Sportunterricht und überprüfen Sie, inwieweit das Spiel „Blitzball" (M 2) den Forderungen dieses Textes genügt. 26

3. Erörtern Sie die Positionen verschiedener Sportwissenschaftler (M 3) zu den Zielen von Kleinen Spielen und Sportspielen. Beurteilen Sie vor diesem Hintergrund Möglichkeiten des methodischen Umgangs mit Kleinen Spielen und Sportspielen in der Schule. 30

M 1: Aufwärmen – Einstimmen

Das Aufwärmen hat im Wettkampfsport seinen festen Platz. Trainer und Aktive sehen es als ein Mittel an, um die Leistungsbereitschaft zu erhöhen sowie Verletzungen und Unfälle zu vermeiden. Diese Zielsetzung gilt für den Schulsport nur eingeschränkt, da die Belastungen selten so extrem sind wie im Wettkampfsport und der Bewegungs- und Halteapparat von Kindern und Jugendlichen noch nicht so verletzungsanfällig ist.

Im Schulsport gilt ein mehrperspektivisches Verständnis von Aufwärmen. Es umfasst zum einen die körperliche Erwärmung mit dem Ziel, die Aktionsbereitschaft des Organismus und die notwendigen koordinativen Voraussetzungen zu verbessern. Zum anderen berücksichtigt es die psycho-physische und psycho-soziale Komponente sportlichen Handelns. Die Gestaltung des Aufwärmens wird nicht nur von der Sachstruktur der Sportart bzw. der folgenden Bewegungsabsicht geprägt, sondern wesentlich von der Bedürfnis- und Motivationslage der jeweiligen Lerngruppe bestimmt.

Es lassen sich unterschiedliche Funktionen des Aufwärmens berücksichtigen:

Gerade jüngere Schülerinnen und Schüler zeigen nach langen Phasen des Stillsitzens ein großes Aktivitätsbedürfnis. In diesen Lerngruppen kann das Aufwärmen den ersten Bewegungshunger stillen, durch eine intensive Erwärmung gleichzeitig Übererregungszuständen entgegenwirken und zu einer emotionalen Stabilisierung führen.

Oftmals zeigen zu Beginn des Unterrichts einzelne Schülerinnen und Schüler oder auch Schülergruppen eine gewisse Trägheit und Bewegungsunlust. Neben entwicklungsbedingten Faktoren („Null-Bock-Einstellung") sind auch die Belastungen des Schulalltages oder Ängstlichkeit bzw. Unsicherheit Gründe für dieses Verhalten. In diesem Zusammenhang erfüllt das Aufwärmen die Funktion, den Schülerinnen und

Schülern das Umschalten auf die Anforderungen des Sportunterrichts zu ermöglichen und sie auf das anstehende Thema einzustimmen. Dies beinhaltet aber auch den Gedanken, den Körper zu erwärmen, um seine Leistungsbereitschaft zu steigern, wobei neben einer Aktivierung der Organfunktionen auch eine koordinative Vorbereitung geleistet werden sollte.

Aufwärmen im Schulsport bedeutet auch, die Schülerinnen und Schüler auf das gemeinsame Sporttreiben psychisch einzustimmen. Die Bereitschaft und Fähigkeit zum kooperativen Handeln sind nicht immer gegeben; sie sind innerhalb einer Lerngruppe unterschiedlich ausgeprägt und oft auch von Stimmungen abhängig. Das Aufwärmen sollte durch eine zwanglose Verbindung von physischer Erwärmung und Interaktion in wechselnden Gruppen dazu beitragen, dass die Schülerinnen und Schüler „miteinander warm" werden.

Die Schülerinnen und Schüler sollten zum selbständigen Aufwärmen befähigt werden und dauerhafte Einsichten in Grundlagen, Funktionen und in die Notwendigkeit des Aufwärmens vermittelt bekommen. Durch das Erfahren von Körperreaktionen wie Schwitzen, Pulsschlag und Atmung und die Verknüpfung mit theoretischer Auseinandersetzung, z. B. durch eine Kooperation mit dem Biologieunterricht, wird die Basis für die Einsicht in die Notwendigkeit des Aufwärmens gelegt, was Voraussetzung für ein selbstgesteuertes Aufwärmen ist.

Kultusministerium des Landes NRW (Hrsg.): Gesundheitserziehung in der Schule durch Sport – Handreichung für die Sekundarstufe I. 2. Auflage. Bonn: AOK-Verlag 1990, S. 67–70 (gekürzter, adaptierter Text)

M 2: Blitzball

Gespielt wird mit zwei Mannschaften von drei bis elf Spielern, die Spielfeldgröße wird der Spieleranzahl angepasst. Ziel ist es, den Ball (Medizinball, Football …) in die Endzone der gegnerischen Spielhälfte zu tragen und dort auf den Boden zu legen.

Regeln

1. Vorwärts, d. h. in Richtung der gegnerischen Spielfeldgrenze, darf der Ball nur getragen werden (also nicht vom Körper weggeschlagen, gestoßen, geworfen oder getreten werden).
2. Rückwärts darf der Ball geworfen werden.
3. Der Spieler, der den Ball trägt, kann gezwungen werden, ihn abzugeben, indem man ihn mit der Hand auf dem Rücken abschlägt. Der Ballbesitzer muss dann spätestens beim dritten Schritt oder nach zwei Sekunden den Ball abgeben, d. h. nach hinten abspielen.
4. Rempeln, Klammern, Stoßen sowie das Schlagen auf den Ball sind nicht gestattet.

http://www.sportpaedagogik-online.de/leicht/blitzball.html (19.10.2009) (gekürzter, adaptierter Text)

M 3:

A: Prof. Dr. Ralf Laging (Sportwissenschaftler, Universität Marburg):
In Bezug zu den Sportspielen gab es Kritik an der starken Fokussierung auf Sieg und Niederlage, Handball und Fußball seien z. B. darauf angelegt, den Ball so schnell wie möglich ins gegnerische Tor zu bringen. Darunter leide das eigentlich Spielerische. Ist es legitim, in der Schule unreflektiert die traditionellen Sportspiele in ihrer institutionalisierten Wettkampfform zu übernehmen?

B: Prof. Dr. Andreas Luh (Sportwissenschaftler, Ruhr-Universität Bochum):
Jedes Sportspiel verfügt über immanente erzieherische Potenziale, die die Persönlichkeit des für sich und im Team trainierenden und wettkämpfenden Spielers positiv beeinflussen können (Disziplin, Beharrlichkeit, Leistungsorientierung, Kreativität, Fürsorge für den Spielpartner und Gegner, Verantwortungsübernahme, Fairness, freudvolles Erlebnis von Training, Wettkampf, Spiel u. a.). Die erfolgreiche Teilhabe an einem normierten Sportspiel trägt maßgebende sozialisierende und personalisierende erzieherische Elemente in sich.

C: Dr. Lothar Nieber (Sportwissenschaftler, Universität Greifswald):
Der Erfolgsdruck im Profi-Sportspiel ist durch die Milliardenumsätze enorm gewachsen. Aggressive Handlungen im Spiel selbst und in dessen Umfeld werden allzu leicht als Normalität hingenommen und setzen die ohnehin gesunkene Hemmschwelle für gewalttätige Handlungen weiter herab. Sportspielausbildung in der Schule muss dieser Tendenz unnachgiebig entgegenwirken.

D: Autorengruppe (Handreichung):
Das Spielangebot [im Schulsport] reicht von den *Kleinen Spielen* über die *Neuen Spiele* bis zu den *Sportspielen* [...] Gelingendes Spielen zeigt sich [...] darin, dass alle mitspielen, dass alle gern spielen und dass alle fair spielen. Diese drei Elemente müssen als Orientierungspunkte gewählt werden, wenn positive psycho-soziale Erfahrungen vermittelt werden sollen.

A: http://www.uni-marburg.de/fb21/sportwiss/mitarbeiter_seiten/laging/lehrmaterial_lagingvl_allgemeine_spezielle_Ansaetze_didaktik/vl_m4_Blatt_8 (18.10.2009)
B: http://sposerver.sportdekanat.ruhr-uni-bochum.de/spogeschichte/Luh%20Badminton%20Rueckschlag.pdf (19.10.2009)
C: http://www.uni-greifswald.de/~sport/Lehrmaterialien/Praxis/Uebungen_ohne_Sportartenbindung/Spielausbildung%20zwischen%20Tradition%20und%20Modernisierung.pdf (22.01.2006)
D: Kultusministerium des Landes NRW (Hrsg.): Gesundheitserziehung in der Schule durch Sport – Handreichung für die Sekundarstufe I. 2. Auflage. Bonn: AOK-Verlag 1990, S. 29

Lösungsvorschläge

1. ***Hinweis:** Da hier ein Fachbegriff im Zentrum der Aufgabenstellung steht (Aufwärmen), sollten Sie diesen zunächst definieren bzw. erklären. Im Folgenden besteht die Aufgabe aus zwei Teilen, wobei der erste rein auf den Bereich I (Wiedergabe von Kenntnissen) und der zweite auf den Bereich II (Anwenden von Kenntnissen) bezogen ist.*

Das **Aufwärmen** vor dem Training oder dem Wettkampf dient der Schaffung einer optimalen Leistungsfähigkeit und beugt Verletzungen vor. Man unterscheidet allgemeines und spezielles Aufwärmen, wobei das allgemeine dem speziellen Aufwärmen vorausgeht. Die ca. 20 Minuten lange allgemeine Aufwärmphase aktiviert alle großen Muskelgruppen, während beim speziellen Aufwärmen die Muskelgruppen im Vordergrund stehen, die bei der jeweiligen Sportart benutzt werden.

Einige **Gestaltungsgrundsätze** der Aufwärmphase sind zu beachten. Der Umfang der Aufwärmphase richtet sich nach dem Trainingszustand und der Intensität der geplanten Belastung. Je besser der Trainingszustand und je höher die angestrebte Belastung ist, desto länger ist die allgemeine Aufwärmzeit. Auch verlängert sich die Aufwärmzeit mit zunehmendem Alter und bei kühler Witterung. Im Schulsport sollten mindestens 15 Minuten und im Leistungssport mindestens 20 Minuten angesetzt werden. Das langsame Aktivieren aller Muskelgruppen mit geringer Bewegungsamplitude ist wichtig, da das Aufwärmen kein Training ist. Der Übergang zum Training sollte kurz gestaltet werden, damit die Körpertemperatur nicht wieder auf die Ausgangssituation zurücksinkt.

Dem **allgemeinen Aufwärmen** sind zahlreiche Auswirkungen immanent.

- Zu den **psychischen Auswirkungen** zählt die Steigerung der Motivation. Dadurch kommt es zu einer Verbesserung der psychischen Leistungsbereitschaft, wodurch Aufmerksamkeit und Reaktionsgeschwindigkeit angeregt werden. Gerade in der Schule werden allgemeiner Stress und Aggressionen abgebaut.
- Die wichtigsten **physiologischen Auswirkungen** sind der Herzfrequenz- und Blutdruckanstieg. Die Herzfrequenz erreicht die Ausgangsposition für die nachfolgende Belastung und der Blutdruckanstieg bewirkt, dass der Skelettmuskulatur genügend Sauerstoff und Nährstoffe zur Energiebereitstellung geliefert werden.
  Weitere Auswirkungen sind Steigerung der Atemfrequenz, Absonderung von Gelenkschmiere und Steigerung der Körperkerntemperatur. Die Steigerung der Atemfrequenz bewirkt eine optimale Vorbereitung auf die nachstehende Belastung. So steht mit Beginn der sportlichen Aktion genügend Sauerstoff zur Verfügung und es kommt zu keiner Startverzögerung. Die Gelenkschmiere lindert die Druckbelastung auf die Gelenke, was die Verletzungsgefahr verringert. Die Körperkerntemperatur steigt auf ca. 38,5–39 °C an. Dieser An-

stieg von bis zu 2 °C führt zu einer geringeren Viskosität der Muskulatur und stärkerer Belastbarkeit der Muskeln, Sehnen und Bänder.

Beim **speziellen Aufwärmen** wird das Zusammenspiel der Nerven und der Muskeln verbessert, die nachfolgend belastet werden. Dies spielt besonders bei Ballsportarten eine Rolle. In Sportarten mit präzisem Zuspiel ist eine optimale Temperatur in den Beinen bzw. im Arm-, Schulter- und Handbereich unverzichtbar, um nachfolgend gute Leistungen zu bringen. Der Leistungsdruck vor Wettkämpfen wird vermindert.

Im Folgenden wird jeweils eine **Umsetzungsmöglichkeit** des allgemeinen und des speziellen Aufwärmens exemplarisch erläutert.

- Das allgemeine Aufwärmen wird mit zügigem Warmlaufen begonnen, wobei auch Übungen aus dem Lauf-ABC einfließen können. 4–5 Minuten genügen, um das Herz-Kreislaufsystem in Schwung zu bringen. Empfehlenswert sind 60–80 % der maximalen Herzfrequenz. Sprints sind zu vermeiden. Auch ausgewählte Bewegungsspiele sind geeignet. Anschließend eignen sich Übungen aus der funktionellen Gymnastik. Hier sind die Dehnübungen den Kräftigungsübungen vorzuschalten.
- In der speziellen Aufwärmphase auf ein Fußballturnier ist ein Spiel drei gegen drei sinnvoll. So werden die Bewegungsabläufe aufgefrischt und an die aktuellen Bedingungen angepasst. Dann eignen sich sportartspezifische Bewegungsabläufe wie Sprints, Sidesteps und Abspannübungen. Schließlich sollte auf jeden Fall ein Einschießen folgen.

2. ***Hinweis:** Der erste Teil der Aufgabe besteht darin, nachvollziehbar und verständlich das mehrperspektivische Verständnis von Aufwärmen im Sportunterricht auf Grundlage des Textes M 1 zu veranschaulichen. Der zweite Teil bezieht sich auf den Anforderungsbereich III (Transfer), indem das Spiel „Blitzball" auf die Anforderungen des Textes hin beurteilt werden soll.*

In der Sportstunde geht es normalerweise nicht um die Vorbereitung auf einen sportlichen Wettkampf. Man kann also schülergerechte Formen des Einstimmens und Aufwärmens nutzen. Aufgrund der Bedingungen wie z. B. 30 Kinder bzw. Jugendliche in einer Gruppe oder der begrenzten Zeit des Schulsports sind angemessene Formen des Aufwärmens vonnöten.

Folgende Funktionen des Aufwärmens machen eine **Mehrperspektivität** aus:

- Die Aufwärmphase soll den Schülern ein Ventil bieten, ihren aufgestauten Bewegungsdrang zu befriedigen oder einfach Frust und Stress abzubauen (Z. 15–18). Dies ist beispielsweise durch freies Bewegen oder aber intensive Spiele möglich.
- Das Aufwärmen muss die Schüler in Bewegung setzen, sie motivieren und eine möglicherweise vorhandene Bewegungsunlust mindern (Aktivierungsfunktion). Die Belastungen des Schulalltags oder Unsicherheiten sollen überwunden werden (vgl. Z. 19–22). Abwechslung in der Spielauswahl, Auswahl

von verschiedenen Materialien und Einsatz von Musik schaffen eine erhöhte Aktivierung.
- Die Aktionsbereitschaft des Organismus und die notwendigen koordinativen Voraussetzungen sollen z. B. durch abwechslungsreiches Laufen verbessert werden (Z. 25–28). Hier bietet sich Aerobic an.
- Auch die soziale Komponente sollte gegeben sein: Die Bereitschaft zum kooperativen Handeln (vgl. Z. 29–35) kann z. B. durch Handicap-Spiele gefördert werden, damit die stärkeren Spieler mit den schwächeren zusammenarbeiten müssen. Aber auch Fortbewegungen innerhalb der Gruppe tragen zur Kooperation bei.
- Die kognitive Komponente gehört ebenfalls zum mehrperspektivischen Verständnis. Die Schüler sollen das Aufwärmen als Einstimmung auf körperliche Beanspruchung erfahren und begreifen und zu einem individuell angemessenen Aufwärmen befähigt werden. Um sich selbstständig aufwärmen zu können, müssen die Grundlagen, Funktionen und die Notwendigkeit des Aufwärmens erlernt werden (vgl. Z. 36–38). Diese Möglichkeit hat man durch kurze kognitive Phasen nach dem Aufwärmen. Besser geeignet sind z. B. Memoryläufe zu den jeweiligen Inhalten des Aufwärmens.

Das Spiel „**Blitzball**" ist aufgrund der variablen Spielerzahl und Spielfeldgröße grundsätzlich eine geeignete Spielform für den Schulsport. Folgende Gründe sprechen dafür bzw. dagegen, „Blitzball" im Sinne des mehrperspektivischen Verständnisses als Aufwärmspiel einzusetzen:
- Durch die Intensität des Spiels ist die Ventilfunktion gegeben. Allerdings ist die Intensität durch den gegebenen Wettkampfcharakter sehr hoch, sodass keine allmähliche Belastungssteigerung vorhanden ist und es zu Verletzungen kommen kann.
- Solange das Spiel nicht mehrfach in Folge gespielt wird, kann Bewegungsunlust überwunden werden, da die neue Spielidee motivierend wirkt. Auch Ängstlichkeit kann besiegt werden, da in den Spielaktionen nicht lange nachgedacht werden muss. Hingegen können motorisch schwächere Spieler nicht aktiviert werden, da stärkere dazu neigen, die schwächeren Spieler auszuschließen.
- Das Laufen mit und ohne Ball aktiviert alle Schüler und nicht nur die ballführenden Spieler. Außerdem trägt es nicht nur zur physischen Erwärmung bei, sondern fördert auch die Koordination, da es häufig zu Richtungswechseln kommt. Trotzdem können ausgeschlossene Spieler nicht ausreichend belastet werden.
- Der Gewinn des Spiels kann nur im Miteinander erreicht werden. Aus diesen Gründen trägt dieses Spiel zur Steigerung der Kooperationsbereitschaft bei. Dennoch kann der Wettkampfcharakter bei nicht erfolgreichem Spiel oder aber ungenauem Regelwerk zu Frust und Aggressionen beitragen.

Das Spiel „Blitzball" ist somit nur eingeschränkt als Aufwärmspiel geeignet. Allerdings lässt sich das Regelwerk verändern, etwa durch Handicap-Regeln, sodass jeder Schüler aktiviert wird. Das Problem des Wettkampfcharakters kann nicht gelöst werden, sodass es zumindest wichtig ist, das Spiel nicht zu Beginn der Aufwärmphase durchzuführen. Die Thematisierung der Funktionen des Aufwärmspiels in einer kognitiven Phase ermöglicht darüber hinaus Kompetenzzuwachs in der Anleitung eines Aufwärmprogramms.

3. ***Hinweis:*** *Der erste Teilbereich der Aufgabe besteht darin, unterschiedliche Positionen aufzuzeigen und Pro- und Kontra-Argumente zu den Positionen abzuwägen. Eine abschließende Beurteilung schließt sich im zweiten Aufgabenbereich an.*

Prof. Dr. Ralf Laging, Sportwissenschaftler der Universität Marburg, problematisiert die starke Fokussierung der Sportspiele auf das Wettkampfgeschehen, wie z. B. beim Handball oder Fußball.
Die starke Fokussierung, wie sie bei professionellen Spielen vorherrscht, kann tatsächlich zu verbalen und handgreiflichen Aggressionen führen. Die Entwicklung von Persönlichkeitsmerkmalen wie Akzeptanz des Schwächeren, Teamfähigkeit und Einfühlungsvermögen wird blockiert. Auf der anderen Seite kann die Bedeutung von Regeln und der Regeleinhaltung durch Sportspiele und Kleine Spiele mit Wettkampfcharakter gut erarbeitet werden. Somit trägt eine Fokussierung auf Sieg bzw. Niederlage unter Einhaltung der Regeln zur Steigerung der Disziplin bei und stärkt den Umgang mit dem Leistungsgedanken.

Prof. Dr. Andreas Luh, Sportwissenschaftler der Ruhr-Universität Bochum betont das erzieherische Potenzial, das Sportspielen inhärent ist. Demnach trägt das normierte Sportspiel zur Entwicklung der Persönlichkeit und der sozialen Kompetenzen bei.
Bei spezifischen Herausforderungen in den Sportspielen, z. B. nach den Reglements der Sportverbände, können Handlungsdramen entstehen, die als wertvolle Formen des sozialen Miteinanders (wie z. B. Fairness) erfahren werden. Allerdings kommt es bei ungeübten Schülern nicht zum Spielfluss, sodass hier die Pausen das Spielgeschehen dominieren, welche wiederum zum destruktiven Verhalten der Schüler führen. Konkret können z. B. Beharrlichkeit, Spielintelligenz und Kreativität entwickelt werden, aber andererseits kann der Floweffekt, der zur Entspannung beiträgt, zugunsten der Funktion verloren gehen.

Der Sportwissenschaftler der Universität Greifswald **Dr. Lotbar Nieber** unterstreicht die Präventionsfunktion der Sportspielausbildung gegen Aggression und Gewalt.
Auf der einen Seite werden in der Sportspielausbildung Anlässe geschaffen, die soziales Lernen und soziale Verantwortung fördern. Der Sport verlangt, dass Konflikte im Rahmen der Regeln ausgetragen und Affekte unterdrückt bzw. kanalisiert werden. Grundformen und Probleme des sozialen Miteinanders werden verdichtet erfahren und reflektiert. Wenn Gewaltverzicht zugunsten der Norm erfolgreich verinnerlicht und die Akzeptanz entsprechender Verhaltensregeln erreicht wird, dann erreicht man eine Bewusstseinsänderung bis ins hohe Alter. Auf der anderen Seite werden die genannten Funktionen der Gewaltprä-

vention im Sport nur wirkungsvoll ausfallen, wenn die Sozialkompetenz der Lehrkraft ausgeprägt ist und diese nachhaltig faires Verhalten einfordert. Geschieht dies nicht, lernen die Schüler Gewalt einzusetzen, um Probleme zu lösen. Die Gewaltbereitschaft wird sodann verinnerlicht.

In den **Handreichungen** des Kultusministeriums des Landes NRW werden als Ziele die psychosozialen Erfahrungen bei „gelingenden Spielen" (alle spielen mit, alle spielen gern, alle spielen fair) betont.
Bei einem „gelingenden Spiel" kommt es zu Interaktionen mit anderen Personen oder aber Personengruppen. Die Schüler verinnerlichen, das Wohl anderer im Auge zu halten. Der hohe Beliebtheitsgrad der Spiele steigert den psychosozialen Kompetenzerwerb. Dieser Kompetenzerwerb kann jedoch auch ins Gegenteil wechseln, da mit steigernder Aggression der Mitspieler einige Schüler ängstlich reagieren und sich deshalb zurückziehen.

Sportspiele können über die Bedeutung von Regeln und deren Einhaltung zur Persönlichkeitsbildung beitragen, indem der positive Umgang mit dem Leistungsgedanken geschult wird. Hier ist besonders im methodischen Umgang zu beachten, dass die Regeln dem Leistungsstand der Schüler angepasst werden, um Aggressionen zu vermeiden. Hier bieten sich Regelwerkvereinfachungen an.
Desgleichen können psychosoziale Kompetenzen verbessert werden. Dies geschieht aber nur, wenn das Spiel gelingt. Eine Schulklasse ist oftmals sehr heterogen. Um ein gemeinsames Spiel zu veranlassen, bieten sich Handicap-Regeln an.
Bis zum Alter von 12 Jahren sollte die mündliche Thematisierung der erzieherischen Potenziale unterlassen werden, damit die Motivation nicht verloren geht.
Bei der Einführung der großen Sportspiele steht das richtige Maß von Üben und Spielen im Vordergrund.
Darüber hinaus tragen normierte Spiele ebenfalls zur Steigerung des Regelbewusstseins bei.
Damit die Destruktivität eines langweiligen Spiels nicht die Überhand gewinnt, bieten sich zur Vorbereitung auf die größeren Spiele kleinere Spiele an (z. B. Kaiserball statt Basketball), die in ihrem Komplexitätsgrad zunehmen.
Auch kann die Sportspielausbildung zur Gewaltprävention beitragen, indem Konflikte innerhalb der Regeln ausgetragen und Affekte unterdrückt werden. Methodisch ist darauf zu achten, dass die Lehrkraft konsequent agiert und in jeder Situation soziales Verhalten einfordert.

Nordrhein-Westfalen: Leistungskurs 2012
Aufgabe 1

Aufgabenstellung: Punkte

1. Beschreiben Sie den Aufbau eines Skelettmuskels und die Unterschiede der Muskelfasertypen. Erklären Sie ausgehend von den unterschiedlichen Muskelfasertypen die Faserverteilung bei den vier Sportlern (M 1). 20

2. Erläutern Sie die für das Klettern benötigten konditionellen Anforderungen (M 2) und die Veränderungen der Fingerkraft der beiden Schüler (M 3) unter Berücksichtigung von drei relevanten Trainingsprinzipien. Begründen Sie die von den Schülern angewandte Trainingsform des statischen Krafttrainings. 30

3. Im Jahr 2005 war Deutschland der Austragungsort der Kletter-WM. In Kletterkreisen nimmt die Einnahme von Nahrungsergänzungsmitteln wie z. B. Kreatin immer mehr zu.
Erörtern Sie anhand des Vergleichs der Wirkungen und Risiken von Kreatin und anabolen Steroiden (Anabolika) die Frage, ob Kreatin in die Liste der verbotenen Dopingsubstanzen aufgenommen werden sollte. Berücksichtigen Sie dabei den Text M 4. 30

M 1:

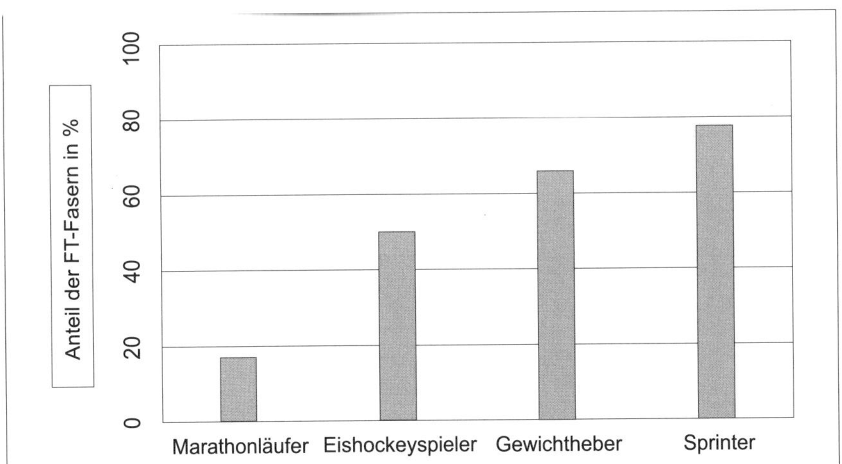

Linder, Hermann/Feldermann, Dieter (Hrsg.): Biologie Schwerpunktmaterialien 1, S. 15
© Bildungshaus Schulbuchverlage Westermann Schroedel Diesterweg Schöningh Winklers GmbH 2004, www.schroedel.de

M 2:

Seit einigen Jahren boomt das Klettern an Felswänden und in Kletterhallen. Gelegentlich wird Klettern sogar in schulischen AGs angeboten. Dazu besitzen einige Schulen bereits eigene Kletterwände.
Kennzeichnend für diese Sportart sind höchste Anstrengungen beim Hochziehen und Hochdrücken des Körpers zum nächsten Griff sowie länger andauernde Anstrengungen beim Halten der erreichten Position.
Die Routen der Kletterwände haben unterschiedliche Schwierigkeitsgrade. Ein wenig geübter Kletterer wird sich eine nicht ganz so steile Wand mit größeren und relativ nah beieinanderliegenden Griffen und Tritten auswählen. Ein guter Kletterer wird solche Routen bevorzugen, die nur sehr kleine Tritte und Griffe aufweisen und die zudem weit auseinander angebracht sind. Für diese Routen sind oft ausgeprägte Streck- und Beugebewegungen der Extremitäten notwendig. In vielen Kletterhallen besteht auch die Möglichkeit, Überhänge zu überwinden.

Quelle: Autorentext

M 3:

Viele Schüler einer Kletter-AG haben Schwierigkeiten, sich mit den Fingern an Vorsprüngen festzuhalten. Dieses Defizit soll durch ein statisches Krafttraining verbessert werden. Schüler A absolviert sein Krafttraining donnerstags im Rahmen der Kletter-AG, Schüler B trainiert noch zusätzlich am Montag. Das Trainingsprogramm bleibt während der 12 Wochen unverändert. Die folgende Abbildung zeigt die Veränderung der Fingerkraft.

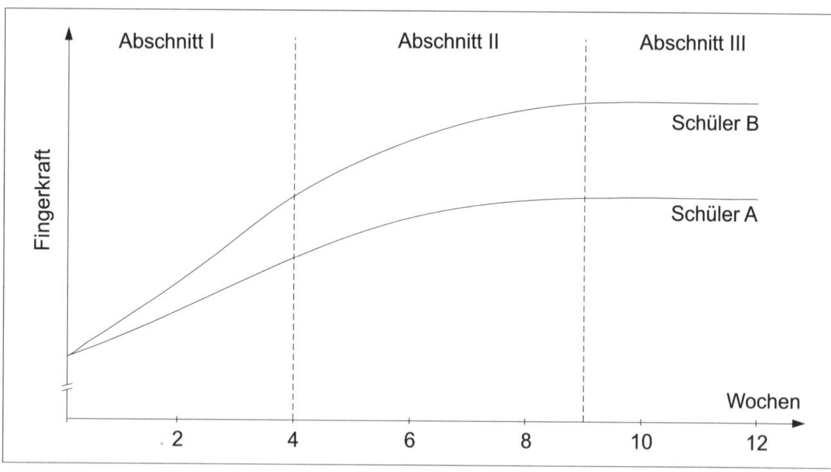

Leistungskurs Sport (Baden-Württemberg). Abiturprüfung 1995. Aufgabe II. In: Abitur Prüfungsaufgaben mit Lösungen. Sport Leistungskurs Gymnasium Baden-Württemberg. Freising: Stark 1995, S. 7 f. (verändert)

M 4:

Im Jahr 2005 war Deutschland der Austragungsort der Kletter-WM. Mittlerweile gibt es sogar einige Profikletterer. Im Zusammenhang damit wurde auch deutlich, dass für Kletterer Nahrungsergänzungsmittel eine wichtige Rolle spielen. Hierzu gehört auch Kreatin. Es handelt sich dabei um eine konzentrierte Substanz aus Aminosäuren. In natürlicher Form kommt es im Fleisch, in stärkerer Konzentration im Fisch vor. Im Körper eines Menschen mit ca. 70 kg Gewicht sind ca. 120 g Kreatin gespeichert, das meiste davon in der Skelettmuskulatur (95 Prozent). Der normale tägliche Kreatinbedarf beträgt bei einem 80 bis 100 kg schweren Menschen 2 bis 3 g pro Tag und kann durch die Nahrung gedeckt werden. Kreatin erlaubt in Training und Wettkampf durch die Hinauszögerung der Muskelermüdung mehr Wiederholungen bei schnellkräftigen Bewegungen und wird daher gezielt zur Leistungssteigerung eingesetzt. Viele Kraftausdauer- und Schnellkraftsportler sehen im Kreatin aufgrund dieses Effekts eine legale und risikolose Alternative zu anabolen Steroiden.

Beobachtet wurde jedoch eine Steigerung der Verletzungsanfälligkeit. Zudem führt es nachweislich bei einigen Sportlern zu keiner physiologischen Wirkung.

Viele Athleten, die bis vor kurzem Kreatin eingenommen haben, haben aus Vorsicht inzwischen wieder davon abgelassen. Häufig wird über Muskelschmerz geklagt. Außerdem ist die Gefahr positiver Dopingbefunde durch Verunreinigungen des Kreatins in den Herstellungsgeräten durch Spuren androgener Steroide groß. Es ist nicht auszuschließen, dass zahlreiche positive Dopingfälle durch verunreinigtes Kreatin verursacht wurden.

Nicole Arndt/Andreas Singler/Gerhard Treutlein. Deutsche Sportjugend (Hrsg.): Sport ohne Doping! Argumente und Entscheidungshilfen. Frankfurt am Main 2004, S. 65

Lösungsvorschläge

1. Für die Bewegung des menschlichen Körpers sind insgesamt 656 Muskeln zuständig, wobei zwischen der quer gestreiften Muskulatur (Skelettmuskulatur) und der glatten Muskulatur unterschieden werden kann. Ist die glatte Muskulatur für unwillkürliche Bewegungen zuständig, so werden mit der quer gestreiften Muskulatur willkürliche Bewegungen ausgeführt. Sportliche Bewegungen basieren daher auf dem spezifischen Aufbau und der Funktionsweise der Skelettmuskulatur.
   Im Folgenden wird der **Aufbau eines Skelettmuskels** ausgehend von der Grob- zur Feinstruktur beschrieben: Ein Skelettmuskel setzt sich aus vielen parallel angeordneten Muskelfaserbündeln zusammen, die durch Bindegewebshüllen eingefasst werden. Jede einzelne Muskelfaser (Muskelzelle) durchziehen mehrere Hundert Myofibrillen (Muskelfibrillen), die ebenfalls parallel angeordnet sind und die Arbeitsstrukturen des Muskels bilden. Die Myofibrillen befinden sich im Sarkoplasma (Zellflüssigkeit) und werden von den Mitochondrien umgeben, die dem Muskel unter Sauerstoffverbrauch Energie liefern. Die Myofibrillen machen ca. 80 % der Muskelfaser aus, wobei der Feinbau einer Myofibrille dadurch gekennzeichnet ist, dass senkrecht verlaufende Z-Scheiben die Myofibrille in seriell hintereinandergeschaltete Grundelemente unterteilt, in die sogenannten Sarkomere. Eine Muskelkontraktion erfolgt, indem sich die jeweiligen Sarkomere dieses Muskels verkürzen. Die Sarkomere stellen somit die eigentlichen kontraktilen Elemente der Skelettmuskulatur dar. Sie bestehen aus den dünneren Aktin- und den dickeren Myosinfilamenten. Dabei setzen an beiden Z-Scheiben zunächst die Aktinfilamente an, die parallel in Richtung Mitte ausgerichtet sind. An ihren jeweils vorderen Enden überlagern sie sich mit den jeweiligen Enden der Myosinfilamente, die mithilfe von elastischen Titinfilamenten an der Z-Scheibe befestigt sind. Die abwechselnd angeordneten Streifen aus den dunklen Bereichen der Myosinfilamente und den hellen Bereichen der Aktinfilamente und die daraus resultierende optische Wirkung führen letztlich zu der Bezeichnung „quer gestreifte Muskulatur“.
   Betrachtet man die Muskelfasern der Skelettmuskulatur genauer, so stellt man fest, dass sie sich in ihrer Arbeitsweise unterscheiden. Aufgrund unterschiedlicher Kontraktionsgeschwindigkeiten werden bei der quer gestreiften Muskulatur grundsätzlich **zwei verschiedene Arten von Muskelfasern** unterschieden: die langsam zuckenden Typ-I-Fasern (*Slow Twitch Fibres*, ST-Fasern) und die schnell zuckenden Typ-II-Fasern (*Fast Twitch Fibres*, FT-Fasern). Die wesentlichen Eigenschaften, in den sich die zwei Muskelfasertypen unterscheiden, werden im Folgenden dargestellt:
   - Die **Typ-I-Fasern (ST-Fasern)** ziehen sich mit deutlich geringerer Geschwindigkeit zusammen als die Typ-II-Fasern. Daraus ergibt sich gegenüber den Typ-II-Fasern eine längere Kontraktionszeit. Die ST-Fasern ermüden dagegen nicht so rasch und sind somit ermüdungsresistenter. Ihr Stoffwechsel ist vor

allem durch ihren Reichtum an Glykogen und Enzymen des aeroben Stoffwechsels charakterisiert. Langsame Muskelfasern sind im Gegensatz zu schnellen Muskelfasern mitochondrienreich (die oxidative Verbrennung von Glukose und Fettsäuren findet in diesen Zellen statt) und weisen einen hohen Gehalt an Myoglobin (Sauerstoffspeicher) auf, der einen schnellen intrazellulären Sauerstofftransport ermöglicht. Diese Gegebenheiten prädestinieren diesen Muskelfasertyp für lang ausdauernde Muskelarbeit mit geringer Kraftentwicklung (Ausdauerbelastungen). Der hohe Myoglobingehalt, als roter Blutfarbstoff, führt dazu, dass die ST-Fasern auch als „rote Muskelfasern" bezeichnet werden.

- Die **Typ-II Fasern (FT-Fasern)** sprechen auf Reize sehr schnell an und können sich entsprechend ihrer Bezeichnung mit sehr hoher Geschwindigkeit zusammenziehen. Darüber hinaus ist für sie kennzeichnend, dass sie rascher ermüden als die langsamen Fasern. Ihr Stoffwechsel ist vor allem durch einen Reichtum an energiereichen Phosphaten (ATP und Kreatinphosphat) und Glykogen charakterisiert sowie durch Enzyme, die diese Phosphate spalten und Glykogen ohne Sauerstoff abbauen können. Die FT-Fasern sind somit für eine anaerobe Energiebereitstellung besonders gut ausgestattet. Sie werden bei einer hohen Kraft- und Schnelligkeitsleistung benötigt. Durch ihren niedrigen Gehalt an rotem Blutfarbstoff (Myoglobin) sind die schnell zuckenden Muskelfasern farblich blass und werden daher als „weiße Muskelfasern" bezeichnet.

Wie die verschiedenen Muskelfaserarten beim Menschen verteilt sind, ist grundsätzlich von Geburt an genetisch festgelegt. Im statistischen Normalfall ist eine Mischform mit einem Anteil von 50–60 % an ST-Fasern und 40–50 % an FT-Fasern vorzufinden. Die Verteilung kann jedoch individuell sehr unterschiedlich ausgeprägt sein. So hat man in Einzelfällen 10 % FT- und 90% ST-Fasern beobachtet und umgekehrt. Zudem kann der Anteil an schnellen und langsamen Muskelfasern auch von Muskel zu Muskel sehr unterschiedlich und individuell auftreten. Durch eine entsprechende Wahl von gezielten Trainingsmethoden kann die Muskelfaserverteilung in begrenztem Maße beeinflusst werden, wodurch Verschiebungen im Faserspektrum herbeigeführt oder aber auch vermieden werden können.

Das **Diagramm M 1** ermöglicht einen Vergleich der **Muskelfaserverteilung bei vier verschiedenen Sportlern**. Dargestellt ist der prozentuale Anteil an FT-Fasern bei einem Marathonläufer, einem Eishockeyspieler, einem Gewichtheber und einem Sprinter.

Es zeigt sich, dass der Marathonläufer mit 18 % den geringsten Anteil an schnell zuckenden FT-Fasern gegenüber den anderen Sportlern aufweist. Dementsprechend sind 82 % seiner Muskelfasern aus langsamen ST-Fasern aufgebaut. Als Langstreckenläufer muss dieser Sportler ermüdungsfrei über einen längeren Zeitraum Leistung bringen. Dies wird durch die ermüdungsresistenten Typ-I-Fasern, deren Stoffwechsel auf der aeroben Energiegewinnung beruht, ermöglicht.

Über einen hohen Anteil an FT-Fasern verfügen dagegen der Gewichtheber mit 65 % und der Sprinter mit 78 %. Beide Sportarten erfordern insbesondere kurz-

fristig abrufbare und schnellkräftige Kontraktionen der Muskulatur. Die Energiebereitstellung erfolgt bei diesen Sportarten überwiegend durch die Umsetzung energiereicher Phosphatreserven (ATP, Kreatinphosphat) und aus der anaeroben Glykolyse.
Der Eishockeyspieler weist eine nahezu gleiche Faserverteilung von FT- und ST-Fasern auf. Dies ist darauf zurückzuführen, dass die Sportart Eishockey sowohl durch hohe Gesamtbelastungszeiten als auch durch schnellkräftige Aktionen gekennzeichnet ist.

2. Ob man als Kletterer eine Route erfolgreich bezwingen kann oder nicht, hängt von vielen Faktoren ab. Erst das richtige Zusammenspiel von Klettertechnik, gepaart mit entsprechend gut ausgebildeten konditionellen Fähigkeiten, in Verbindung mit taktischen und psychischen Fähigkeiten führt letztlich zum Durchstieg. Die motorischen Hauptbeanspruchungsformen Ausdauer, Kraft, Schnelligkeit und Beweglichkeit sowie die koordinativen Fähigkeiten stellen dabei jedoch zentrale Leistungsvoraussetzungen dar. Die koordinativen Fähigkeiten beruhen überwiegend auf zentralnervösen Steuerungs- und Regelprozessen, die **konditionellen Fähigkeiten** (Ausdauer, Kraft, Schnelligkeit und Beweglichkeit) basieren vor allem auf energetischen Prozessen. Als sportspezifische Anforderungen treten die motorischen Grundeigenschaften oft in Kombination auf (z. B. Schnellkraft, Kraftausdauer usw.). Insbesondere die Beweglichkeit, die Schnelligkeit und die Kraft werden dabei als konditionelle Fähigkeiten verstanden, die sowohl energetisch als auch zentralnervös bestimmt sind. In Abhängigkeit von der auszuübenden Sportart, werden verschiedene konditionelle Anforderungen an den Sportler gestellt und sind somit leistungsbestimmend.
Die Sportart Klettern erfordert beispielsweise „höchste Anstrengungen beim Hochziehen und Hochdrücken des Körpers zum nächsten Griff“ (M 2, Z. 4/5), wodurch deutlich wird, dass im Bereich der Kraft besondere konditionelle Anforderungen an den Sportler gestellt werden. Die Kraft lässt sich zum einen nach der jeweiligen Kontraktionsform unterscheiden, also statisch (haltend) oder dynamisch (bewegend), zum anderen wird von den drei Hauptformen Maximalkraft, Schnellkraft und Kraftausdauer gesprochen. Für den Kletterer ist primär die **Maximalkraft** entscheidend. Das ist die größtmögliche, willkürlich auszulösende Kraft, die das Nerv-Muskel-System gegen einen Widerstand aufwenden kann. In der dynamischen (konzentrisch, überwindenden) Arbeitsweise der Muskulatur benötigt der Kletterer diese größtmögliche Kraft, um sich beispielsweise an den Griffen hochzuziehen oder um sich von den Tritten hochzudrücken. Die statische Arbeitsweise der Muskulatur ermöglicht dem Kletterer darüber hinaus das Halten des eigenen Körpergewichts an der Wand. Die Maximalkraft stellt außerdem eine wichtige Basis für andere Kraftarten dar, was die Bedeutung der Maximalkraft als konditionelle Anforderung für das Klettern unterstreicht.
Kennzeichnend für das Klettern sind zudem „länger andauernde Anstrengungen beim Halten der erreichten Position“ (M 2, Z. 5/6), wobei der Kletterer sein gesamtes Körpergewicht an den Griffen halten muss, besonders an Stellen mit

Überhängen. Daher kommt auch der **Kraftausdauer** beim Klettern eine wesentliche Bedeutung zu. Bei der Kraftausdauer handelt es sich um die Ermüdungswiderstandsfähigkeit bei andauernden oder wiederholenden Kraftleistungen. Sie bezieht sich beim Klettern sowohl auf den gesamten Organismus als auch auf den Bereich der Arm- und Fingermuskulatur, wo sie eine bedeutende Rolle spielt. Fortgeschrittene Kletterer sind in der Lage, Routen zu klettern, „die nur sehr kleine Tritte und Griffe aufweisen" (M 2, Z. 10), wobei diese „zudem weit auseinander angebracht sind" (M 2, Z. 11). Dies erfordert „ausgeprägte Streck- und Beugebewegungen der Extremitäten" (M 2, Z. 11/12) und somit eine gute **Beweglichkeit** der Kletterer. Die Beweglichkeit wird daher definiert als die Fähigkeit, Bewegungen mit der erforderlichen Schwingungsweite ausführen zu können. Aus funktionell anatomischer Sicht wird dabei die Gelenkigkeit von der Dehnfähigkeit unterschieden. Unter der Gelenkigkeit versteht man die Beweglichkeit der Gelenke und deren Gelenkkapseln, die anatomisch-strukturell bedingt ist und aufgrund von unterschiedlichem Körperbau variiert. Die Dehnfähigkeit bezieht sich dagegen auf die Beweglichkeit der Muskeln, Sehnen und Bänder. Um die weit auseinanderliegenden Tritte und Griffe erreichen zu können, sollte der Kletterer vor allem im Bereich der Schulter- und Oberschenkelmuskulatur (Adduktoren) besonders beweglich sein.

Wie bereits erwähnt stellen die Kraftfähigkeiten im Bereich der Fingermuskulatur eine bedeutende Leistungsvoraussetzung für das Klettern dar. **Abbildung M 3** stellt die Veränderung der Fingerkraft zweier Schüler dar, die ein statisches Krafttraining über einen Zeitraum von 12 Wochen absolviert haben. Auf der x-Achse ist die Zeit in Wochen angegeben, auf der y-Achse die Fingerkraft der Schüler A und B. Schüler A absolviert sein Krafttraining einmal wöchentlich (donnerstags), Schüler B zweimal wöchentlich (donnerstags und montags). Der Kurvenverlauf weist für beide Schüler eine deutliche Steigung in Abschnitt I (1.–4. Trainingswoche) und eine zunehmende Stagnation gegen Ende des Abschnitts II (4.–9. Trainingswoche) auf. In Abschnitt III (9.–12. Trainingswoche) ist bei beiden Schülern kein weiterer Anstieg der Kurve zu beobachten. Auffällig ist, dass der Kurvenverlauf von Schüler B nach einem gemeinsamen „Startpunkt" immer über dem von Schüler A verläuft. Der Kurvenverlauf ist charakteristisch und spiegelt Grundsätze des sportlichen Trainings, sogenannte Trainingsprinzipien, wider. Die drei relevanten Trainingsprinzipien sollen in den folgenden Ausführungen berücksichtigt werden.

- **Das Prinzip des trainingswirksamen Reizes:** Damit ein Leistungszuwachs der Fingerkraft durch das durchgeführte Training erzielt werden kann, muss der Belastungsreiz eine bestimmte Intensität haben. Nur durch eine ausreichend intensive Belastung wird im menschlichen Organismus eine Störung des biologischen Gleichgewichts (Homöostasestörung) herbeigeführt. Durch Adaptionsvorgänge im Körper wird daraufhin ein Leistungszuwachs im Bereich der Fingerkraft erzielt. Das Ansteigen der Kurven in Abschnitt I weist darauf hin, dass der Belastungsreiz zu Beginn des statischen Krafttrainings für beide Schüler oberhalb dieser Schwelle liegt.

- **Das Prinzip der optimalen Relation von Belastung und Erholung:** Folgt man dem Modell der Superkompensation, so setzt mit dem Beginn der körperlichen Belastung ein Ermüdungsprozess ein, der zu einem Absinken der physischen Leistungsfähigkeit führt. In der nach der Belastung folgenden Erholungsphase findet nicht nur eine Regeneration, sondern auch eine Anpassung an die Belastung statt, wodurch es zu einem Wiederanstieg der Leistungsfähigkeit kommt, zeitweise über dem vorherigen Homöostaselevel (Phase der Superkompensation). Folgt ein neuer Belastungsreiz zum Zeitpunkt der höchsten Superkompensation, wird der größte Leistungszuwachs erreicht. Bleiben allerdings weitere Belastungsreize aus, erfolgt ein Rückschwingen in die Ausgangslage. Die benötigte Erholungszeit richtet sich dabei nach den individuellen Gegebenheiten, insbesondere aber nach dem Trainingszustand des Sportlers. Durch die zweite Trainingseinheit pro Woche erfolgt der neue Belastungsreiz bei Schüler B jeweils zum Zeitpunkt der höchsten Superkompensation. Sein Kraftzuwachs ist somit größer als bei Schüler A (Abschnitt I und II).
- **Das Prinzip der progressiven (ansteigenden) Belastungssteigerung:** Eine über einen längeren Zeitraum gleichbleibende Belastung liefert im Laufe der Zeit keine ausreichenden Belastungsreize mehr, die eine körperliche Anpassung auslösen können. Da das Trainingsprogramm für die Fingerkraft während der 12 Wochen konstant bleibt, zeigt sich dieser Effekt in der zunächst geringer werdenden Kraftzunahme und in der darauffolgenden Leistungsstagnation bei beiden Schülern A und B (Abschnitt II, III). Um weitere Trainingseffekte zu erzielen, müsste die Belastung nun erhöht werden. Wesentliche Einflussgrößen sind hierbei die Steigerung der Trainingsintensität und die Steigerung des Trainingsumfangs.

Bei dem von den Schülern absolvierten Krafttraining wird die Methode des **statischen (isometrischen) Krafttrainings** angewendet. Es handelt sich dabei um eine spezielle Methode des Krafttrainings, die auf einer isometrischen Kontraktion der Muskulatur beruht. Dabei kommt es zu einer maximalen Spannungsentwicklung des Muskels, ohne dass sich die Länge des angespannten Muskels ändert. Der Muskel wird dabei nicht bewegt, sondern ein Druck oder Zug, etwa gegen eine Wand oder durch das Halten an Klettergriffen, aufgebaut und für mehrere Sekunden gehalten. Diese Methode des Krafttrainings unterscheidet sich von dem dynamischen (auxotonischen) Training, wo durch die Kontraktionsformen eine Längenänderung der Muskulatur hervorgerufen wird, indem der Gelenkwinkel fließend verändert wird.
Das statische Krafttraining zeichnet sich durch hohe Anspannzeiten der Muskulatur in einer geringen Zeit aus. Insbesondere zu Beginn des Muskeltrainings wird eine schnelle und hohe Kraftzuwachsrate der Schüler erreicht. Dies geschieht zunächst durch eine Verbesserung der intramuskulären Koordination (IK) der Fingermuskulatur. Dies bedeutet, dass zunehmend mehr Muskelfasern synchron aktiviert werden können. Zu einem späteren Zeitpunkt kommt es dann zu einer Verbesserung der intermuskulären Koordination, also dem Zusammenwirken verschiedener Muskeln bei einem gezielten Bewegungsablauf. Bei dieser Methode

des Krafttrainings wird die anaerobe-laktazide Energiebereitstellung durch energiereiche Phosphate stark beansprucht. Bei einem geringen Trainingsaufwand kommt es daher jedoch schnell zu einem Zuwachs der Maximalkraft durch Hypertrophie (Muskelverdickung). Ab einem gewissen Maß an Muskelverdickung könnte diese jedoch aufgrund der eingeschränkten Beweglichkeit für Kletterer auch hinderlich sein.
Insgesamt eignet sich diese Methode des Krafttrainings für die Schüler der Kletter-AG sehr gut. Die beschriebenen schnellen und hohen Kraftzuwachsraten können bei dieser Einschätzung als ein wesentlicher Grund angesehen werden. Ein weiterer Vorteil dieser Methode liegt darin begründet, dass die Fingermuskulatur in der gewünschten Winkelstellung der Gelenke lokalisiert und zielgerichtet angesprochen werden kann. Darüber hinaus kann das Training der Fingerkraft auf diese Weise ohne größeren zeitlichen Aufwand und ohne Hinzunahme aufwendiger Geräte im Rahmen der Kletter-AG durchgeführt werden. Letztlich bewirkt das statische Krafttraining vor allem die Ausbildung an ST-Fasern, die für die besondere Beanspruchung der Kletterer, insbesondere im Bereich der Haltearbeit, benötigt werden.

3. **Kreatin** lässt sich den Nahrungsergänzungsmitteln (NEM) zuordnen und weist physiologische bzw. leistungssteigernde **Wirkungen** auf. Bei der Muskelkontraktion dient es, u. a. durch die Spaltung des energiereichen Kreatinphosphats bzw. Phosphoskreatins, der Rückwandlung von Adenosindiphosphat (ADP) in Adenosintriphophat (ATP). Das im Muskel gespeicherte Kreatinphosphat führt somit zu einer schnellen Regeneration von ATP, dessen Vorrat im Muskel bei schnellkräftigen Kontraktionen nur für etwa 2 Sekunden reicht. Kreatin ist als Phosphokreatin in der ruhenden Muskelzelle im Vergleich zu ATP in ca. drei- bis viermal so großer Menge gespeichert und für den Energiezustand in der Muskelzelle und damit für die Sicherung der Leistungsfähigkeit der Skelettmuskulatur von grundlegender Bedeutung. Ein erhöhter Kreatinspeicher im Muskel kann daher, insbesondere bei sich wiederholenden, schnellkräftigen sportlichen Leistungen, d. h. bei Schnellkraft- und Ausdauersportarten, sowohl zu einer Steigerung der Leistungsfähigkeit als auch zu deren Aufrechterhaltung über einen längeren Zeitraum beitragen. Der zu verzeichnende Kraftzuwachs bei gleichzeitiger Verbesserung der Ausdauerleistungsfähigkeit lässt sich durch ein verstärktes Wachstum von roten und weißen Muskelfasern (ST- und FT-Fasern) erklären. Eine weitere Wirkung liegt in der Erhöhung der fettfreien Körpermasse, hervorgerufen durch eine verstärkte Wasseraufnahme der Muskelzelle (osmotische Wirkung).
Der Zusammenhang gibt zu erkennen, dass eine erhöhte Kreatinzufuhr zu einer Vergrößerung des Kreatinspeichers im Muskel führen kann, wodurch längere Belastungszeiten in Kraft-, Schnellkraft- und Ausdauersportarten, intensivere, umfangreichere Trainingseinheiten sowie höhere Belastungen im Wettkampf möglich werden.
Die resultierende höhere körperliche Beanspruchung ist jedoch mit dem **Risiko** einer gesteigerten Verletzungsanfälligkeit verbunden. Die zellulären Wassereinla-

gerungen bewirken zudem einen erhöhten Zelldruck, verstärken dadurch das Verletzungsrisiko und können zu Muskelschmerzen und einer Gewichtszunahme führen. Als weitere Nebenwirkungen lassen sich Verdauungsprobleme und gegebenenfalls Muskelkrämpfe nennen.

Die den verbotenen Dopingmitteln zuzuordnenden **anabolen Steroide** werden vorrangig im Leistungs- und Hochleistungssport zur Verbesserung von Kraft- und Schnellkraftleistungen eingesetzt. Diese Substanzen, zu denen beispielsweise Nandrolon, Stanozolol, Testosteron, Salbutamol und Cholesterol zählen, lassen sich den körpereigenen bzw. körperverwandten synthetisch hergestellten Stoffklassen zuordnen. Die mit ihrer Einnahme erwünschten physischen und psychischen **Wirkungen** gehen mit erheblichen, teils irreversiblen Nebenwirkungen einher. Angestrebt werden eine Zunahme der Eiweiß aufbauenden Muskelmasse bzw. eine resultierende Muskelhypertrophie bei gleichzeitiger Körperfettabnahme sowie eine Stoffwechseloptimierung. Weitere erwünschte Wirkungen sind die Steigerung von physischer Belastbarkeit und Erholungsfähigkeit im Training sowie ein positiver psychischer Einfluss hinsichtlich Selbstvertrauen und Motivation. In Abhängigkeit von Präparat, Dauer und Höhe der Dosierung lassen sich folgende gravierende Nebenwirkungen nennen: krankhafte Herzmuskelverdickung, plötzlicher Herzstillstand/-infarkt, Unfruchtbarkeit, Brustwachstum bei Männern (Gynäkomastie), Leberzell- und Muskelveränderungen, Steroidakne, Verschluss der Wachstumsfugen bei Jugendlichen. Bei Frauen führen die androgenen Wirkungen der Substanzen darüber hinaus zu Vermännlichungserscheinungen (Virilisierung), die z. B. in Veränderungen der Stimmlage, des Körperprofils, der Menstruation, der Vermännlichung eines weiblichen Fötus sowie in einer Zunahme der Körperbehaarung (u. a. Bartwuchs) zum Ausdruck kommen können. Aus psychischer Perspektive können Anabolika außerdem zu einer Erhöhung von (Auto-)Aggression oder zu depressivem Verhalten führen.

Der Vergleich der Wirkungen und Risiken von Kreatin und anabolen Steroiden sowie der Text M 4 ermöglichen folgende kontrastierende Stellungnahmen.
Für eine Aufnahme von Kreatin in die Dopingliste spricht die zu fordernde Transparenz des Fair-Play-Gedankens bzw. eines chancengerechten Wettkampfes. Betrachtet man die Einnahme von Kreatin unter dem Aspekt einer beabsichtigten Leistungsmanipulation, die ein faires Leistungsmessen im Sport infrage stellt, lässt sich auch Kreatin in den Bereich der Dopingmittel einordnen. Unter dem Aspekt des Schutzes der Gesundheit vor den oben beschriebenen und im Text (M 4, Z. 14, 17) aufgeführten möglichen Nebenwirkungen erscheint eine Aufnahme von Kreatin in die Liste der verbotenen Dopingsubstanzen ebenfalls als sinnvoll. Die „Gefahr positiver Dopingbefunde durch Verunreinigungen des Kreatins in den Herstellungsgeräten durch Spuren androgener Steroide“ (M 4, Z. 18/19) sowie die Tatsache, dass Kreatin „nachweislich bei einigen Sportlern zu keiner physiologischen Wirkung“ führt (M 4, Z. 15), bekräftigen diese Forderung und verweisen zudem auf die genannte Verzerrung des Fairnessgedankens. Zu bedenken ist in diesem Zusammenhang auch, dass die Einnahme von Nahrungsergänzungsmitteln einen „Einstieg in die Dopingmentalität“ fördern kann.

Gegen eine Aufnahme von Kreatin in die Liste der verbotenen Dopingsubstanzen lässt sich auf der Grundlage eines Vergleiches der Wirkungen und Nebenwirkungen von anabolen Steroiden und Kreatin argumentieren. Hierbei wird deutlich, dass es sich bei Kreatin anders als bei Anabolika nicht um ein Arzneimittel, sondern lediglich um ein Nahrungsergänzungsmittel handelt, dessen Einsatz bei extremer körperlicher Beanspruchung durchaus sinnvoll sein kann. Darauf verweist das bereits beschriebene Wirkungsspektrum von Kreatin, welches mit keinen oder nur geringen Nebenwirkungen verbunden ist. Als Nahrungsergänzungsmittel kann Kreatin zudem den Verzehr von Fleisch und Fisch ergänzen bzw. ersetzen. Da Kreatin eine körpereigene Substanz darstellt, die auch mit normaler Nahrung aufgenommen wird, ist eine zusätzliche Einnahme in der Regel bedenkenlos und kaum nachweisbar.
Der vergleichende und kontrastive Zusammenhang verdeutlicht die Schwierigkeit einer Entscheidungsfindung bezüglich der Aufnahme von Kreatin in die Liste der verbotenen Dopingsubstanzen. Dies wird ebenso im Zuge der jahrelangen Diskussionen auf sportrechtlicher Ebene (NADA, WADA) sowie hinsichtlich der sich ändernden Listen verbotener Substanzen deutlich. Um eine leistungssteigernde Wirkung durch Kreatin zu erzielen, müsste der Sportler täglich ca. 5 g Kreatin zu sich nehmen, eine Menge, die über die normale Nahrungsaufnahme kaum zu erreichen und somit widernatürlich ist. Andererseits produziert der menschliche Körper selbst Kreatin, sodass hinsichtlich der Dopingproblematik Grenzwerte eingeführt werden müssten. Das Festlegen dieser Grenzen ist objektiv kaum durchführbar, da alle Sportler unterschiedliche endogene und exogene Leistungsfaktoren aufweisen und diese Werte somit individuell geprägt sind. Der Bereich der Nahrungsergänzungsmittel stellt daher eine Grauzone in der internationalen Dopingdiskussion dar, die bis heute nicht klar definiert ist, aber aus den erläuterten Gründen eines transparenten Fairness- und Gesundheitsgedankens einer Lösung bedarf. Die in Aufgabe 2 beschriebenen, für das Klettern benötigten konditionellen Anforderungen verweisen andererseits auf einen teils sinnvollen Einsatz von Kreatin bzw. Nahrungsergänzungsmitteln, sofern dieser individuell angepasst erfolgt und gesundheitliche Risiken ausschließt. Dabei sind sowohl individuelle körperliche und trainingsspezifische Voraussetzungen als auch das Leistungsniveau zu berücksichtigen. Generell ist eine ausgewogene Ernährung ausreichend, um den täglichen Bedarf an Eiweiß, Vitaminen usw. zu decken, jedoch kann es bei starker körperlicher Beanspruchung zu einem Mehrbedarf an Energie und Nährstoffen kommen.
Dies kann beim Klettern aufgrund der extremen konditionellen Anforderungen (Aufgabe 2) zutreffen, sodass sich die Tatsache, dass „für Kletterer Nahrungsergänzungsmittel eine wichtige Rolle spielen“ (M 4, Z. 2/3), nachvollziehen lässt. Aus moralischer Perspektive ist in diesem Zusammenhang jedoch eindeutig vor einer Entfremdung des mit dem eigentlichen Sinn des Sports verbundenen Fair Play und chancengerechten Wettbewerben im Klettern zu warnen. Das mögliche Entstehen einer Dopingmentalität sollte im Rahmen der noch relativ jungen Wettkampfsportart Klettern aus sportethischer Sicht berücksichtigt werden.

Nordrhein-Westfalen: Leistungskurs 2012
Aufgabe 2

Aufgabenstellung: Punkte

1. Beschreiben Sie drei Ansätze zur Auslösung bzw. Entstehung von Aggression (z. B. Triebtheorien nach Freud und Lorenz, Frustrations-Aggressions-Theorie und lerntheoretischer Ansatz) und erläutern Sie Kritikpunkte in Bezug auf die einzelnen Erklärungsansätze. 21

2. Prüfen Sie ausgehend von einer Definition des Begriffs „Aggression", welche der in den Zeitungsberichten in M 1 und M 2 beschriebenen Verhaltensweisen der Sportler als aggressiv bezeichnet werden können, und erklären Sie die von Ihnen identifizierten aggressiven Verhaltensweisen mithilfe der in Aufgabe 1 beschriebenen Aggressionstheorien. 26

3. *„Wenn Jugendliche ansatzlos ausrasten und zuschlagen, muss das nicht aus reinem Frust geschehen. Auch Dopingmissbrauch kann eine Rolle spielen."*
   Erläutern Sie diese Aussage des „Tagesspiegel" am Beispiel der Einnahme von Anabolika.
   Bewerten Sie den Einsatz von Dopingmitteln vor dem Hintergrund der Aspekte „Leistung" und „Gesundheit". Beziehen Sie in Ihre Argumentation unterschiedliche Gesundheitsmodelle mit ein. 33

M 1:

Vampir Mike Tyson beißt Holyfield ins rechte Ohr

Boxkampf um die Weltmeisterschaft im Schwergewicht endet mit einem blutigen Skandal – Herausforderer verliert die Kontrolle

picture alliance/dpa/Sky Sports

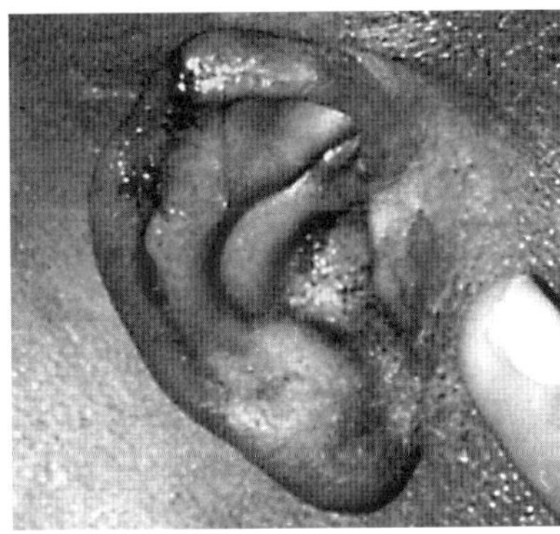

ullstein bild - AP

Las Vegas – Mike Tyson ließ sich nicht beruhigen. Der Kampf war abgebrochen, das Schiedsgericht hatte ihn disqualifiziert, doch der 30 Jahre alte Boxprofi kämpfte weiter. Wollte sich auf den Gewinner Evander Holyfield stürzen, drohte Polizisten, die sich ihm in den Weg stellten, Schläge an und traf auch zwei von ihnen. Wut, Enttäuschung, Haß, Machtlosigkeit, Angst, Unverständnis, alles kam in diesem Moment zusammen, in einem Augenblick, in dem für ihn die Welt unterzugehen schien, in dem vielleicht die Karriere des einst weltbesten, weltweit bekannten und gefürchteten Schwergewichtsboxers endete. In der zweiten Runde des Kampfes hatte Weltmeister Holyfield seinem Gegner einen Kopfstoß versetzt und wurde mit einer Ermahnung bestraft. Tysons Augenbraue platzte auf, der Herausforderer verlor die Kontrolle. Zur dritten Runde verzichtete er auf seinen Mundschutz, die Trainer wollten ihm das Plastikstück noch reichen, Tyson lehnte unwirsch ab. Wenig später tropfte Blut auf den Ringboden. Wie ein Raubtier hatte Tyson mit den Zähnen nach seinem Opfer geschnappt und Holyfield ein 1,5 Zentimeter langes und einen halben Zentimeter tiefes Stück des rechten Ohres abgerissen. Vorher hatte Tyson schon in das linke Ohr gebissen. „Aber der erste Biß war eher kosmetisch“, sagte Ringrichter Mills Lane später und verwarnte den Täter. Nach dem zweiten Biß, diesmal ins rechte Ohr, bestrafte er ihn mit Punktabzug. Als das Kampfgericht vor Beginn der vierten Runde über die Aktion beriet, beschloß es die Disqualifikation. „Tysons Tat, es war nichts als Verzweiflung“, sagte Holyfields Co-Trainer Tony Brooks später. [...] „Das ist ein Wahnsinn. Er hat mich absichtlich gebissen. Ich dachte, mein Ohr ist ab“, sagte der 34 Jahre [alte] Holyfield, bevor er sich im Valley Hospital von einem Schönheitschirurgen behandeln ließ. [...] Der Laienprediger, der für den Kampf 40 Millionen Dollar erhält, gilt als ausgeglichener Mensch, doch selbst im Krankenhaus konnte er sich nicht beruhigen über die Tat seines Gegners. „Tysons Bisse sind moralisch und sportlich weit unter der Gürtellinie. [...]“ 45 Minuten nach dem Kampf sperrte Nevadas Sportkommission den Verlierer und will morgen endgültig über Tysons Schicksal entscheiden. Ihm droht eine lebenslange Sperre. Seine Börse von 50 Millionen Dollar wurde zurückgehalten. Möglich ist auch eine Anzeige wegen Körperverletzung und damit eine erneute Inhaftierung, die Gerichte hatten ihn vor Monaten nur auf Bewährung freigelassen, nachdem er wegen Vergewaltigung verurteilt worden war. Tysons Promoter Don King hielt es für unfair, daß Tysons Börse vorerst gesperrt ist. Immerhin gab er zu, daß Tysons Verhalten rational nicht zu erklären sei. „Im Eifer des Gefechts kann viel passieren, aber das Beißen war nicht in Ordnung", sagte er. Doch er erklärte auch: „Deshalb ist Boxen so beliebt. Es ist unberechenbar." […]

Berg, Markus: Vampir Mike Tyson beißt Holyfield ins rechte Ohr. In: welt online vom 30. 06. 1997, http://www.welt.de/print-welt/article639133/Vampir-Mike-Tyson-beisst-Holyfield-ins-rechte-Ohr.html (Zugriff am 28.12.2010)

M 2:

Wladimir Klitschko verteidigt WM-Titel mit K. o.-Sieg

Wladimir Klitschko bleibt Schwergewichtsweltmeister. Er besiegte seinen völlig überforderten Gegner Samuel Peter durch K. o. in der 10. Runde.

picture alliance / dpa

Schwergewichts-Weltmeister Wladimir Klitschko hat seine drei WM-Titel erfolgreich verteidigt. Der 34 Jahre alte Box-Champion der Verbände IBF, WBO und IBO besiegte am Samstagabend vor rund 40 000 Zuschauern in der Frankfurter Fußball-Arena den völlig überforderten Nigerianer Samuel Peter durch K. o. in der 10. Runde. Für den zwei Meter großen Ukrainer war es der 18. WM-Kampf und der 55. Sieg seiner Karriere bei nur drei Niederlagen. 48 […] seiner Fights gewann Klitschko vorzeitig.

„Ich musste gegen so einen Boxer wie Peter aggressiv rangehen, das ist mir ganz gut gelungen. Ich habe alles getan für diesen Sieg", sagte Klitschko, der seinem Gegner trotz des einseitigen Fights Respekt zollte: „Er hat wahnsinnig viel eingesteckt und nie aufgegeben." Danach bedankte sich der alte und neue Weltmeister bei den Fans: „Heute Nacht wird nicht geschlafen, mit so einem tollen Publikum wird jetzt weitergefeiert." […]

sid/mac: Wladimir Klitschko verteidigt WM-Titel mit K. o.-Sieg. In: welt online vom 12.09.2010, http://www.welt.de/sport/article9571811/Wladimir-Klitschko-verteidigt-WM-Titel-mit-K-o-Sieg.html (Zugriff am 28.12.2010)

Lösungsvorschläge

1. **Trieb- und instinkttheoretische Konzepte**
   - Der trieb- und instinkttheoretische Ansatz geht auf **Konrad Lorenz** zurück und versteht Aggression als angeborenen Trieb des Menschen. Die Funktion von Aggression liegt hier in der Sicherung der Arterhaltung und findet z. B. in Rivalenkämpfen oder Rangordnungskämpfen ihren Ausdruck. Im Vergleich zu tierischem Verhalten und entsprechenden Instinkten führt das moralische Verhalten beim Menschen zu einer Tötungshemmung. Die triebtheoretische Konzeption nach Lorenz geht von einem „Druck-Kessel-Modell" aus, d. h., dass sich aggressive Energie so lange anstaut, bis es zu einer Schwellenüberschreitung, einem Abreagieren und einer anschließenden Beruhigung (Katharsiseffekt) kommt. Lorenz sieht im sportlichen Wettkampf die Funktion eines Ventils zur Sicherung des Zusammenlebens in der modernen Gesellschaft.
     Dieser Ansatz verdeutlicht die Wichtigkeit des Erbringens sportlicher Leistung im Sinne eines Ausgleichs (Kompensationsfunktion) zum bewegungsarmen Alltags- bzw. Berufslebens vieler Menschen. Sport lässt sich in diesem Sinne als kulturell geprägtes System mit Regeln und Normen verstehen, in dem ein Ablassen aggressiver Energie kontrolliert möglich ist. Neben dieser pädagogisch bedeutsamen Funktion des Sports, auf angeborene aggressive Verhaltensweisen des Menschen positiv Einfluss nehmen zu können, zeigt sich ein direktes Ausleben von Aggressivität in von Normen und Regeln abweichenden sportartspezifischen Handlungen. Der Mechanismus der „Druck-Kessel-Theorie" (auch „Dampfkesseltheorie" bzw. „Druckkessel-Modell") (Anstauen von Energie – Schwellenüberschreitung – Katharsiseffekt) wird so in sportlichen Handlungsbezügen deutlich.
   - **Sigmund Freud** geht in seinem dualistischen Triebmodell von zwei primären Grundtrieben im Menschen aus, die er als „Eros" (lebenserhaltender Trieb) und „Thanatos" (Destruktions- oder Todestrieb) bezeichnet. Diese Triebe sind in einer der drei psychischen Instanzen des Menschen, dem sogenannten „Es", lokalisiert. Das „Es" bezieht sich auf geburtsbedingte Dispositionen, das sogenannte „Ich" vermittelt zwischen „Es" und Außenwelt und das „Über-Ich" bezeichnet die Instanz, die sich in Form des elterlichen Einflusses aus der Kindheit fortsetzt (Moral, Gewissen). Eros und Thanatos werden durch Triebenergie gespeist, wobei die Triebenergie des Eros (Libido) narzisstisch wirkt, sich Objekten zuwendet und auf Vereinigung und Erhaltung von Leben ausgerichtet ist. Der lebenszerstörende Todestrieb wird vom lebenserhaltenden Eros zu einer Ableitung nach außen gezwungen und in Form aggressiven Verhaltens wahrgenommen. Je stärker der Todestrieb im Menschen ausgeprägt ist, desto wichtiger ist das Ableiten seiner Energie in die Umwelt. Freud versteht die Erziehung des Menschen als Kulturleistung mit der Funktion der Eindämmung aggressiven Verhaltens. Diese Fremdbestimmung der Aggressionsunterdrückung erzeugt psychische Spannungen und kommt dem natürlichen Bedürfnis

nach Aggressionsabbau nicht nach. Freud sieht hinsichtlich der Diskrepanz zwischen Aggressionsunterbindung und notwendigem Ausleben von Aggression keinen Ausweg in gesellschaftlichen Veränderungen.
Obwohl Freud seine Theorie nicht direkt auf den Sport überträgt, gibt seine triebtheoretische Konzeption hinsichtlich der Aspekte Erziehung, Kultur und Aggressionsabbau einen Bezug zu verschiedenen Kennzeichen und Funktionen des Sports zu erkennen. Der von Freud beschriebenen Unterdrückung von Aggression durch Erziehung kann der Sport in kanalisierter Form im Sinne eines ritualisierten Konkurrenzverhaltens Abhilfe leisten. Sport wird so selbst zu einer wichtigen Kulturleistung, die ein kontrolliertes Ablassen triebbedingten aggressiven Verhaltens ermöglicht.

Frustrations-Aggressions-Hypothese (F-A-H): Die Frustrations-Aggressions-Hypothese geht auf Dollard/Doob u. a. zurück und wurde in ihren Grundzügen bereits 1939 aufgestellt. Die Autoren gehen davon aus, dass Aggression immer eine Folge von Frustration ist und Frustration immer zu Aggression führt. Im Gegensatz zu triebtheoretischen Konzepten, in denen Aggression auch spontan und ohne situativen Einfluss auftreten kann, wird Aggression im Rahmen der F-A-H als Reaktion verstanden, die situationsabhängig ist. Dies bedeutet, dass bei Unterbrechung einer Verhaltenssequenz bzw. bei der Blockade oder Störung einer auf ein Ziel ausgerichteten Handlung Frustration eintritt. Es resultiert aggressives Verhalten als Ersatzreaktion zur Beendigung der zielgeleiteten Handlung.
Diese Annahme wurde hinsichtlich der eindimensionalen Verbindung zwischen Frustration und Aggression wie folgt erweitert. Die Folgereaktion auf Frustration kann neben Aggression auch eine Aktivierung des Antriebs, Depression und Apathie oder Gedanken, Gefühle und körperliche Reaktionen sein. Da die auf Frustration folgende Reaktion von Personen- und Umweltfaktoren abhängig ist, gehen Wissenschaftler davon aus, dass Aggression als mögliche Reaktion auf Frustration ebenso wie die Aggressionshemmung lernbar ist.

Lern- und sozialisationstheoretische Konzepte: Wie im Rahmen der Darstellung der F-A-H deutlich wird, ist davon auszugehen, dass aggressives Verhalten lernbar ist. Dabei sind die lern- und sozialisationstheoretischen Konzepte „Lernen am Erfolg“ und „Lernen am Modell“ zu unterscheiden.

- Das auf Skinner (1938) zurückgehende „Lernen am Erfolg“ wird in der neueren Literatur auch als „Lernen durch Bekräftigung“ oder „Lernen am Effekt“ bezeichnet. Dieser Ansatz beruht auf Bekräftigung, welche durch zum Erfolg führende aggressive Handlungen im Sport hervorgerufen wird. Durch aggressives Verhalten erreichter Erfolg kann zu wiederholtem Einsatz derartiger Handlungen im Sport führen. Die Bekräftigung kann hierbei durch exogene Leistungsfaktoren wie andere Spieler, Trainer usw. verstärkt werden.
- Die von Bandura und Walters dargestellte Theorie des „Lernens am Modell“ bezieht sich auf ein Lernen durch Nachahmung bzw. Beobachtung. Aggressiven Handlungen von anderen Sportlern kommt hier ein Modell- bzw. Vorbildcharakter zu, der zu Nachahmung animiert. Insbesondere von den Medien transportierte Bilder großer Sportstars, die aggressiv auf und auch neben dem

Spielfeld handeln, können bei jüngeren Sportlern ein Lernen am Modell bewirken und zur Imitation aggressiven Verhaltens führen.

Kritikpunkte: Der Überblick über die verschiedenen theoretischen Konzepte zur Erklärung aggressiver Verhaltensweisen im Sport und die Beispiele zeigen, dass jede Theorie nur einen Teilaspekt von Aggression erklären kann. Zu berücksichtigen ist in diesem Zusammenhang, dass Aggression situationsabhängig bzw. situationsunabhängig sowie in personalen Aspekten in der Person als auch außerhalb der Person begründet sein kann.

- Die Triebtheorie (Lorenz) erscheint als wissenschaftlich nicht hinreichend verifiziert, da das Aufstauen von Aggressionsimpulsen auch extern erfolgen kann. Ebenso lassen sich der von Lorenz formulierte Abbau des Triebstaus und der Katharsiseffekt nicht wissenschaftlich belegen.
- Die Frustrations-Aggressions-Hypothese bietet in ihrer ursprünglichen Version (Dollard u. a.) einen vereinfachenden, monokausalen Zugang zur Aggressionsproblematik (Reiz-Reaktions-Schema), in ihrer erweiterten Form aber einen treffenden Erklärungsansatz für aggressives Verhalten. In Verbindung mit anderen Theorien verstärkt und ergänzt sich ihre Erklärungskraft.
- Der lerntheoretische Ansatz hingegen ist nicht monokausal, sondern komplexer angelegt. Hierbei erfolgt die Betrachtung aus einer individuellen, personenbezogenen Perspektive, wobei z. B. Anlagebedingungen sowie gruppen- und gesamtgesellschaftliche Phänomene vernachlässigt werden.

2. Eine Handlung im Sport ist in Anlehnung an Gabler als aggressiv zu bezeichnen, wenn eine Person in Abweichung von sportlichen Normen mit dieser Handlung intendiert, einer anderen Person Schaden im Sinne einer körperlichen und/oder psychischen Verletzung zuzufügen. Diese enge mit dem Begriff der Intention anzureichernde Definition von Aggression ist vorzunehmen, weil nicht jede zielstrebige sportbezogene Verhaltensweise als aggressiv zu bezeichnen ist. Folgende Klassifizierungsmöglichkeiten von Aggression geben Aufschluss über die verschiedenen Arten sportspezifischer Verhaltensweisen, die sich als normabweichend bezeichnen lassen:

- explizite/expressive Aggression: intendierte personale Schädigung innerhalb und außerhalb des Sportgeschehens
- instrumentelle Aggression: verfolgtes Ziel ist Leistungssteigerung, wobei personale Schädigung in Kauf genommen wird
- Autoaggression: gegen sich selbst gerichtetes aggressives Verhalten, wobei Schädigung der eigenen Person in Kauf genommen wird (z. B. Wutausbrüche und resultierende körperliche Aggression, Doping)

Eine weitere Klassifizierungsmöglichkeit von Aggression im Sport bieten folgende Erscheinungsformen aggressiver Handlungen:

- körperliche Aggression: mit Körperteilen, Geräten usw. verübt
- verbale Aggression: Bemerkungen, verbale Drohungen usw.
- symbolische Aggression: Drohgebärden, Gesten usw.

M 1: Das Beispiel Tysons zeigt eine deutliche Abweichung von den sportartspezifischen Normen des Boxens. Dies lässt sich insofern am inhaltlichen Bezug des Textes festmachen, als dass Tyson den Kampf trotz Abbruch fortsetzt (M 1, Z. 2–5) und ohne Mundschutz weiterkämpft (M 1, Z. 22–25). Der Holyfield zugefügte physische Schaden (M 1, Z. 25–28) kommt im Abbeißen des Ohrstückes als illegitime, kriminelle Gewalt bzw. explizite Aggression zum Ausdruck. Der intentionale Charakter dieser Handlung zeigt sich in ihrer Vorsätzlichkeit (ohne Mundschutz, M 1, Z. 22–25; „absichtlich", M 1, Z. 33). Die Einschätzung der Handlung durch die Akteure im Sinne von „Wahnsinn", „absichtlich" (M 1, Z. 33), „moralisch und sportlich weit unter der Gürtellinie" (M 1, Z. 38), „das Beißen war nicht in Ordnung" (M 1, Z. 47) bestätigt deren aggressiven Charakter, der durch den Vergleich mit einem Raubtier (M 1, Z. 25/26) untermauert wird.
Das eindeutig als aggressiv zu bezeichnende Verhalten Tysons lässt sich anhand folgender, in Aufgabe 1 beschriebener Aggressionstheorien erklären.

- **Trieb- und instinktheoretische Konzepte:** Tyson zeigt in dieser exemplarischen Situation ein deutliches Ausleben seiner Triebe. Das Textzitat „Mike Tyson ließ sich nicht beruhigen" (M 1, Z. 1/2) verdeutlicht, dass er sich nicht gegen sein Verhalten wehren kann. Das Aufstauen aggressiver Impulse erreichte mit dem Kopfstoß Holyfields die persönliche Schwelle Tysons, die unmittelbar überschritten wurde und die aggressive Handlung auslöste (Dampfkesseltheorie oder Druckkessel-Modell – allerdings ohne ersichtlichen Katharsiseffekt).
- **Frustrations-Aggressions-Hypothese:** Das Verhalten Tysons ist, der F-A-H folgend, aus der vorangegangenen Frustration im Kampf entstanden, d. h., es resultiert aus den durch den Kopfstoß Holyfields und den Abbruch des Kampfes erfolgten Provokationen. Dies lässt sich anhand des Textzitats „Wut, Enttäuschung, Haß, Machtlosigkeit, Angst, Unverständnis" (M 1, Z. 9/10) belegen.
- **Lern- und sozialisationstheoretische Konzepte:** Die Theorie des sozialen Lernens lässt den Rückschluss zu, dass Tyson im Verlauf seiner Sozialisation gelernt hat, sich mit Aggression und Gewalt erfolgreich durchzusetzen. Hierbei sind nicht nur eigene Erfahrungen von Bedeutung, sondern auch das Lernen am Modell, das sich auf ein Lernen durch Nachahmung und Beobachtung bezieht. Der massive persönlichkeitsprägende Einfluss dieser Lebenserfahrungen wird im Text anhand Tysons Ignoranz gegenüber Sanktionen (Verurteilung wegen Körperverletzung M 1, Z. 42, Disqualifikation M 1, Z. 32) verdeutlicht.

M 2: Das in diesem Textbeispiel dargestellte Verhalten Klitschkos gibt keine Abweichung von sportartspezifischen Handlungsnormen zu erkennen und ist daher als nicht aggressiv zu bezeichnen. Der Peter zugefügte physische Schaden („K. o. in der 10. Runde", M 2, Z. 8/9) unterliegt dem sportlichen Regelwerk des Boxens. Daher lässt sich die hier deutlich werdende Aggression („Ich musste gegen so einen Boxer wie Peter aggressiv rangehen", M 2, Z. 13) als regelkonform, instrumentell bzw. als im Boxsport legitim bezeichnen. Außerhalb des Boxens wäre dieses eigentlich brutale körperliche Verhalten sozial inakzeptabel. Die dem

Verhalten Klitschkos zugrunde liegende, nicht aggressive Intentionalität kommt im Sinne von „Ich habe alles getan für den Sieg“ (M 2, Z. 14) sowie in „Klitschko, der seinem Gegner trotz des einseitigen Fights Respekt zollte“ (M 2, Z.14/15) zum Ausdruck.

3. Hinsichtlich der Einnahme von Anabolika gibt das dem „Tagesspiegel“ entnommene Zitat einen Bezug zu erwünschten Wirkungen sowie unerwünschten Nebenwirkungen dieser Präparate zu erkennen. Die Einnahme von Anabolika führt nicht nur zu physiologisch und psychisch erwünschten Effekten, wie Muskelhypertrophie, Körperfettabnahme, Stoffwechseloptimierung und Steigerung des Selbstwertgefühls, sondern unter Umständen auch zu Depressionen oder hochgradiger Aggressivität. Letztere lässt sich als Verhaltensänderung verstehen, die aus dem Kraftzuwachs und dem Bedürfnis, diesen abzulassen, resultiert. Insbesondere bei pubertierenden Jugendlichen, die bereits eine gesteigerte Aggressivität als psychisch-soziales Entwicklungsmerkmal dieser Lebensphase aufweisen, kann das im **Zitat** beschriebene Verhalten im Sinne von „ansatzlos ausrasten und zuschlagen“ resultieren.

   Leistung im Sport zielt nicht nur auf die Vollendung und Perfektion von Bewegungsabläufen ab, sondern wird insbesondere im kommerzialisierten Hochleistungssport von einem Profitdenken und einem damit verbundenen Rekordstreben bestimmt. Das hierbei im Sportler angeregte Handlungsmotiv zeigt oftmals eine einseitige Ausrichtung auf eine kompromisslose Verbesserung persönlicher Ausgangsvoraussetzungen, die zu illegalen Verhaltensweisen, wie z. B. Doping, führen kann. Bezogen auf die persönliche Leistung des Sportlers kann der unerlaubte Einsatz leistungssteigernder Mittel und Methoden die psycho-physischen Leistungsgrenzen verschieben und eine Nutzung der sogenannten autonom geschützten Leistungsreserven ermöglichen. Dadurch verschafft sich der Sportler scheinbar kalkulierbare Vorteile gegenüber Konkurrenten, meist jedoch ohne die unkalkulierbaren Risiken zu berücksichtigen. In dieser Denkweise wird der Sportler in der Regel durch das ihn betreuende Umfeld (z. B. Trainer, Funktionäre) bestärkt, da das Erreichen der angestrebten Leistungsziele zur Existenzsicherung der vielen am Profit Beteiligten beiträgt.
   Die Folgewirkungen der Dopingproblematik vor dem Hintergrund des Aspekts „Leistung“ werden anhand der entstandenen Leistungsspirale deutlich, da Konkurrenzkampf und Erfolgsdruck wachsen. Es kommt zu einer Verdichtung manipulierter Höchstleistung, zur Verschleierung von Dopingpraktiken bis in höchste sportpolitische Gremien (Pro-Doping-Konsensus und Anti-Doping-Rhetorik). Im Zuge dieses Prozesses wächst die Problematik der Nachweisbarkeit vieler Präparate, sodass Bestrafungen bei Dopingmissbrauch nur selten und nicht international greifen. Doping als Massenphänomen im Hochleistungssport reduziert den erwarteten Nutzen für alle Beteiligten und führt dazu, dass Leistung ein künstliches, käufliches und gentechnisch erzeugtes Produkt wird.

Aus moralisch-ethischer Perspektive führt dieser Leistungsbegriff, der, psychologisch betrachtet, nicht an realistischen, individuellen Gütemaßstäben ausgerichtet ist, zu einer Verzerrung chancengerechter Wettkampfbedingungen. Das Fair Play wird infrage gestellt. Zur Sicherung einer fairen Wettkampfgrundlage, gebunden an die Achtung menschlicher Würde und den Respekt vor der Natur des Menschen, muss ein absolutes Dopingverbot als gemeinsames Ziel aller Beteiligten verfolgt werden.

Die mit Doping einhergehenden **gesundheitlichen Gefährdungen** belegen die Notwendigkeit eines internationalen Dopingverbots. Die Einnahme von Anabolika kann bei Jugendlichen zu einem verfrühten Wachstumsstopp führen und generell weitere irreversible Schäden hervorrufen, wie z. B. Vermännlichung bei Frauen, Hemmung der Spermaproduktion bei Männern, Leberschäden oder Krebs. Psychische Nebenwirkungen von Anabolika sind Aggressionen, Depressionen und Gefühlsschwankungen.
Stimulanzien begünstigen aus psychischer Sicht die Neigung zu innerer Unruhe und fördern die Entstehung von Psychosen, Halluzinationen sowie Depressionen. Physische Nebenwirkungen sind z. B. Blutdruckerhöhung, Herzrhythmusstörungen, Erschöpfungszustände und ein erhöhtes Herzinfarktrisiko. Bei Jugendlichen ist darüber hinaus zu berücksichtigen, dass die Einnahme von Dopingmitteln die Entwicklung realistischer und gesundheitsorientierter Einstellungen und Verhaltensweisen hemmt.

Zur Bewertung der Dopingproblematik vor dem Hintergrund verschiedener **Gesundheitstheorien** lassen sich folgende Modelle anführen:

- **Risikofaktorenmodell:** Das Risikofaktorenmodell bezieht sich auf einen engen Gesundheitsbegriff und dient vorrangig der Erklärung koronarer Erkrankungen. Ausgehend von Personen- und Umweltfaktoren weist es eine Unterteilung in sekundäre und primäre Risikofaktoren auf, die in systematischer Wechselwirkung im Sinne eines Flussmodells zum Endereignis Infarkt bzw. Angina Pectoris führen.
  Sekundäre Risikofaktoren 1. Ordnung sind u. a. sozialer Wandel, Schicht oder Beruf, während sekundäre Risikofaktoren 2. Ordnung z. B. Angst oder Aggression umfassen. Beide Faktorengruppen führen in Abfolge zu den sekundären Risikofaktoren 3. Ordnung, die sich aus Stress und direkt persönlichkeitsgebundenen Verhaltensweisen zusammensetzen.
  Die primären Risikofaktoren 1. Ordnung umfassen Aspekte der Faktorengruppe Übergewicht, Essen, Bewegung und Rauchen zusammen, die durch stressbedingte Einflüsse (Katecholamine, Sympathikus, NNR) ergänzt werden. Hieraus resultieren primäre Risikofaktoren 2. Ordnung (z. B. Blutfett, Blutdruck) und 3. Ordnung (z. B. Arteriosklerose, Vasokonstriktion), wobei letztere zum eingangs beschriebenen Endereignis Infarkt führen.
  Dieses Modell verdeutlicht, dass verschiedene Risikofaktoren in wechselseitiger Abhängigkeit zu Herzkreislauferkrankungen führen können. Je mehr Risikofaktoren vorhanden sind, desto größer ist die Wahrscheinlichkeit zu erkranken. Dies bedeutet, dass sich Risikofaktoren in ihrer Wirkung potenzieren. Ge-

sundheit lässt sich im Sinne dieses Modells durch Vorbeugen gegen sowie Identifizieren und Beseitigen von Funktionsstörungen herstellen.
In diesem Kontext stellen Dopingmittel zusätzliche Risikofaktoren dar, die unkalkulierbare, teils irreversible Nebenwirkungen haben. Dadurch kommt es zu einer weiteren, demnach verstärkten Potenzierung von Risikofaktoren. Der enge Gesundheitsbegriff des Risikofaktorenmodells wird somit pervertiert.

- **WHO/Salutogenese-Modell:** Die Weltgesundheitsorganisation WHO bezeichnet Gesundheit als „state of complete physical, mental and social well-being and not merely the absence of disease or infirmity“ (WHO 1946). Diese weite Definition, die auf einen absoluten bzw. perfekten Zustand verweist, bringt ein Gesundheitsverständnis zum Ausdruck, das nicht dem Zustand der meisten Menschen entspricht und in dem Gesundheit im Grunde genommen unerreichbar ist. Eine ebenfalls weite, jedoch von einer konkreten Definition absehende Auffassung von Gesundheit wird im Rahmen des Salutogenese-Modells nach Antonovsky (1979) deutlich. Dieses Modell basiert auf der Vorstellung eines „Gesundheits-Krankheits-Kontinuums“ und verzichtet auf die Unterscheidung von krank und gesund als sich gegenseitig ausschließende Zustände. Eine Person ist demnach mehr oder weniger gesund bzw. krank. Ihr momentaner Gesundheitszustand ist auf einem bestimmten Punkt im Gesundheits-Krankheits-Kontinuum zu verorten. Gesundheit ist demnach ein „labiles, aktives und sich dynamisch regulierendes Geschehen“ (Bengel). Dabei erfolgt ein Ausbalancieren von psycho-sozialen, physikalischen und biochemischen Stressoren, welches zu Spannungszuständen, Bewältigungshandlungen und Wohl- oder Missbefinden (Eustress, Disstress) führt. Im Zuge dieses Prozesses hat der individuelle Kohärenzsinn (Bewältigbarkeit, Verstehbarkeit, Sinnhaftigkeit) die Funktion, vorhandene Widerstandsquellen bzw. -ressourcen (z. B. Fitness, soziale Unterstützung, Gesundheitswissen) zu mobilisieren. Gesundheit wird demnach fortwährend hergestellt durch Abbau von Stressoren und Aufbau physischer, psychischer und sozialer Schutzfaktoren.
In diesem erweiterten Gesundheitsverständnis der WHO und des Salutogenese-Modells lassen sich Dopingmittel als biochemische Stressoren verstehen, die sich direkt auf den Gesundheitszustand auswirken können. Die hiermit einhergehenden moralisch-ethischen Verstöße gegen Regeln, Gesetze und Prinzipien der Fairness belasten soziale Beziehungen, da Doping als psycho-sozialer Stressor zu erheblichen Spannungszuständen (z. B. Angst vor Enttarnung) führt. Doping belastet nicht nur die generalisierten Widerstandsquellen, sondern auch den Kohärenzsinn, da das eigene sportliche Können im Zusammenhang manipulierter Leistung in den Hintergrund rückt.
Der Zusammenhang verdeutlicht, dass sowohl das enge als auch das weite Gesundheitsverständnis auf die Notwendigkeit eines Dopingverbotes verweisen.

Nordrhein-Westfalen: Leistungskurs 2013
Aufgabe 1

Aufgabenstellung: Punkte

1. Stellen Sie anhand der Bildreihe (M 1) die Phasenstruktur des Handball-Sprungwurfs sowie die Funktionen der einzelnen Teilphasen dar und erläutern Sie anschließend anhand des Sprungwurfs zwei biomechanische Prinzipien. 28

2. Entwickeln Sie vor dem Hintergrund von Methoden zur Gestaltung von Lehr- und Lernwegen einen begründeten Weg zur Vermittlung des Sprungwurfs. 25

3. Marc und Tim waren jahrelang Mitglieder eines Handballvereins mit mehreren Mannschaften im Leistungs- und Breitensportbereich. Beide haben sich allerdings für einen Ausstieg entschieden.
   Analysieren Sie Marcs und Tims sportliche Laufbahnen hinsichtlich der Motive im Sport (z. B. nach Gabler). Entwickeln Sie darauf aufbauend eine Erklärung für das vorzeitige Karriere-Ende sowie begründete Empfehlungen für einen Jugendleiter der Handballabteilung, der beide Spieler für seinen Verein zurückgewinnen möchte. 27

M 1: Bildreihe des Handball-Sprungwurfs eines jugendlichen Vereinshandballers

Eigene Bildreihe

M 2:

Die 16-jährigen Schüler Marc und Tim haben das Handballspiel kürzlich aufgegeben. Sie unterhalten sich über die Gründe.

Tim: Wie hat das mit dem Handball bei dir denn angefangen?

Marc: Ich stamme aus einer handballbegeisterten Familie und war Mitglied in unserem Dorfverein seit meinem 6. Lebensjahr. Auch meine Eltern waren in der Abteilung aktiv und lebten mir vor, dass Handball etwas Wichtiges im Leben darstellte. Sie hatten zwar nie den ganz großen Durchbruch geschafft, erzählten mir aber häufig von ihren Erlebnissen, wie sie bei dieser oder jener Meisterschaft gewonnen und auf dem Siegertreppchen gestanden hatten und dass nachher der ganze Verein ausgiebig gefeiert hatte und der Vorsitzende ihnen auf die Schulter geklopft hatte; sie mussten ihr Engagement aufgrund beruflicher Verpflichtungen im Laufe der Jahre immer mehr einschränken. Heute joggen sie nur noch, um sich gesund zu halten.

Tim: Bei mir war das ganz anders. Das war ja noch vor unserem Umzug. Ich bin damals mit ein paar Freunden mit zum Training gegangen. Meine Eltern wussten anfangs gar nichts davon. Die hatten es sowieso nicht so mit Sport. Wir wurden schnell eine verschworene Gemeinschaft, vielleicht weil wir ständig verloren haben. Ich glaube aber, es lag mehr an unserem Trainer. Für den war Gewinnen wohl auch nicht so wichtig; dafür war er ein echter Kumpel. Wir haben auch nach dem Training viel unternommen.

Marc: Mein erster Trainer war ein „harter Hund". Da flossen auch schon mal ein paar Tränen, wenn es nicht so lief und er uns zusammenstauchte. Meine Eltern haben mich dann getröstet und gesagt, das gehöre dazu; aber etwas anderes als Handball hätte es in unserer Familie für mich auch gar nicht gegeben.
In der Grundschulzeit war ich extrem stolz, sobald ich einen neuen Wurf oder Trick beherrschte. Bei vielen Sachen weiß ich noch genau, wann sie mir zum ersten Mal geglückt sind. Als ich zum ersten Mal mit einem Sprungwurf ein Tor erzielt hatte, konnte ich gar nicht genug davon bekommen. Es sah bei den Älteren so toll aus und für mich war es ein super Gefühl, das jetzt auch zu können. Meine Eltern haben mich dafür auch sehr gelobt. Mit 9 war ich Mannschaftskapitän. Von da an gab es nur noch Handball. Ich war jeden Tag in der Halle. Erst machte ich auch riesige Fortschritte, meiner Mannschaft war ich so weit voraus, dass ich immer mehr allein oder mit den Älteren trainierte …

Tim: Ich hätte nie in einer anderen Mannschaft gespielt. Als wir dann hierher umgezogen sind, ist es ja dann auch nicht mehr lange gut gegangen mit dem Handball. Dass ich immer nur in der zweiten Mannschaft spielen sollte, war ganz in meinem Sinn. Aber es hat sich keiner so richtig um uns gekümmert, die Spieler waren mal da, mal wieder nicht und echte Kumpel so wie früher habe ich nicht gefunden.
Hat dich das nicht genervt, … jedes Wochenende Wettkampfstress und dass man immer noch besser werden musste?

Marc: Eigentlich nicht. Auch wenn klar war, dass ich in meinem Dorfverein durch Handball nicht reich werden konnte, wollte ich schon richtig Gas geben und war auch stolz, zu den Leistungsträgern zu gehören. Irgendwann habe ich mich allerdings beim Spiel richtig böse verletzt. Beim Sprungwurf passierte es: schwere Gehirnerschütterung und Sehnenriss an der Schulter. Hat lange gedauert, bis ich wieder richtig trainieren konnte. Der Arzt hat mich anfangs erst einmal in den Wald geschickt zum Lauftraining. Das war mal ein gesunder Sport, was man vom Handball ja nicht unbedingt behaupten kann. Außerdem habe ich da erst gemerkt, dass ich ausdauermäßig gar nichts draufhatte.

Tim: Ich würde die Schule sowieso nicht packen, wenn ich jeden Tag so viel trainieren würde. Hast du deswegen am Ende aufgehört?

Marc: Nein, nein, das spielt gar keine Rolle. Ich bin gar nicht so scharf auf gute Noten und das hätte ich sicher auf die Reihe gekriegt. Die Gründe lagen mehr im Sport selbst, es hat mir etwas gefehlt …

Autorentext

Lösungsvorschläge

1. ***Hinweis:*** *In dieser Aufgabe werden die Phasenstruktur des Handball-Sprungwurfs und die Funktionen der einzelnen Teilphasen in Anlehnung an Meinel dargestellt. Eine funktionale Ablaufanalyse nach Göhner wäre ebenfalls denkbar. Abschließend erfolgt die Erläuterung zweier biomechanischer Prinzipien am Beispiel des Sprungwurfs im Handball, wobei auch andere biomechanische Prinzipien (z. B. nach Hochmuth) für die Lösung infrage gekommen wären.*

   Der Bewegungsablauf beim Handball-Sprungwurf zeichnet sich dadurch aus, dass das Bewegungsziel (Torwurf) durch eine einmalige Aktion erreicht wird. Zudem ist die Reihenfolge der Teilbewegungen nicht umkehrbar. Es handelt sich demnach um eine **azyklische** Bewegung, die in Anlehnung an Meinel in eine Vorbereitungs-, Haupt- und Endphase unterteilt werden kann. Bezogen auf den Gesamtablauf der Bewegung hat jede einzelne Teilbewegung dabei eine besondere Funktion.

   - Nach Meinel dient die **Vorbereitungsphase** der Schaffung optimaler Voraussetzungen für die in der Hauptphase auszuführenden Aktionen. Beim Sprungwurf im Handball führt man eine „Ausholbewegung“ aus, die gegen die eigentlich gewollte Bewegungsrichtung erfolgt. In der dargestellten Bildreihe (M 1) erfolgt die Vorbereitungsphase von Bild 1 bis Bild 6, wobei sich diese aus dem Anlauf (Bild 1–4), dem Stemmschritt (Bild 5) und dem Absprung (Bild 6) zusammensetzt.
     Aus einer Ausgangsposition heraus, in welcher der Blick in Wurfrichtung zeigt (Bild 1), führt der Sportler zunächst eine Anlaufbewegung (Bild 1–4) aus, bei der eine optimale Horizontalgeschwindigkeit erreicht werden soll. Dargestellt ist in M 1 ein Anlauf bestehend aus zwei Schritten, anstelle des üblichen Dreischrittrhythmus. Beginnend mit dem rechten Bein erfolgen zwei raumgreifende Auftaktschritte überleitend zum linken Bein. Mit dem Aufsetzen des rechten Beins wird der Wurfarm gestreckt nach hinten geführt, wobei der entgegengesetzte Arm (linker Arm) nach vorne geführt wird. Aus einer frontal ausgerichteten Oberkörperposition heraus erfolgt dabei eine starke Oberkörperrotation in Wurfarmrichtung (Bild 2). Während der Überleitung auf das linke Bein wird der Wurfarm (rechter Arm) gebeugt nach vorne geführt, wodurch sich die Oberkörperrotation zunehmend auflöst (Bild 3–4) und der linke Arm gegengleich zu den Beinen nach hinten geführt wird. Aus einer zunächst aufrechten Oberkörperposition heraus zeigt sich während dieser gesamten Anlaufbewegung eine leicht zunehmende Oberkörpervorlage, wodurch es zu einer Absenkung des Körperschwerpunktes (KSP) kommt (Bild 2–4).
     Der Stemmschritt in Bild 5 zeichnet sich dadurch aus, dass die Ferse des linken Beins, bei nahezu vollständig gestrecktem Bein, vor dem Oberkörper aufgesetzt wird. Der Oberkörper wird währenddessen wieder aufgerichtet und nach hinten geneigt. Es kommt zu einem raumgreifenden und hebelnden

Schrittaufsatz, der die optimale Ausnutzung der bereits erreichten Anlaufgeschwindigkeit für den folgenden Absprung ermöglicht.
Beim Absprung (Bild 6) wird diese horizontal gerichtete Geschwindigkeit in eine vertikale Geschwindigkeit mittels Impulsübertragung umgesetzt. Es zeigt sich, dass das linke Bein (Absprungbein) in eine vollständige Streckung übergeht (Absprungstreckung), wenn der Vorfuß den Boden verlässt. Das rechte Schwungbein wird gleichzeitig stark gebeugt nach vorne oben geführt. Der Oberkörper ist weiterhin aufrecht und rotiert erneut in Wurfarmrichtung, da der Wurfarm mit dem Ball stark gebeugt hinter den Kopf geführt wird. Durch die Wirkung der Absprungkraft auf den KSP kommt es beim Absprung zu einem deutlichen Höhengewinn.

- Die **Hauptphase** wird in Anlehnung an Meinel als das „Kernstück" einer sportlichen Bewegung bezeichnet. Sie dient der unmittelbaren Bewältigung der Bewegungsaufgabe. Im Gegensatz zu Bewegungen, bei denen man (nur) dem eigenen Körper einen Bewegungsimpuls erteilt, sogenannte Lokomotionen (z. B. Laufen, Schwimmen, Springen), steht beim Handball-Sprungwurf die Bewegung eines anderen Körpers (Ball) im Vordergrund. Der eigene Körper bzw. bestimmte Körperteile werden dabei so bewegt, dass der mit der Hand in Kontakt stehende Ball in gewünschter Weise bewegt wird. Ziel ist es, den Ball mit maximaler Geschwindigkeit am höchsten Punkt abzuwerfen. Die Bilder 7 und 8 der dargestellten Bildreihe können demnach der Hauptphase zugeordnet werden. Nachdem der einbeinige Absprung (linkes Bein) erfolgt ist, befinden sich die Beine und der Wurfarm hinter dem Oberkörper. Der Oberkörper ist leicht zurückgeneigt, wodurch eine deutliche Bogenspannung erkennbar ist (Bild 7). Diese wird aufgelöst, indem sich der gesamte Körper bei leichter Vorneigung streckt. Gleichzeitig wird die zuvor eingenommene Oberkörperrotation aufgelöst. Der Ball verlässt die Hand bei vollkommen gestrecktem Wurfarm vor dem Körper (Bild 8). Durch das Auflösen der Bogenspannung und der Oberkörperrotation sowie durch den peitschenartigen Armzug kommt es zur gewünschten Ballbeschleunigung.
- Die **Endphase** kennzeichnet Meinel als jenen Bewegungsabschnitt, in dem die Aktionen der Hauptphase in einen Gleichgewichtszustand übergeleitet werden. Dieser Gleichgewichtszustand kann entweder einen Zustand relativer Ruhe oder aber auch ein kurzzeitiges Durchgangsstadium vor dem Beginn einer neuen Bewegung darstellen. Zwar ist die eigentliche Bewegungsaufgabe mit dem Ende der Hauptphase gelöst, der Sportler befindet sich jedoch in einem Bewegungszustand, der durch die nachfolgenden Teilbewegungen verletzungsfrei, regelkonform und vorbereitend für eine folgende Bewegung „beruhigt" werden muss. Diese Phase zeigt sich in der Bildreihe M 1 in den Bildern 9 bis 11. In der dargestellten Landephase kommt es zu einer beidbeinigen Landung (Bild 9), die in einem breitbeinigen Stand endet (Bild 11). Bei stets aufrechtem Oberkörper bewegen sich die Arme aus der Vorhalte neben den Körper (Bild 10). Die Kniegelenke werden im Moment der Landung gebeugt. Dadurch wird die Bewegung in einen Gleichgewichtszustand übergeleitet, wo-

bei der sichere Stand erst dann erreicht ist, wenn auch die vorhandene Horizontalgeschwindigkeit und die Rotationsbewegungen „abgebremst" werden.

Wie bei allen sportlichen Bewegungen gelten auch beim Handball-Sprungwurf mechanische Gesetzmäßigkeiten, die unter Beachtung der biologischen Besonderheiten des menschlichen Körpers berücksichtigt werden müssen. Im Folgenden werden zwei **biomechanische Prinzipien** erläutert, die für einen gelungenen Sprungwurf im Handball von besonderer Bedeutung sind.

- Das **Prinzip der Anfangskraft** besagt, dass eine Körperbewegung, mit der eine hohe Endgeschwindigkeit erreicht werden soll, durch eine entgegengesetzte Bewegung einzuleiten ist. Durch das Abbremsen der Gegenbewegung entsteht eine Anfangskraft für die nachfolgende Beschleunigung, wenn der Übergang ohne Unterbrechung erfolgt. Insgesamt wird dadurch der Kraftstoß (Impuls) vergrößert. Beim Anlauf des Handball-Sprungwurfs zeigt sich die Umsetzung des Prinzips beispielsweise in der Absenkung des KSP durch das Vorbeugen des Oberkörpers. Damit existiert in der tiefsten Lage des KSP, also zum Beginn der Aufwärtsbewegung mit dem Stemmschritt bereits eine Anfangskraft. Für den Absprung ergibt sich daraus eine erhöhte Absprunggeschwindigkeit und somit eine vergrößerte Sprunghöhe. Ebenso erfolgt in der Hauptphase der Bewegung das Einnehmen und Auflösen der Bogenspannung zur Ballbeschleunigung. Aus physiologischer Sicht kommt es durch das Abbremsen der Ausholbewegung zu einer Vordehnung der Muskulatur, wodurch kinetische Energie in den Muskeln und Sehnen gespeichert wird. Zudem wird durch das plötzliche Dehnen des Muskels der Muskeldehnungsreflex ausgelöst, der über den Dehnungs-Verkürzungs-Zyklus zu einer zusätzlichen Innervation nicht aktivierter Muskelfasern führt. Eine anschließende Kontraktion geht dadurch mit einer höheren und schnelleren Kraftentwicklung einher. Zu beachten ist jedoch, dass es bei einer zu starken Ausholbewegung bzw. Vordehnung und bei ungünstigen Winkelstellungen der Gelenke zu einer Verringerung der Leistungsfähigkeit kommt.
- Das **Prinzip der optimalen Koordination der Teilimpulse** besagt, dass die einzelnen Beschleunigungsimpulse einzelner Körperteile optimal koordiniert werden müssen, um beispielsweise ein Wurfgerät maximal weit werfen oder den Gesamtkörper maximal beschleunigen zu können. Beim Handball-Sprungwurf kommt es daher in der Hauptphase nur dann zu einer maximalen Beschleunigung des Balles, wenn die Geschwindigkeitsmaxima der daran beteiligten Kraftimpulse nicht gleichzeitig, sondern direkt nacheinander geschaltet sind, sodass Körperteilimpulse durch Abbremsen von einem Körperteil auf den nächsten übertragen werden. Aus der Bogenspannung des Rumpfes wird der Impuls dabei über die Peitschenbewegung des Armes mittels der Hand auf den Ball übertragen (Modulation). Das optimale zeitliche Nacheinander der Impulsübertragung von der Hüfte auf die Schulter, den Ellbogen, das Handgelenk, die Mittelhand und dann auf den Ball ist dabei von besonderer Bedeutung.

2. ***Hinweis:*** *Der in dieser Aufgabe dargestellte Weg zur Vermittlung des Sprungwurfes ist ein Vorschlag. Bei einer sinnvoll begründeten Umsetzung der pädagogischen Grundsätze und methodischen Prinzipien sind auch andere Vorgehensweisen oder Übungsangebote für das Erlernen des Sprungwurfes denkbar.*

Der Sprungwurf gehört zu den spektakulärsten, aber auch zu den schwierigsten Wurfvarianten im Handball. Es handelt sich um eine komplexe Bewegung, die sich aus einem Sprung und einem Wurf zusammensetzt. Um den Sprungwurf zu erlernen müssen daher sowohl der Schlagwurf in seiner Grundtechnik als auch ein gewisses Maß an Sprungkraft vorausgesetzt werden. Ziel des motorischen Lernprozesses ist es, den Sprungwurf in unterschiedlichen Spielsituationen variabel verfügbar anwenden zu können. Bei der Gestaltung des Lehr- und Lernweges müssen in Abhängigkeit von zahlreichen internen und externen Faktoren (z. B. Alter und Anzahl der Lernenden, zur Verfügung stehende Zeit und Vorerfahrungen der Lernenden) individuell angepasste Methoden und Maßnahmen angewendet werden.

- Bei der **Ganzheitsmethode** beispielsweise wird die Bewegung von Anfang an in ihrer vollständigen, chronologischen Struktur ausgeführt. Durch den Einsatz von Lernhilfen werden dabei vereinfachte Bedingungen geschaffen und dem Lernfortschritt entsprechend reduziert (**Prinzip der verminderten Lernhilfen**). Die Hilfen können dabei z. B. psychische Wirkungen (Angstabbau) oder mechanische Wirkungen (Schwerpunktverlagerung, Schwungunterstützung) haben. Eine Vermittlung des Handball-Sprungwurfs nach der Ganzheitsmethode hat den Vorteil, dass die Bewegungsstruktur als Ganzes erhalten bleibt. Gegen eine Vermittlung nach dieser Methode spricht jedoch die Komplexität und Schwierigkeit der Bewegung. Insbesondere im Schulsport zeigt sich zudem, dass viele Schüler Probleme haben, den Anlaufrhythmus zu finden und mit dem richtigen Bein abzuspringen.
- Auf der Grundlage dieser Erfahrungen erscheint es daher sinnvoll, den Sprungwurf im Handball nach der **Teillernmethode** (analytisch-synthetische Methode) zu vermitteln. Hierbei wird die Gesamtbewegung in Teilabschnitte zergliedert, die daraufhin in Form einer methodischen Übungsreihe einzeln gelernt werden. Anschließend werden die separat gelernten Bewegungsabschnitte wieder zur Gesamtbewegung zusammengefasst und ausgeführt (**Prinzip der Aufgliederung in funktionelle Teileinheiten**). Die Teillernmethode führt dabei in der Regel zu schnellen Teillernerfolgen, was die Motivation der Lernenden erhöht bzw. aufrechterhält. Außerdem ergeben sich gute Korrekturmöglichkeiten aufgrund der isolierten Ausführung der Teilbewegungen. Die Teillernmethode wird daher auch als Hauptmethode des Anfängertrainings angesehen.

Beispielhaft wird nun eine methodische Übungsreihe zum Erlernen des Sprungwurfs im Handball entwickelt. Um die Informationsmenge bei den jeweiligen Übungen kontrollierbar zu halten, basiert die Übungsfolge auf den pädagogischen Grundsätzen „**vom Bekannten zum Unbekannten**", „**vom Leichten zum Schweren**" und „**vom Einfachen zum Komplexen**". Nach dem methodischen **Prinzip der graduellen Annäherung** geht man dabei von einer gekonnten Bewegung aus und verändert bzw. erweitert diese schrittweise bis zum Erreichen der Zielübung. Diese Vorgehensweise bringt ebenfalls den Vorteil mit sich, dass Lernfortschritte bereits in kleinen Etappen sichtbar werden. Aus diesen Vorüberlegungen resultiert die folgende beispielhafte Übungsfolge, wobei sowohl Schlagwürfe als auch einfache Sprungübungen vorgeschaltet werden können und hier als bekannt vorausgesetzt werden:

a) Die Schüler überlaufen zunächst eine Bahn aus quergestellten Turnbänken, wobei sie jeweils drei Schritte zwischen den Bänken machen sollen (Dreischrittrhythmus). Dabei sollen die Schüler den Dreischrittrhythmus mit dem Bein beginnen, welches dem Wurfarm gegenüberliegt. Die Flugphase über die Bank soll dabei zunehmend betont werden, sodass aus dem Überlaufen ein Überspringen wird. Die Bank als Gerätehilfe erzwingt dabei die gewollte Rhythmisierung des Anlaufes. Evtl. kann der Anlaufrhythmus bei dieser Übung zusätzlich noch durch akustische Hilfen (z. B. Klatschen) unterstützt werden.
b) Aus dem Stand, mit einem Ball in beiden Händen, erfolgt der Anlauf zum Überspringen einer Bank mit dem Dreischrittrhythmus. In der Flugphase passen die Schüler den Ball zu einem gegenüberstehenden Schüler. Hierbei sollten zunächst kleinere und damit handlichere Bälle eingesetzt werden, die eine leichtere Koordination der Wurfbewegung ermöglichen.
c) Überspringen von zwei Bänken im Dreischrittrhythmus. Nach der zweiten Bank bekommen die Schüler den Ball von einem Anspieler auf der Wurfarmseite angereicht und führen danach einen Sprungwurf aufs Tor aus (zunächst mit kleineren Bällen).
d) Anlauf auf ein Tor (jedoch ohne Bänke), Schüler bekommen den Ball auf der Wurfarmseite angereicht und führen danach einen Sprungwurf aufs Tor aus. Im Sinne eine Reduzierung von Lernhilfen erfolgt die Rhythmisierung jetzt ohne die Bank. Evtl. kann die Schrittfolge aber mit Klebeband auf dem Boden markiert werden (optische Orientierungshilfe). Der Anlaufweg sollte zunächst schräg nach innen zur Wurfarmseite verlaufen, da so die Ausholbewegung, die Oberkörperverwringung und die Wurfauslage gut vorbereitet werden können.
e) Wie Übung d, jedoch erfolgt die Ausführung des Sprungwurfes nun aus dem Prellen heraus (evtl. zunächst mit kleineren Bällen)
f) Wie Übung d, jedoch erfolgt die Ausführung des Sprungwurfes nun nach einem Zuspiel von vorne, danach von der Wurfarmseite und anschließend von der Wurfarmgegenseite (auch hier können zunächst kleinere Bälle eingesetzt werden). Der Absprungpunkt wird dabei durch eine Markierung auf dem Hallenboden festgelegt. Der Anspieler steuert die notwendige Schrittzahl durch zeitlich unterschiedlich abgestimmte Zuspiele.
g) Wie Übung f, jedoch mit unterschiedlichen Anlaufrichtungen (diagonal, gerade, aus verschiedenen Richtungswechseln).
h) Gesamter Bewegungsablauf des Sprungwurfes, jedoch mit Gegenspieler (erst passiv, dann aktiv).
i) Anwendung des Sprungwurfs in spielnahen Situationen (zunächst in Überzahlsituationen, später in Gleichzahl).

Ausgehend von den leichten und bekannten Bewegungen des Laufens und Passens nähert man sich bei dieser Übungsfolge der zunächst unbekannten und weitaus schwierigeren und komplexeren Technik des Handball-Sprungwurfs an. Im Sinne einer graduellen Annäherung werden die Bewegungen schrittweise bis zum Erreichen der Zielübung verändert. Dabei werden die Übungsformen zunehmend schwieriger und komplexer. Eingesetzte Lernhilfen werden systematisch reduziert bzw. verändert.

3. Das Material M 2 bildet ein Gespräch zwischen den 16-jährigen Schülern Marc und Tim ab, die sich nach jahrelanger, aktiver sportlicher Laufbahn für einen Ausstieg aus dem Handballsport entscheiden.
In Anlehnung an Gabler und Heckhausen sind **Motive** allgemein betrachtet Bereitschaften, sich in situationsüberdauernder (genereller), zeitlich überdauernder (zeitstabiler) und persönlichkeitsspezifischer (individueller) Weise in einer gegebenen Situation so und nicht anders zielgerichtet zu verhalten. Motive können dabei aus dem Verhalten und den sprachlichen Äußerungen erschlossen werden.
Unter der **Motivation** versteht man die aktuellen Prozesse, die unter den situativen Bedingungen zu Verhalten führen können (z. B. zum Sporttreiben) und dieses Verhalten in Gang halten.
Entscheidend ist dabei, dass jeder Mensch aus anderen Motiven oder aus der Kombination verschiedener Motive zum Sporttreiben angetrieben wird. Gabler unterscheidet daher 30 Motive im Sport und nimmt eine Klassifizierung vor. Er unterscheidet die ich-bezogenen Motive und die Motive im sozialen Kontext und unterscheidet damit, ob sich ein Motiv hauptsächlich auf die eigene Person bezieht, oder ob es dabei auch andere Personen einschließt. Gabler nimmt darüber hinaus eine weitere Klassifizierung vor, welche die Motive dahingehend kategorisiert, inwieweit sie sich auf das Sporttreiben selbst, auf das Ergebnis des Sporttreibens oder auf das Sporttreiben als Mittel für weitere Zwecke beziehen.
- Motive, die sich auf das **Sporttreiben selbst** beziehen und zudem **ich-bezogen** sind, können z. B. die Freude an der Bewegung, das Bewegungsempfinden und die Körpererfahrungen sowie die körperliche Herausforderung und die Selbstüberwindung sein. Bei Motiven, die auf das Sporttreiben selbst bezogen sind und im **sozialen Kontext** stehen, steht das Sporttreiben gemeinsam mit anderen oder die Auseinandersetzung mit dem Gegner im Vordergrund.
- Motive, die sich auf das **Ergebnis des Sporttreibens** beziehen und in erster Linie **ich-bezogen** sind, dienen der Selbstbestätigung. Eine Bewegungsaufgabe zu lösen, seine Leistung zu verbessern, oder aber im Vergleich zu anderen gut abzuschneiden, motiviert einen Sportler demnach zum Sporttreiben. Unter Motiven, die auf das Ergebnis des Sporttreibens ausgerichtet sind, zudem aber im **sozialen Kontext** stehen, fasst Gabler Motive zusammen, bei denen die Leistung als Präsentationsmöglichkeit, als Fremdbestätigung, als Prestige oder aber als Dominanz und Macht empfunden werden.
- Versteht man den **Sport als Mittel für weitere Zwecke**, so steht in den **ich-bezogenen** Motiven beispielsweise die eigene Gesundheit, das Aussehen, aber

auch die Abwechslung bzw. der Ausgleich vom Alltag im Vordergrund. Bezogen auf den **sozialen Kontext** lassen sich in dieser Kategorie Motive unterscheiden, bei denen das Hauptaugenmerk auf den Anschluss, die Geselligkeit, oder aber den sozialen Aufstieg gelenkt ist.

Aus Erzählungen von **Marc** über seine sportliche Laufbahn gehen verschiedene Motive hervor, die verschiedenen Kategorien zuzuordnen sind.

- Bezogen auf das **Sporttreiben selbst** zeigt sich, dass für Marc während seiner aktiven Laufbahn die körperliche Herausforderung als ich-bezogenes Motiv im Vordergrund stand. „Als ich zum ersten Mal mit einem Sprungwurf ein Tor erzielt hatte, konnte ich gar nicht genug davon bekommen“ (M 2, Z. 27/28). Er betont darüber hinaus, dass es ein super Gefühl gewesen sei, eine neue Technik zu können (M 2, Z. 29), was dafür spricht, dass ihn die Selbsterfahrungen beim Sporttreiben, als weiteres **ich-bezogenes Motiv**, angetrieben haben. Die Aussage „Bei vielen Sachen weiß ich noch genau, wann sie mir zum ersten Mal geglückt sind“ (M 2, Z. 26/27) unterstützt diese Annahme.
- Bezogen auf das **Ergebnis des Sporttreibens** zeigen sich bei Marc sowohl **ich-bezogene Motive** als auch Motive, die **im sozialen Kontext** stehen. Einerseits hat er seine Leistungen als Selbstbestätigung empfunden, da sie ihn „extrem stolz“ (M 2, Z. 25) gemacht haben und er zu den Leistungsträgern gehören wollte (M 2, Z. 44). Andererseits zeigt sich jedoch auch, dass er nach sozialer Anerkennung strebte („Meine Eltern haben mich dafür auch sehr gelobt“, M 2, Z. 29/30). Die Tatsache, dass er mit 9 Jahren bereits Mannschaftskapitän war (M 2, Z. 30), spricht nach Gabler zudem für das Motiv „Leistung als Dominanz und Macht“.
- Im Zusammenhang mit Motiven, die sich auf das **Sporttreiben als Mittel für weitere Zwecke** beziehen, erzählt Marc, dass er „immer mehr allein oder mit den Älteren trainierte“ (M 2, Z. 33). Dies spricht dafür, dass er keinen Anschluss gefunden hat. **Ich-bezogene Motive** werden in dieser Kategorie keine genannt.

Marcs Ausführungen machen deutlich, dass die Motive der Kategorie „Sport als Mittel“ für weitere Zwecke in Marcs Handballkarriere nicht erfüllt werden konnten. Vielmehr hat ihm die Verletzung gezeigt, dass sein Sport nicht gesund ist. „Der Arzt hat mich anfangs erst einmal in den Wald geschickt zum Lauftraining. Das war mal ein gesunder Sport, was man vom Handball nicht unbedingt behaupten kann“ (M 2, Z. 47–49). Durch das Reha-Programm stellte Marc fest, dass er „ausdauermäßig gar nichts draufhatte“ (M 2, Z. 50), wodurch er seine Fitness infrage stellte. Durch das Laufen im Wald lernte Marc zudem das Sporttreiben in der Natur zu schätzen. War seine bisherige Handballkarriere primär von Wettbewerbsgedanken und Leistungsdruck geprägt („da flossen auch schon mal ein paar Tränen“, M 2, Z. 21/22), so empfand er das Reha-Programm nun als eine Form der Entspannung und Abwechslung vom Alltag. Auch materielle Gewinne konnten Marc nicht motivieren, da ihm klar war, dass er „durch Handball nicht reich werden konnte“ (M 2, Z. 42/43). Während des Reha-Programms gewannen daher insbesondere die Motive Gesundheit, Fitness und Naturerlebnis an Bedeutung

und ließen die früheren Motive von Marc als unvollständig erscheinen. Das bisher dominante Motiv „Leistung als Selbstbestätigung" wurde von Marc durch die Stagnation der Leistungsentwicklung und die Verletzung infrage gestellt. Sowohl durch den Gesundheitssport der Eltern als auch durch sein eigenes Reha-Programm ergaben sich für Marc dagegen Anregungen zu alternativen Sportkonzepten.
Ein Jugendleiter einer Handballabteilung müsste Marc demnach eine Teilnahme am Handballsport ermöglichen, die ihm noch Raum für andere Tätigkeitsfelder bieten würde. Damit könnten die durch den Handball nicht erfüllten Motive (Gesundheit, Fitness, Naturerlebnis) befriedigt werden. Im Gegensatz zu der bislang sehr einseitig ausgerichteten Sportkarriere, die auch stark durch das elterliche Vorbild gelenkt war, hätte Marc so die Möglichkeit, auch noch andere Sportbereiche kennenzulernen. Eine weitere Möglichkeit, Marc für den Verein zurückzugewinnen, bestände darin, Marc die Möglichkeit in Aussicht zu stellen, als Kapitän einer 2. Mannschaft aktiv zu werden. Dadurch könnte man insbesondere das Anschluss-Motiv stärken.

Analysiert man die Schilderungen von **Tim** im Hinblick auf erkennbare Motive während seiner sportlichen Laufbahn, so wird deutlich, dass Tim keine Motive bezogen auf das **Sporttreiben selbst** und auch nicht bezogen auf das **Ergebnis des Sporttreibens** äußert. Es wird jedoch deutlich, dass bei Tim Motive, die sich auf das **Sporttreiben als Mittel für weitere Zwecke** beziehen, im Vordergrund standen. Besonders die Motive Anschluss und Geselligkeit, die dem sozialen Kontext zuzuordnen sind, waren während seiner sportlichen Laufbahn dominant. Dies zeigt sich beispielsweise an den folgenden Äußerungen: „Wir wurden schnell eine verschworene Gemeinschaft, vielleicht weil wir ständig verloren haben. Ich glaube aber, es lag mehr an unserem Trainer. Für den war Gewinnen wohl auch nicht so wichtig; dafür war er ein echter Kumpel. Wir haben auch nach dem Training viel unternommen" (s. M 2, Z. 16–20).
Diese ausschlaggebenden Motive (Anschluss, Geselligkeit) konnte er nicht weiter befriedigen, als er durch den Umzug von seiner „verschworenen Gemeinschaft" (M 2, Z. 17) und seinem Trainer-„Kumpel" (M 2, Z. 19) getrennt wurde. Zwar hat er an seinem neuen Wohnort eine neue Mannschaft gefunden, jedoch hat sich dort „keiner so richtig um uns gekümmert" (M 2, Z. 37) und echte Kumpel so wie früher hat er an seinem neuen Wohnort auch nicht gefunden (M 2, Z. 38). Somit gewannen Motive außerhalb des Sports die Oberhand (schulischer Erfolg), was daraufhin zum vorzeitigen Karriere-Ende führte.
Um Tim davon zu überzeugen, dass er wieder Handball im Verein spielt, müsste ein Jugendleiter der Handballabteilung ihm ein Angebot unterbreiten, das wenig leistungs- und wettkampfbezogen ist. Dies könnte z. B. eine breitensportorientierte Mannschaft sein, die sich jedoch nicht als Zweckgemeinschaft versteht, sondern in der auch das Beisammensein von Bedeutung ist. Zudem müsste die Mannschaft von einem Trainer trainiert werden, der sich ihm menschlich zuwendet. Die für Tim vordergründigen Motive (Anschluss und Geselligkeit) müssten gestärkt werden, um ihn für den Handballvereinssport zurückzugewinnen.

Nordrhein-Westfalen: Leistungskurs 2013
Aufgabe 2

Aufgabenstellung: Punkte

1. Beschreiben Sie die Zielsetzung, Durchführung und Auswertung des Conconi-Tests vor dem Hintergrund der biologischen Voraussetzungen. Erläutern Sie anschließend Vor- und Nachteile bei der Anwendung des Conconi-Tests. 25

2. Material (M 1) zeigt Veränderungen von Conconi-Testergebnissen vor (Test 1) und nach (Test 2) einer Trainingsphase.
   Analysieren Sie die Veränderung der Ausdauerleistungsfähigkeit anhand der dargestellten Testergebnisse.
   Erklären Sie die zugrunde liegenden biologischen Anpassungserscheinungen sowie Trainingsmethoden, die die unterschiedlichen Veränderungen hervorgebracht haben könnten. 29

3. Auch beim Ausdauerlaufen im Freizeitsport nimmt das Doping-Problem immer größere Ausmaße an.
   Analysieren Sie anhand des Materials (M 2 bis M 5) die Problematik des Dopings im Freizeitsport und erörtern Sie die Frage, ob Sie im Vorfeld einer Ausdauerleistung im Freizeitsport leistungssteigernde Mittel wie Schmerzmittel oder EPO nutzen würden. 26

M 1: Conconi-Testergebnisse vor (Test 1) und nach (Test 2) einer Trainingsphase (schematische Darstellungsform)

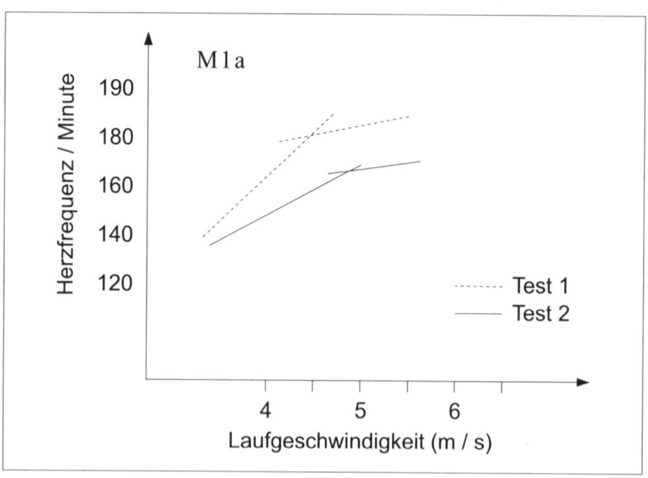

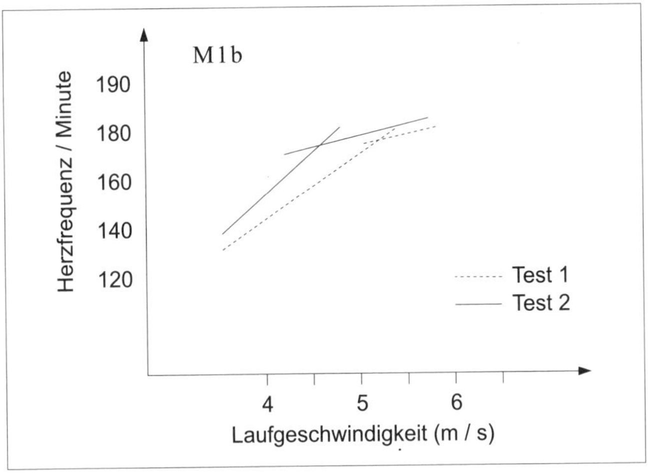

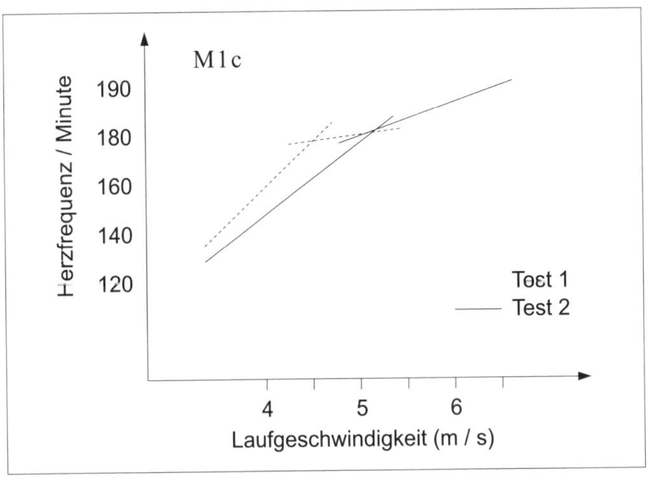

schematische Darstellungsform

M 2: EPO

EPO (Erythropoetin) ist ein körpereigenes Hormon, das für die Neubildung roter Blutkörperchen (Erythrozyten) sorgt. Es wird auch gentechnisch zur Behandlung von Nierenpatienten hergestellt. Zu den Nebenwirkungen von EPO gehören Blutdruckerhöhung, Blutverdickung, Thrombosegefahr und Schlaganfall.

Sam, Achim/Förster, Christo, Fit for Fun Report: Doping im Freizeitsport, Heft 1/2007, S. 77

M 3: Der Fall Irene und Ernst H.

Im Rahmen eines Verfahrens wegen illegalem Handel mit Arzneimitteln steht das Ehepaar Irene (54 J.) und Ernst (53 J.) H. unter Anklage. Bei der Vernehmung hatten sie Folgendes angegeben:

Irene H.: Angefangen hat das Ganze vor etwa 15 Jahren. Damals haben wir unsere zweite Liebe zum Sport entdeckt. In jungen Jahren waren wir richtig gute Hockeyspieler gewesen. Dabei haben wir uns ja auch kennengelernt. Aber dann waren Kinder und Beruf wichtiger geworden und wir wurden zu „Fernsehsessel-Sportlern".

Ernst H.: Irgendwann kam dann eins zum anderen: die ersten Speckpölsterchen, die Kinder wurden selbstständiger. Da reichte es uns nicht mehr, immer nur als interessierte Zuschauer die Leistungen der anderen zu bewundern.

Irene H.: Joggen war da einfach das Naheliegendste; zeitlich flexibel, allein, zu zweit, mit anderen alles gut möglich. Ich hätte damals nie gedacht, dass mich eine derartige Begeisterung packen würde. Besonders als wir nach einigen Versuchen eine Läufergruppe gefunden hatten, bei der es einfach stimmte. Wir waren alle keine „Jogger" mehr. Da hatte jeder seine Pulsuhr und auch sein Läufertagebuch. Wir fanden aber auch Leute dort, die uns echt wichtig wurden.

Ernst H.: So ein wenig von unserer alten Karriere als Leistungssportler war wohl noch übrig geblieben. Das Training schlug super an und ein gewisser Ehrgeiz kam auch wieder auf. Wir setzten uns Ziele und nahmen an Volks- oder Stadtläufen teil. Der Köln-Marathon war mein erster. In 4 Stunden 16 Minuten kam ich ins Ziel. Wettkämpfe wirklich gewinnen ging natürlich nicht mehr, aber unter den Läufern macht es schon einen Unterschied, ob deine Marathon-Bestzeit bei 3 oder bei 4 Stunden liegt.

Irene H.: Für mich begann die ganze Geschichte mit den Mittelchen, als die anderen in unserer Gruppe mir immer wieder davongelaufen sind. Eigentlich war es ja egal und es ging auch nur um ein paar Minuten, aber ich fühlte mich immer als fünftes Rad am Wagen, wenn ich nicht mit den anderen ins Ziel kam. Ich hab mir dann mit Aspirin und anderen Schmerzmitteln geholfen. Ich hätte sonst oft nicht trainieren können.

Ernst H.: Das hat doch nun wirklich keinem geschadet. Das machen wir doch nun schon seit Jahren und hast du schon etwas bemerkt? Wenn man es übertreibt mit dem Aspirin, bekommt man Magenschmerzen; aber die sind wieder weggegangen, wenn man es abgesetzt hat. Ab einem gewissen Niveau fing das an: die anderen sind besser geworden, wir aber nicht, obwohl wir auch fleißig trainiert haben. Da kommst du natürlich ins Grübeln. Neben dir läuft einer, der 10 Jahre älter ist als du, lächelt dabei und hat sogar noch Luft für ein kleines Schwätzchen, während bei dir die Knie stechen und der Puls rast. Wenn man da nachfragt, bekommt man meist nur ein Achselzucken. Aber inzwischen wissen wir doch alle, was da läuft. Man braucht ja auch nur in die Zeitung zu sehen; fast jeden Tag steht etwas über einen von den wirklich Guten, der gedopt hat. Das ist doch bei den anderen genauso. Jedenfalls habe ich mir dann in einem Fitness-Studio Epo besorgt und es hat auch super funktioniert. Natürlich muss man vorsichtig mit dem Zeug sein und darf es nicht übertreiben, sonst verklumpt das Blut. Aber es gibt Internetseiten, da steht genau drin, wie man das anwenden soll. Auch für die Kontrolle des Hämatokritwerts gibt es Geräte. Ich kann nur sagen: Ich habe bei mir noch keinen Schaden bemerkt.

Irene H.: Die anderen haben natürlich mitgekriegt, dass wir beide uns verbessert haben. Erst habe ich es nur meiner besten Freundin erzählt und auch nur das mit dem Aspirin, aber ich habe gleich bemerkt, dass das für die nichts Besonderes war. Ich konnte dank Epo wieder gut mithalten. Da Ernst im Internet so eine billige Quelle aufgetan hat, besorgte er das Zeug gleich für die ganze Gruppe mit. Anfangs wirklich nur zum Selbstkostenpreis, aber im Laufe der Zeit wurde das dann echt Arbeit, so dass wir auch etwas daran verdienen wollten. Die Kunden waren ja auch einverstanden damit. Wir kannten die ja auch fast alle und haben jedem gesagt, dass er nicht übertreiben darf. Ich meine, was macht das denn schon aus, wenn bei so viel Tausend Läufern ein paar ein bisschen schneller laufen. Preisgelder bekommen wir doch sowieso nicht. Ist doch eigentlich unsere Sache oder nicht?

Autorentext

M 4: Interview mit Dr. Werner Franke, einem der größten Dopingjäger Deutschlands, über Medikamente bei Volksläufen, EPO und die Rolle der Pharmaindustrie

Herr Dr. Franke, wie verbreitet ist das Doping im Freizeitsport?
Es ist eine Seuche. Und zudem viel gefährlicher als bei Profis, die unter einer gewissen ärztlichen Betreuung stehen. Besonders besorgniserregend ist die Situation bei den Bodybuildern. Die schlucken und spritzen teilweise sogar schon Produkte aus der Tiermedizin.

Verschiedene Studien zeigen, dass auch Hobbyläufer oft dopen …
Von einem befreundeten Arzt, der gerade beim New-York-Marathon war, habe ich gehört, dass jeder Läufer dort vor dem Start ein Paket bekommt, mit Startnummer, Kosmetikproben und – zwei Packungen Tylenol. Schmerzmittel, die insgesamt eine Wirkungsdauer von sechzehn Stunden haben. Das zeigt sehr gut, wie selbstverständlich Medikamente bei Volksläufen mittlerweile dazugehören.

Was ist die Gefahr bei diesen „weichen“ Dopingmitteln?
Gerade Schmerzmittel sind unglaublich tückisch, weil sie das natürliche Warnsystem des Körpers außer Kraft setzen. Aspirin etwa ist ebenfalls weit verbreitet – auch um das Blut dünner zu machen, wenn es nach EPO-Gebrauch zu dick ist. Es kann aber schnell Magenbeschwerden auslösen oder zu Problemreaktionen führen, wenn gleichzeitig Schmerzmittel genommen werden. Das Schlimme ist, dass sich die wenigsten der Risiken bewusst sind.

Woher kommen die härteren Mittel und wo werden sie verkauft?

Die werden nicht nur in illegalen Garagenlabors in Osteuropa oder Asien hergestellt. Nein, die Pharmaindustrie selbst macht mit den Hobbydopern einen riesigen Reibach. Das Überangebot, etwa bei EPO, ist beeindruckend. Laut dem italienischen Experten Donati geht nur ein Viertel der Produktion an Kranke. Und gekauft wird heute auch immer mehr in Apotheken, zur Not mit gefälschtem Rezept. Dort besteht sicherlich kein Interesse, die Doper als Kunden zu verlieren.

[…]

Interview mit Dr. Werner Franke, in: Fit for Fun, Heft 1/2007, S. 76

M 5: Der Hämatokritwert

„Wenn ich den Hämatokritwert* eines Sportlers auf 60 anhebe, bin ich nicht nur ein Betrüger, sondern ein Mörder. Wenn ich ihn von 45 bis zur erlaubten Grenze von 50 anhebe, ist das meiner Meinung nach Hilfe für den Sportler […], vorausgesetzt, das verschriebene Medikament ist nicht gefährlich." (La Liberté, 22. 12. 1998)

* Mit zunehmendem Hämatokritwert steigt die Sauerstofftransportfähigkeit des Blutes, gleichzeitig aber auch seine Zähflüssigkeit.

Auszug aus: Deutsche Sportjugend (Hrsg.): Sport ohne Doping, Argumente und Entscheidungshilfen. Frankfurt a. M. 2004, S. 44.

Lösungsvorschläge

1. Der Conconi-Test wurde von dem italienischen Professor Francesco Conconi entwickelt und ist eines von vielen leistungsdiagnostischen Testverfahren, zur Bestimmung, Beurteilung und Einordnung der aktuellen Ausdauerleistungsfähigkeit eines Sportlers.
   - Das Testverfahren basiert dabei auf den folgenden **biologischen Voraussetzungen:**
     Bei einer Ausdauerleistung verbraucht der menschliche Organismus beträchtliche Energiemengen. Je höher die Belastung, desto mehr Energie wird verbraucht. Die dazu notwendigen Energiebereitstellungsprozesse in der Muskulatur sind bei Ausdauerbelastungen in einem niedrigen Herzfrequenzbereich (ca. 120–170 Schlägen/Minute) größtenteils auf Sauerstoff angewiesen (aerober Bereich). Mit steigender Belastung steigt also der Sauerstoffbedarf an. Durch „Mehrarbeit" des Herz-Kreislauf-Systems kann im aeroben Bereich genügend Sauerstoff bereitgestellt werden, um den Sauerstoffbedarf der Muskulatur zu decken. Bei kontinuierlich steigender Belastung steigt somit auch die Herzfrequenz äquivalent zur Belastungsintensität. Daraus ergibt sich ein linearer Bezug zwischen der Belastungsintensität und der Herzfrequenz.
     Wird die Belastungsintensität (z. B. die Laufgeschwindigkeit) weiter gesteigert, so erreicht der Läufer einen Punkt, an dem das durch die Atmung zur Verfügung gestellte Angebot an Sauerstoff nicht mehr ausreicht, um den erhöhten Energiebedarf zu decken. Der Körper ist ab diesem Zeitpunkt gezwungen, einen Teil der benötigten Energie ohne Sauerstoff zu gewinnen. Die Muskeln arbeiten nun zusätzlich im anaeroben Bereich (Sauerstoffmangel) und gewinnen den Mehrbedarf an Energie durch antioxidative Prozesse (Glykolyse). Dabei entsteht Milchsäure (Laktat), welches die Muskeltätigkeit schon nach wenigen Sekunden beeinträchtigt und zur Ermüdung der Muskulatur führt. Das Herz-Kreislauf-System arbeitet in diesem anaeroben Bereich zwar nahe der Belastungsgrenze, kann aber den Sauerstoffbedarf nicht decken. Dies zeigt sich darin, dass die Herzfrequenz gegenüber der Belastungsintensität in geringerem Maße ansteigt.
     Betrachtet man also die Herzfrequenz während einer kontinuierlich gesteigerten Belastung, so wird der Übergang vom aeroben in den anaeroben Bereich, die sogenannte anaerobe Schwelle (AAS), durch einen Knick in der Herzfrequenzkurve sichtbar. Nach Conconi zeigt dieser Umschlagspunkt die maximale Arbeitsintensität an, bei der die Energieversorgung gerade noch aerob abgesichert werden kann. Man bezeichnet diesen Punkt auch als Deflexionspunkt.
   - **Zielsetzung** des Conconi-Tests ist die Ermittlung dieser anaeroben Schwelle. Dies geschieht im Gegensatz zu anderen Testverfahren „unblutig", also ohne dass Blut abgenommen werden muss (vgl. Laktatstufentest). Anhand der Lage des Deflexionspunktes können die aerobe und die anaerobe Leistungsfähigkeit eines Sportlers beurteilt werden und daraufhin Hinweise zur Planung der

nächsten Trainingsphase abgeleitet werden. Die ermittelten Werte ermöglichen eine gezielte Trainingssteuerung, da sich aus den Werten der Herzfrequenz am Deflexionspunkt individuell optimale Intensitätsbereiche ableiten lassen. Wird z. B. am Deflexionspunkt eine Herzfrequenz von 170 Schlägen/ Minute ermittelt, so sollte der Sportler in den kommenden Wochen in diesem Herzfrequenzbereich trainieren, um einen größtmöglichen Zuwachs der aeroben Leistungsfähigkeit zu erreichen. Bei einer mehrmaligen Durchführung des Conconi-Tests können die Testergebnisse verglichen werden und somit Trainingsfortschritte (ggfs. Rückschritte) diagnostiziert und dokumentiert werden. In eingeschränktem Maße können darüber hinaus auch Leistungsprognosen für Wettkampfsituationen erstellt werden, bei denen die Ausdauerleistungsfähigkeit von besonderer Bedeutung ist (z. B. Marathonlauf).

- Grundlegend für die **Durchführung** des Conconi-Tests sind das regelmäßige Erhöhen einer Ausdauerbelastung und das Erfassen der Herzfrequenz zum Zeitpunkt der jeweiligen Belastungsstufe. Prinzipiell kann der Conconi-Test auch auf einem Ergometer (Radfahren) oder einem Laufband (Laufen) erfolgen. Da die Durchführung des Conconi-Tests auf einer 400-m-Laufbahn jedoch die gleichzeitige Testdurchführung mehrerer Testpersonen ermöglicht, ist diese Variante gerade für Schulsport von besonderer Bedeutung und wird daher im Folgenden näher beschrieben:
  Um bei der Durchführung des Conconi-Tests auf einer 400-m-Laufbahn ein gleichmäßiges, sich steigerndes Tempo laufen zu können, wird die Laufbahn in gleich lange Abschnitte unterteilt, wobei z. B. alle 50 m Hütchen zur Markierung aufgestellt werden. Der Läufer muss seine Laufgeschwindigkeit so regulieren, dass er in einer vorgegebenen Zeit die nächste Markierung erreicht. Ein akustisches Signal (z. B. Kontrollton) gibt auf diese Weise die Laufgeschwindigkeit vor, da sich der Läufer jeweils beim Kontrollton bei der nächsten Markierung befinden muss. Sollte der Läufer die nächste Markierung zu früh oder zu spät erreichen, wird dies durch eine allmähliche Anpassung der Laufgeschwindigkeit über mehrere Intervalle verteilt ausgeglichen (nicht auf der nächsten Teilstrecke).
  Nach einer kurzen Erwärmung beginnt der eigentliche Lauf für gut trainierte Läufer bei einer Laufgeschwindigkeit von 12 km/h. Bei weniger gut trainierten Läufern wird die Startgeschwindigkeit entsprechend verringert (z. B. 10 km/h). Das Lauftempo wird daraufhin alle 200 Meter um 0,5 km/h gesteigert, wobei die Herzfrequenz mithilfe einer Herzfrequenzuhr alle 200 Meter erfasst und protokolliert wird. Sollten die Läufer Herzfrequenzuhren ohne Speichermöglichkeit verwenden, können sie ihre Herzfrequenz alle 200 Meter einem Helfer zurufen. Für die Zuordnung der jeweiligen Herzfrequenzen zu den entsprechenden Laufgeschwindigkeiten empfiehlt es sich, eine entsprechende Tabelle vorbereitet zu haben. Der Testlauf wird durch den Läufer abgebrochen, wenn er die Markierungen nicht mehr in der vorgeschriebenen Zeit erreichen kann bzw. erschöpft aufgibt.
- Für die **Auswertung** des Conconi-Tests werden die ermittelten Herzfrequenzen in Abhängigkeit zur Laufgeschwindigkeit in ein Koordinatensystem einge-

zeichnet. Dabei wird auf der X-Achse die Geschwindigkeit und auf der Y-Achse die Herzfrequenz aufgetragen. Sowohl für die Herzfrequenzwerte im unteren als auch im oberen Geschwindigkeitsbereich fällt auf, dass sie ungefähr auf jeweils einer Geraden liegen. Es wird daher sowohl für die unteren als auch für die oberen Herzfrequenzen jeweils eine Regressionsgerade berechnet bzw. skizziert. Der Punkt, an dem sich diese beiden fiktiven Geraden schneiden, markiert den oben beschriebenen Deflexionspunkt, an dem die Herzfrequenz nicht mehr linear zur Belastungssteigerung ansteigt. Diesem Umschlagspunkt, auch Conconi-Schwelle genannt, kann nun mithilfe des Koordinatensystems eine Laufgeschwindigkeit (Deflexions-Geschwindigkeit) und eine Herzfrequenz (Deflexions-Puls) für den Bereich der anaeroben Schwelle zugeordnet werden.

Zusammenfassend ergeben sich sowohl Vorteile als auch Nachteile für die Anwendung eines Conconi-Tests, auch im Vergleich zu anderen diagnostischen Verfahren.

- Ein **Vorteil** des Conconi-Tests ist, dass dieser prinzipiell unabhängig vom Leistungsniveau eines Sportlers durchgeführt werden kann. Zudem können pro Testdurchlauf viele Läufer den Test absolvieren. Insgesamt ist der materielle und personelle Aufwand für die Durchführung und Auswertung des Conconi-Tests vergleichsweise gering, weshalb der Conconi-Test auch im Schul- oder Vereinssport eine günstige und einfache Möglichkeit der Ausdauerleistungsdiagnostik darstellt. Ein weiterer und wesentlicher Vorteil des Conconi-Tests besteht darin, dass die anaerobe Schwelle ermittelt werden kann, ohne dass dem Sportler Blut abgenommen werden muss, um den Laktatgehalt zu bestimmen (vgl. Laktatstufentest). Dies ermöglicht eine Testdurchführung ohne Anwesenheit eines Arztes.
- Der Conconi-Test hat jedoch auch **Nachteile** und ist insbesondere in der Sportmedizin nicht ganz unumstritten. Gerade Laufanfänger haben häufig Probleme damit, ihre Laufgeschwindigkeit linear zu steigern. Die Ermittlung der anaeroben Schwelle gelingt daher nicht immer, da der gewünschte Knick in der Herzfrequenzkurve nicht erkennbar wird (bei über 20 % aller Sportler). Zudem liegt die anaerobe Schwelle, die durch den Conconi-Test ermittelt wurde, in vielen Fällen nicht in dem Bereich, der über einen Laktattest ermittelt wurde. Die Ergebnisse sind daher nur mit größerer Vorsicht in die Trainingsplanung zu integrieren. Eine möglichst optimale Bestimmung der anaeroben Schwelle mithilfe des Conconi-Tests erfordert letztlich das Erreichen der individuellen Leistungsgrenze. Nur so können mehrere Herzfrequenz-Daten nach dem Umschlagspunkt ermittelt werden. Dies setzt ein ausgeprägtes Maß an Willensstärke des Sportlers voraus.

2. Die Conconi-Testergebnisse zeigen in allen drei Beispielen die Darstellung der Herzfrequenz in Abhängigkeit zur Laufgeschwindigkeit, wobei die Regressionsgeraden für die Herzfrequenzwerte im unteren und oberen Geschwindigkeits-

bereich in einem Koordinatensystem eingezeichnet sind. Die X-Achse zeigt dabei die Laufgeschwindigkeit in Metern pro Sekunde (m/s), auf der Y-Achse ist die Herzfrequenz pro Minute angegeben.

- Betrachtet man die dargestellten **Herzfrequenzkurven in Material M 1 a**, so zeigen sich charakteristische Unterschiede zwischen den Testergebnissen vor (Test 1) und nach (Test 2) der Trainingsphase. Auffällig ist, dass der Umschlagspunkt der Herzfrequenzkurve in Test 2 bei einer höheren Laufgeschwindigkeit liegt. Vor der Trainingsphase (Test 1) erreicht der Sportler demnach die anaerobe Schwelle bereits bei einer Laufgeschwindigkeit von ca. 4,5 m/s, nach der Trainingsphase erst bei einer Laufgeschwindigkeit von ca. 4,75 m/s. Mit einer Herzfrequenz von ca. 165 Schlägen/Minute liegt die anaerobe Schwelle in Test 2 zudem bei einer geringeren Herzfrequenz als in Test 1 (180 Schlägen/Minute). Bis zum Erreichen der anaeroben Schwelle zeigt der Verlauf der Herzfrequenzkurven nach der Trainingsphase (Test 2) einen flacheren Anstieg als noch vor der Trainingsphase (Test 1). Test 2 weist außerdem im Vergleich zu Test 1 bereits zu Beginn des Tests eine leicht geringere Herzfrequenz auf. Insgesamt zeigt sich daher eine Rechtsverschiebung der Herzfrequenzkurve, wobei alle Herzfrequenzwerte bei Test 2 unter denen von Test 1 liegen.

  Diese Unterschiede im Verlauf der Herzfrequenzkurven lassen sich auf Veränderungen der Ausdauerleistungsfähigkeit des Sportlers während der Trainingsphase zurückführen. So belegen die durchgängig geringeren Herzfrequenzen nach der Trainingsphase (Test 2) eine Verbesserung der aeroben Ausdauerleistungsfähigkeit. Auf diesen Trainingseffekt weist ebenfalls der leicht reduzierte „Testeinstiegspuls" in Test 2 hin. Die für den zweiten Test erwähnte Abflachung der Geraden bis zum Erreichen des Umschlagspunktes und die damit einhergehenden reduzierten Herzfrequenzwerte bei allen Laufgeschwindigkeiten weisen dabei insbesondere auf eine Verbesserung der Grundlagenausdauer des Sportlers hin. Dadurch kann der Sportler in diesem Beispiel bei gleicher Herzfrequenz schneller laufen bzw. bei höheren Geschwindigkeiten die Herzfrequenz relativ gering halten.

  Diese Verbesserungen im Bereich der aeroben Kapazität konnte der Sportler erreichen, indem er nach der **extensiven Dauermethode** trainiert hat. Diese Ausdauertrainingsmethode ist gekennzeichnet durch lange Ausdauerbelastungen ohne Pausen. Sehr große Belastungsumfänge werden bei einer leichten bis mittleren Belastungsintensität absolviert, wodurch alle Organe und Enzymsysteme angesprochen werden, die für eine Energiebereitstellung unter aeroben Bedingungen zuständig sind.

  Im Verlauf einer derart gestalteten Trainingsphase kommt es daher zu **biologischen Anpassungserscheinungen** des menschlichen Organismus, welche zu einer verbesserten maximalen Sauerstoffaufnahme, bezogen auf die Sauerstoffzufuhr (Atmung/Lunge), den Sauerstofftransport (Herzkreislaufsystem) und die Sauerstoffverwertung (Muskelzelle) führen.

  In der Lunge gelangt der Sauerstoff aus der eingeatmeten Luft ins arterielle Blut und gleichzeitig das Kohlenstoffdioxid vom venösen Blut in die Ausatemluft (Gasaustausch). Durch Ausdauertraining und das damit verbundene Training der Atemmuskulatur steigt das maximale Atemminutenvolumen, also die Luftmenge, die in einer Minute eingeatmet wird. Somit wird das Sauerstoffangebot für den Blutkreislauf zu einem gewissen Grad erhöht. Im Anschluss an den Gasaustausch bewerkstelligt das Herz-Kreislauf-System den Sauerstofftransport zu allen Organen und somit auch zur beanspruchten Muskulatur. Das Herz als „Förderpumpe“ passt sich durch Ausdauertraining dahingehend an, dass es zu einer Vergrößerung des Herzvolumens (Sportherz) kommt. Davon sind sowohl die Herzhohlräume (Dilatation) als auch die Muskulatur in der Herzwand betroffen (Hypertrophie). Diese strukturellen Veränderungen haben zur Folge, dass einerseits die Schlagfrequenz des Herzens sinkt, andererseits das Herzminutenvolumen steigt. Das Herz kann also mehr Blut in einer Minute durch den Körperkreislauf und den Lungenkreislauf pumpen. Durch regelmäßiges Ausdauertraining kommt es darüber hinaus zu einer Vermehrung des Blutvolumens und zu einer Zunahme der roten Blutkörperchen (Erythrozyten) als Sauerstofftransportträger im Blut. Die Durchblutung der Muskulatur verbessert sich, da mehr Blutgefäße gebildet und neue Wege für die Belieferung des Gewebes mit Sauerstoff geschaffen werden. Es kommt zu einer verbesserten Kapillarisierung, also zu einer Vergrößerung des Querschnittes der Einzelkapillare und einer größeren Zahl von durchströmten Kapillaren bei Belastung. Insgesamt strömt das Blut bei gleicher Durchblutung dadurch langsamer durch den Muskel, wodurch sich die Zeit zur Sauerstoffaufnahme aus dem Kapillarblut vergrößert. In der Muskulatur ergeben sich als Folge des aeroben Ausdauertrainings eine höhere Anzahl an Mitochondrien in den ST-Fasern und eine Vermehrung der Enzyme des aeroben Stoffwechsels in den Mitochondrien. Die Kapazität des aeroben Muskelstoffwechsels wird somit erhöht.

- Das Beispiel der **Herzfrequenzkurven in Bild M 2a** zeigt, dass die Herzfrequenz bei Testbeginn vor der Trainingsphase (Test 1) leicht niedriger als nach der Trainingsphase (Test 2) ist. In Test 2 steigt die Herzfrequenz mit zunehmender Laufgeschwindigkeit schneller an, sodass die anaerobe Schwelle im Vergleich zu Test 1 bei gleicher Herzfrequenz, jedoch bereits bei einer geringeren Laufgeschwindigkeit erreicht wird (ca. 4,6 m/s zu ca. 5,2 m/s). Zudem wird der Conconi-Test nach der Trainingsphase bereits bei einer etwas geringeren Laufgeschwindigkeit abgebrochen. Es zeigt sich also eine Linksverschiebung der Regressionsgeraden als Konsequenz der Trainingsphase zwischen den beiden Testdurchläufen.

  Diese Testergebnisse weisen darauf hin, dass sich die Ausdauerleistungsfähigkeit des Sportlers verschlechtert hat. Im Vergleich zu den Testergebnissen vor der Trainingsphase läuft der Sportler bei gleicher Herzfrequenz langsamer. Für alle Belastungsstufen (auch bereits zu Beginn des Tests) zeigen sich höhere Herzfrequenzen. Unter der Zielsetzung, seine Ausdauerleistungsfähigkeit zu verbessern, hat der Sportler demnach eindeutig „falsch“ trainiert und grundlegende Trainingsprinzipien missachtet. Es könnte beispielsweise sein, dass das Prinzip des trainingswirksamen Belastungsreizes nicht berücksichtigt wurde.

Die Trainingsreize bezogen auf die Ausdauerleistungen wurden demnach evtl. nur unterschwellig stark oder aber stark überschwellig (verfrüht) gesetzt. Letztlich ist es auch möglich, dass gar kein Ausdauertraining durchgeführt wurde. Beide Extreme führen jedoch dazu, dass sich die Leistungsfähigkeit der für die Ausdauerleistungsfähigkeit relevanten biologischen Systeme funktionell reduziert. Die aerobe Kapazität des Sportlers in diesem Beispiel wird im Verlauf der Trainingsphase geringer. Dies lässt sich durch Rückbildung bereits erfolgter Anpassungserscheinungen im Bereich der biologischen Funktionssysteme erklären, die letztlich zu einer Verschlechterung der maximalen Sauerstoffaufnahme führen. Durch „falsch" oder gar nicht durchgeführtes Ausdauertraining verringert sich demnach das Atemminutenvolumen. Zudem bildet sich auch das voluminöse Sportherz relativ rasch zurück. Die Schlagfrequenz des Herzens erhöht sich und das Herzminutenvolumen wird sinken. Das Blutvolumen geht zurück, wodurch auch die Zahl der roten Blutkörperchen (Erythrozyten) sinkt. In der Muskulatur ist eine geringere Mitochondriendichte vorhanden.

- Die **Graphen in Bild M 1c** weisen wiederum andere charakteristische Merkmale bezogen auf die Conconi-Testergebnisse aus. In diesem Beispiel zeigt sich, dass der Sportler zu Beginn des Tests 2 bereits eine leicht geringere Herzfrequenz im Vergleich zu Test 1 aufweist. Bei dem zweiten Test, also nach der Trainingsphase, steigt die Herzfrequenz des Sportlers bis zum Erreichen des Umschlagspunktes zunächst weniger stark an. Die anaerobe Schwelle wird im Test 2 später erreicht als in Test 1 (bei ca. 5,1 m/s im Vergleich zu ca. 4,5 m/s), wobei die Herzfrequenz an der anaeroben Schwelle bei beiden Testdurchläufen bei ca. 180 Schlägen/Minute liegt. Auffällig ist darüber hinaus, dass der Sportler nach der Trainingsphase (Test 2) die Belastungssteigerung auch nach dem Erreichen der anaeroben Schwelle (ca. 5,1 m/s) bis zu einer Laufgeschwindigkeit von 6,5 m/s fortsetzen kann. Vor der Trainingsphase (Test 1) bricht er den Test bereits bei ca. 5,5 m/s ab, womit er seine Geschwindigkeit nach dem Erreichen der anaeroben Schwelle (4,5 m/s) nur um 1 m/s steigern kann.

  Die daraus resultierende Rechtsverschiebung aller Herzfrequenzwerte lässt sich darauf zurückführen, dass der Sportler durch die zwischengeschaltete Trainingsphase seine aerobe Ausdauerleistungsfähigkeit verbessert hat (vgl. M 1a). Die Verlängerung der Geraden in den oberen Geschwindigkeitsbereichen nach dem Erreichen der anaeroben Schwelle kennzeichnen darüber hinaus jedoch auch eine eindeutige Verbesserung der anaeroben Ausdauerleistungsfähigkeit. Der Sportler kann nach dem Training bei gleicher Herzfrequenz schneller laufen, vor allem aber auch der Belastung im anaeroben Bereich länger standhalten.

  Diese Veränderungen der Ausdauerleistungsfähigkeit sowohl im aeroben als auch im anaeroben Bereich lassen sich durch ein Ausdauertraining erreichen, welches nach den Grundsätzen der **Intervallmethode** aufgebaut ist. Intervallmethoden zeichnen sich im Gegensatz zu Dauermethoden dadurch aus, dass der Trainingsablauf durch lohnende Pausen unterbrochen wird. Dabei erholen sich die beteiligten Funktionssysteme im ersten Drittel der Erholungszeit be-

reits zu zwei Dritteln. Als Richtwert für den richtigen Zeitpunkt zur Wiederaufnahme der Belastung wird häufig eine Herzfrequenz von 120 Schlägen/Minute als Richtwert angegeben. Man unterscheidet die extensive und die intensive Intervallmethode. Bei der extensiven Intervallmethode wird die Belastungsintensität so gewählt, dass sie submaximal ist. Dies entspricht der Herzfrequenz im Bereich der anaeroben Schwelle. Die Belastungsdauer kann bis zu 45 min. umfassen. Bei der intensiven Intervallmethode ist die Reizintensität hoch, aber nicht maximal. Die Belastungsdauer liegt bei ca. 60–90 Sekunden, wobei der Belastungsumfang ca. 25 Minuten umfasst. Nach jeder Belastung erfolgt eine lohnende Pause (ca. 3–6 Belastungen).
Der menschliche Organismus passt sich einer Trainingsphase dieser Art in bestimmter Weise an. Die Anpassungserscheinungen, die zur Verbesserung der aeroben Kapazität führen, wurden bereits in M 1 a ausführlich beschrieben.
Die anaerobe Kapazität wird dadurch verbessert, dass die hierfür leistungsrelevanten Energiespeicher, insbesondere die Glykogenspeicher, erhöht werden. In der Muskelzelle führt die Übersäuerung durch Stoffwechselprodukte der anaeroben Energiebereitstellung (Laktat) zu einem mehr oder weniger schnellen Belastungsabbruch. Neben intramuskulären Puffersystemen wird vor allem im Blut der Bikarbonatpuffer angehoben, wodurch eine frühzeitig eintretende Senkung des pH-Werts verhindert wird. Anaerobes Training erhöht zudem die glykolytischen, anaeroben Enzyme in der Muskulatur, wodurch trotz Übersäuerung noch länger Arbeit geleistet werden kann. Dabei bilden sich sogenannte Isoenzyme, die auch bei hochgradiger muskulärer Übersäuerung noch arbeitsfähig sind. Bei hohen Laktatkonzentrationen tritt dieses aus den Muskelzellen und wird mit dem Blut abtransportiert. Das Laktat wird dann vor allem in Herz, Niere und Leber verstoffwechselt.

3. Anhand des Fallbeispiels von Irene und Ernst H., die wegen illegalen Handels mit Arzneimitteln unter Anklage stehen, wird die Problematik des Dopings im Freizeitsport analysiert und die Fragestellung erörtert, ob man selbst im Vorfeld einer Ausdauerleistung im Freizeitsport leistungssteigernde Mittel wie Schmerzmittel oder EPO nutzen würde. Sowohl die Analyse als auch die Erörterung erfolgen dabei auf der Grundlage der Aussagen bei der Vernehmung von Irene und Ernst H. (M 3), einem Interview mit Dr. Werner Franke, einem der größten Dopingjäger Deutschlands (M 4), und einem Zitat, indem sich scheinbar ein Sportarzt (dies wird nicht eindeutig angegeben) zum Hämatokritwert des Blutes äußert (M 5).

   Aus den Aussagen des angeklagten Ehepaars geht hervor, wie es zur Anklage kommen konnte. Als ehemals „richtig gute Hockeyspieler" (s. M 3, Zeile 5/6), beginnen die beiden in ihrer Freizeit wieder aktiv zu joggen, nachdem sie den Sport jahrelang nur noch interessiert im Fernsehen verfolgt haben. Nach einigen Joggingversuchen sind sie derart begeistert, dass sie sich einer Läufergruppe anschließen, in der es üblich ist, dass jeder eine Pulsuhr besitzt und dazu ein Lauftagebuch führt. Die ersten Trainingserfolge entwickeln daraufhin einen gewissen Ehrgeiz und das Ehepaar nimmt schon bald an Marathonläufen teil (vgl. M 3, Z. 19–22). Das Leistungsmotiv rückt dabei in den Vordergrund, da es gegenüber den inzwischen auch zwischenmenschlich wichtig gewordenen Läufern der Gruppe „schon einen Unterschied [macht], ob deine Marathon-Bestzeit bei 3 oder 4 Stunden liegt“ (s. M 3, Z. 23/24). Als Irene H. merkt, dass ihr die anderen in der Gruppe davonlaufen, beginnt sie mit der Einnahme von Aspirin und anderen Schmerzmitteln, um trotz körperlicher Beschwerden weiter trainieren zu können (vgl. M 3, Z. 25–30). Als sich trotz regelmäßigen Trainings keine weiteren Leistungsverbesserungen mehr zeigen, die anderen in der Laufgruppe aber immer besser werden, greift das Ehepaar zum sogenannten EPO, welches Ernst H. zunächst aus einem Fitness-Studio besorgt und später im Internet bestellt. Als die anderen Läufer aus der Laufgruppe mitbekommen, dass Irene und Ernst H. sich deutlich verbessern, bestellt Ernst H. das EPO für die ganze Gruppe, anfangs nur zum Selbstkostenpreis, später dann auch, um etwas daran zu verdienen (vgl. M 3, Z. 48–54).

Das Fallbeispiel zeigt sehr deutlich, dass auch Freizeitsportler ein großes Interesse daran haben, ihre Leistung unter Umständen auch mit Dopingmitteln zu verbessern. Das Bestreben, leistungsmäßig mithalten zu wollen, beeinflusst die Entscheidung, zu Dopingsubstanzen zu greifen, dabei maßgeblich. Herr Dr. Franke sieht das Doping im Freizeitsport inzwischen so stark verbreitet, dass er es als „Seuche“ (s. M 4, Z. 2) bezeichnet. Wie selbstverständlich die Einnahme von Medikamenten beispielsweise inzwischen bei Marathonläufen ist, zeigt das Beispiel des New-York-Marathons, bei dem „jeder Läufer [...] vor dem Start ein Paket bekommt, mit Startnummer, Kosmetikproben und – zwei Packungen Tylenol“ (s. M 4, Z. 8/9).

Darüber hinaus wird deutlich, dass die Beschaffung von Dopingmitteln auch für Freizeitsportler problemlos möglich ist. EPO kann beispielsweise häufig in Fitness-Studios oder über das Internet erworben werden. Franke weist darauf hin, dass EPO heutzutage auch immer mehr in Apotheken, teilweise mit gefälschtem Rezept, gekauft werden kann (vgl. M 4, Z. 23/24). Insgesamt gehe nur ein Viertel der gesamten EPO-Produktion an Kranke (vgl. M 4, Z. 22/23). Dieses Überangebot zeigt, dass die Pharmaindustrie auch im Freizeitsport ein großes Geschäft mit den Dopingmitteln macht.

Freizeitsportler, wie Irene und Ernst H., sind sich dabei jedoch häufig der Risiken, die mit der Einnahme von Dopingsubstanzen verbunden sind, nicht bewusst. Gerade die „weichen“ Dopingmittel, wie z. B. Schmerzmittel, müssen aber als tückisch angesehen werden. Sie setzen das natürliche Warnsystem des Körpers außer Kraft (vgl. M 4, Z. 13/14) und führen schnell zu Magenbeschwerden, wie sie auch Ernst H. in seiner Aussage bei der Vernehmung erwähnt (vgl. M 3, Z. 32–34). Insbesondere das Zusammenwirken von verschiedenen Substanzen (z. B. EPO und Aspirin) führt darüber hinaus zu zahlreichen gesundheitsgefährdenden Problemreaktionen. Für den Bereich des Freizeitsports muss die Einnahme von Dopingsubstanzen sogar als besonders gefährlich angesehen werden, da sie gegenüber dem Leistungssport ohne ärztliche Betreuung erfolgt (vgl. M 4, Z. 2/3).

Erörtert man die Frage, ob man selbst im Vorfeld einer Ausdauerleistung im Freizeitsport leistungssteigernde Mittel wie EPO oder Schmerzmittel nutzen würde, ergibt sich die Notwendigkeit, mögliche **Vor- und Nachteile** im Zusammenhang mit der Einnahme der Substanzen gegeneinander abzuwägen.
Die Einnahme von Dopingsubstanzen führt zunächst einmal zu einer Leistungssteigerung. EPO ist ein Hormon, das normalerweise in der Niere gebildet wird und für die Steigerung des Blutvolumens und die Bildung von roten Blutkörperchen zuständig ist. Durch die Einnahme von synthetischem EPO verbessert sich daher die Sauerstoffversorgung der Muskulatur und damit auch die Ausdauerleistungsfähigkeit des Sportlers. Die verbesserten sportlichen Leistungen gehen dabei jedoch mit einer nicht außer Acht zu lassenden Gefährdung der eigenen Gesundheit einher. Neben den Gefahren, die sich bereits aus der Einnahme von Schmerzmitteln ergeben (siehe oben), kann es bei der Einnahme von EPO z. B. zur Entwicklung von Bluthochdruck kommen, im Extremfall sogar zu einer Bluteindickung mit erhöhter Thrombosegefahr. Das Schlaganfallrisiko des Sportlers steigt, wobei die fehlenden Kenntnisse über die Anwendung und Dosierung (ohne ärztliche Betreuung) gerade im Freizeitsport als besonders bedenklich angesehen werden müssen. Ernst H. gibt in diesem Zusammenhang jedoch an, dass er sich über das Internet ausreichend über die Anwendung von EPO informiert fühlt und dass es zur Kontrolle des Hämatokritwertes auch Geräte gebe (vgl. M 3, Z. 44–46). Der Hämatokritwert gibt Auskunft über die Sauerstofftransportfähigkeit des Blutes und damit auch über dessen Zähflüssigkeit. Nach hinreichender Information kann eine Überdosierung von EPO vermieden werden, wenn man unter einem kritischen Hämatokritwert von 50 bleibt (vgl. M 5, Z. 2–4). Nicht zuletzt liegt das gesundheitliche Risiko in der Eigenverantwortung des Sportlers. So argumentieren auch Irene und Ernst H., da sie den Rückgriff auf Dopingmittel als ihre Privatsache ansehen (vgl. M 3, Z. 58/59).
Grundsätzlich kann davon ausgegangen werden, dass eine verbesserte sportliche Leistungsfähigkeit dazu führt, dass man Anerkennung durch andere erfährt. Daraus resultiert häufig ein gesteigertes Selbstwertgefühl. Ist die Leistungssteigerung jedoch auf die Einnahme von Dopingsubstanzen zurückzuführen, spiegelt die eigene Leistung gar nicht mehr die eigene natürliche Leistungsfähigkeit wieder. Dopingmittel verzerren demnach die anzustrebende Chancengleichheit und müssen somit als unfair bezeichnet werden. Im Freizeitsport wird dem Aspekt der Chancengleichheit häufig jedoch keine allzu große Bedeutung beigemessen. „Preisgelder bekommen wir doch sowieso nicht“ (s. M 3, Z. 58), sagt beispielsweise Irene H. in diesem Zusammenhang bei ihrer Vernehmung.
Abschließend muss auch die Beschaffung der Dopingmittel im Freizeitsport kritisch betrachtet werden. Der Bedarf an Dopingsubstanzen kann im Laufe der Zeit zu einer finanziellen Belastung für den Freizeitsportler werden. Unter gewissen

Umständen gerät man sogar in ein illegales System, wie es das Fallbeispiel von Irene und Ernst H. zeigt (vgl. M 3).
Nach Abwägung der Pro- und Contra-Argumente komme ich persönlich zu dem Ergebnis, dass ich mich eindeutig gegen die Einnahme von leistungssteigernden Mitteln wie EPO oder Schmerzmitteln entscheiden würde. Der Wert meiner Gesundheit ist mir so bedeutsam, dass angesichts der dargestellten Gefahren für meine Gesundheit alle Argumente für die Nutzung von Dopingmitteln verblassen. Zudem messe ich den moralisch-ethischen Aspekten der Chancengleichheit im Sport eine besondere Bedeutung zu und empfinde bereits die Einnahme von Schmerzmitteln als Verstoß gegen die Grundsätze der sportlichen Fairness.

(Bitte blättern Sie um)

Kunst

Abitur-Wissen Malerei · Plastik · Architektur ..... Best.-Nr. 949618
Abitur-Wissen Werkerschließung .... Best.-Nr. 949628
Kompakt-Wissen Abitur Kunst .... Best.-Nr. 949601

Sozialwissenschaften

Sozialwissenschaften....................................... Best.-Nr. 54801
Abitur-Wissen Demokratie .... Best.-Nr. 94803
Abitur-Wissen Sozialpolitik .... Best.-Nr. 94804
Abitur-Wissen Die Europäische Einigung .... Best.-Nr. 94805
Abitur-Wissen Politische Theorie .... Best.-Nr. 94806
Abitur-Wissen Internationale Beziehungen .... Best.-Nr. 94807
Abitur-Wissen Volkswirtschaft .... Best.-Nr. 94881
Klausuren Politik Oberstufe .... Best.-Nr. 108011
Kompakt-Wissen Abitur Grundlagen der nationalen und internationalen Politik .... Best.-Nr. 948001
Kompakt-Wissen Abitur Volkswirtschaft .... Best.-Nr. 948501
Kompakt-Wissen Abitur Grundbegriffe Politik ... Best.-Nr. 948002

Geschichte

Geschichte 1 – Nationalstaatsgedanke und Nationalismus, Kaiserreich, Industrialisierung und Imperialismus, Erster Weltkrieg, Weimarer Republik und nationalsozialistische Diktatur .... Best.-Nr. 54761
Geschichte 2 – Deutschland nach dem Zweiten Weltkrieg, die bipolare Welt nach 1945, der Umbruch in der DDR, Wiedervereinigung, europäische Einigung, Wendepunkte des 20. Jahrhunderts .... Best.-Nr. 54762
Grundlagen, Arbeitstechniken und Methoden – Geschichte .... Best.-Nr. 94789
Abitur-Wissen Die Antike .... Best.-Nr. 94783
Abitur-Wissen Das Mittelalter .... Best.-Nr. 94788
Abitur-Wissen Französische Revolution .... Best.-Nr. 947812
Abitur-Wissen Die Ära Bismarck: Entstehung und Entwicklung des deutschen Nationalstaats .... Best.-Nr. 94784
Abitur-Wissen Imperialismus und Erster Weltkrieg .... Best.-Nr. 94785
Abitur-Wissen Die Weimarer Republik .... Best.-Nr. 47815
Abitur-Wissen Nationalsozialismus und Zweiter Weltkrieg ...... Best.-Nr. 94786
Abitur Wissen Deutschland von 1945 bis zur Gegenwart .... Best.-Nr. 947811
Abitur Wissen USA .... Best.-Nr. 947813
Abitur Wissen Naher Osten .... Best.-Nr. 947814
Kompakt-Wissen Abitur Geschichte Oberstufe ... Best.-Nr. 947601
Klausuren Geschichte Oberstufe .... Best.-Nr. 107611

Alle so gekennzeichneten Titel sind auch als eBook über **www.stark-verlag.de** erhältlich.

Zentralabitur

Optimale Unterstützung für Schülerinnen und Schüler bei der Vorbereitung auf das **Zentralabitur in Nordrhein-Westfalen:**

- Wertvolle **Hinweise** zum Ablauf des Zentralabiturs.
- **Original-Prüfungsaufgaben und Übungsaufgaben im Stil des Abiturs** zu den aktuellen Schwerpunktthemen machen mit den Inhalten vertraut und geben Gelegenheit zum selbstständigen Üben unter Prüfungsbedingungen.
- **Schülergerechte Lösungen**.

Abiturprüfung Mathematik LK mit CD – NRW ... Best.-Nr. 55000
Abiturprüfung Mathematik GK mit CD – NRW ... Best.-Nr. 55100
Abiturprüfung Physik GK/LK – NRW .... Best.-Nr. 55300
Abiturprüfung Deutsch LK – NRW .... Best.-Nr. 55400
Abiturprüfung Deutsch GK – NRW .... Best.-Nr. 55410
Abiturprüfung Englisch LK – NRW .... Best.-Nr. 55460
Abiturprüfung Englisch GK – NRW .... Best.-Nr. 55470
Abiturprüfung Französisch GK/LK – NRW .... Best.-Nr. 55500
Abiturprüfung Spanisch GK/LK – NRW .... Best.-Nr. 55540
Abiturprüfung Latein GK/LK – NRW .... Best.-Nr. 55600
Abiturprüfung Biologie LK – NRW .... Best.-Nr. 55700
Abiturprüfung Biologie GK – NRW .... Best.-Nr. 55710
Abiturprüfung Chemie GK/LK mit CD – NRW ... Best.-Nr. 55730
Abiturprüfung Geschichte LK – NRW .... Best.-Nr. 55760
Abiturprüfung Geschichte GK – NRW .... Best.-Nr. 55780
Abitur Sozialwissenschaften GK/LK – NRW ...... Best.-Nr. 55800
Abiturprüfung Erdkunde GK/LK – NRW .... Best.-Nr. 55900
Abitur Erziehungswissenschaft LK – NRW .... Best.-Nr. 55940
Abitur Erziehungswissenschaft GK – NRW .... Best.-Nr. 55941
Abiturprüfung Sport LK – NRW .... Best.-Nr. 55980
Abiturprüfung Kunst GK/LK – NRW .... Best.-Nr. 55960

■ Best.-Nr. E10485

■ Best.-Nr. E10484

■ Best.-Nr. E10479

Was kommt nach dem Abitur?

Die STARK Ratgeber helfen weiter!

Weitere STARK Fachbücher zur Studien- und Berufswahl finden Sie unter **www.berufundkarriere.de**

23_VD5

Bestellungen bitte direkt an:
STARK Verlagsgesellschaft mbH & Co. KG · Postfach 1852 · 85318 Freising
Tel. 0180 3 179000* · Fax 0180 3 179001* · www.stark-verlag.de · info@stark-verlag.de
*9 Cent pro Min. aus dem deutschen Festnetz, Mobilfunk bis 42 Cent pro Min.
Aus dem Mobilfunknetz wählen Sie die Festnetznummer: 08167 9573-0

Lernen • Wissen • Zukunft
STARK